# 服务经济学

## FUWU
## JINGJI XUE

余泳泽　原小能　编著

中国财经出版传媒集团

经济科学出版社
Economic Science Press

北京

图书在版编目（CIP）数据

服务经济学／余泳泽，原小能编著 . -- 北京 ： 经济科学出
版社，2024. 8. -- ISBN 978 - 7 - 5218 - 6210 - 2

Ⅰ. F063. 1

中国国家版本馆 CIP 数据核字第 2024P6P694 号


责任编辑：郑诗南
责任校对：刘　昕
责任印制：范　艳


## 服务经济学

余泳泽　原小能　编著

经济科学出版社出版、发行　新华书店经销
社址：北京市海淀区阜成路甲 28 号　邮编：100142
总编部电话：010 - 88191217　发行部电话：010 - 88191522
网址：www. esp. com. cn
电子邮箱：esp@ esp. com. cn
天猫网店：经济科学出版社旗舰店
网址：http：//jjkxcbs. tmall. com
北京季蜂印刷有限公司印装
710 × 1000　16 开　22. 5 印张　303000 字
2024 年 8 月第 1 版　2024 年 8 月第 1 次印刷
ISBN 978 - 7 - 5218 - 6210 - 2　定价：67. 00 元
（图书出现印装问题，本社负责调换。电话：010 - 88191545）
（版权所有　侵权必究　打击盗版　举报热线：010 - 88191661
QQ：2242791300　营销中心电话：010 - 88191537
电子邮箱：dbts@ esp. com. cn）

# Contents 目录

第一章 绪论 ∥ 001

第一节 基本概念 ∥ 001

第二节 服务业分类及特征 ∥ 017

第三节 服务经济学研究对象和研究方法 ∥ 027

思考题 ∥ 035

第二章 服务经济的理论渊源 ∥ 036

第一节 西方经济学中的服务经济思想 ∥ 036

第二节 国内早期对服务经济理论的探讨 ∥ 054

思考题 ∥ 072

第三章 服务业核算 ∥ 073

第一节 服务业核算体系 ∥ 074

第二节 中国服务业核算实践 ∥ 081

第三节 中国服务业核算存在问题及影响 ∥ 091

思考题 ∥ 106

第四章 服务需求、供给与价格 ∥ 107

第一节 服务需求 ∥ 107

第二节　服务供给 ∥ 117
第三节　服务均衡价格的决定 ∥ 126
思考题 ∥ 131

第五章　生产性服务业与消费性服务业 ∥ 132

第一节　生产性服务业 ∥ 132
第二节　消费性服务业 ∥ 147
思考题 ∥ 157

第六章　服务业发展的影响因素 ∥ 158

第一节　影响服务业发展的市场因素 ∥ 158
第二节　影响服务业发展的政府因素 ∥ 170
第三节　影响服务业发展的社会因素 ∥ 178
思考题 ∥ 186

第七章　服务业的规制、政策及发展状况 ∥ 188

第一节　服务业规制 ∥ 188
第二节　服务业发展政策 ∥ 208
第三节　域外国家服务业开放政策的实践 ∥ 228
第四节　我国服务业发展现状、问题及对策建议 ∥ 233
思考题 ∥ 237

第八章　服务创新与生产率 ∥ 239

第一节　服务业创新概述 ∥ 239
第二节　服务业生产率与竞争力 ∥ 262
思考题 ∥ 277

第九章　服务业增长与开放 ∥ 278

第一节　服务业增长规律 ∥ 278

第二节　服务业增长的鲍莫尔—福克斯假说 ∥ 287

第三节　服务贸易与服务外包 ∥ 292

思考题 ∥ 314

**第十章　我国服务业发展新趋势** ∥ 316

第一节　我国平台经济及其发展 ∥ 316

第二节　数字服务与贸易发展 ∥ 324

第三节　服务业与制造业融合发展 ∥ 337

思考题 ∥ 348

**参考文献** ∥ 349

# 第一章 绪 论

## 第一节 基 本 概 念

### 一、服务的概念

从服务经济思想史的发展可以看出，无论古典经济学，还是当代主流经济学都无法回避的一个问题是对服务的界定。亚当·斯密从区分生产性劳动和非生产性劳动的角度对货物和服务加以区分，将服务视为一种非生产性劳动，而后的学者始终没有跳出这个逻辑框架，认为非生产性劳动就是服务。自亚当·斯密提出服务劳动是非生产性劳动的观点以来，时至今日的一二百年间，关于这一命题的争论一直不绝于耳。在 1803 年出版的《政治经济学概论》一书中，法国经济学家萨伊通过变革价值理论清楚地表述了服务劳动成果的存在形式及其性质，他认为人们所给予物品的价值，是由物品的用途而产生的。所谓生产，不是创造物质，而是创造效用。这种解释实际上等于肯定了服务劳动属于生产性劳动，从而突破并否定了亚当·斯密的见解。在这之后，穆勒、巴师夏，以及后来的富克斯、希尔、瑞德尔、佩蒂特等都对服务的概念和性质做了进一步研究。应该说，这些研究大多承袭了服务区别于产品的最显著特征，即无形性这种传统定义方式，并适当考虑了服务区别于有形产品的一些其他特性，如不易储藏、容易消逝、生产与消费的同时性等特征。

在众多对服务进行论述的学者中，马克思关于服务的定义无疑是十分精辟的，马克思批判地继承和发展了亚当·斯密关于生产性劳动和非生产性劳动的观点。马克思在《剩余价值学说史》中指出"一般的来说，服务业不外乎是这样的一个用语，用以表达劳动所提供的特殊使用价值，和每个其他商品都提供自己的特殊使用价值一样。但是，它成了劳动的特殊使用价值的特有名称。因为它不是在物的形式上，而是在一个活动的形式上提供服务"。① 就是说服务同其他商品一样，具有价值和使用价值，只是它的表现形式不是一个物体，而是活动。美国著名营销学家科特勒和阿姆斯特朗（Kotler and Amstrong，1983）指出：服务乃是一方能向另一方提供的，基本上属于无形的任何行为或绩效，并且不导致任何所有权的产生。服务的产生可能与物质产品相关，也可能不相关。格罗鲁斯（Gronroos，2000）对服务下定义：服务是由一系列或多或少具有无形特性的活动所构成的一种过程，这种过程是在顾客与员工、有形资产的互动关系中进行的，这些有形资源是作为顾客问题的解决方案而提供给顾客的。

国内也有一些学者对服务和服务经济提出了自己的看法。从国内看，黄少军（2000）系统地研究了服务经济理论，他认为，"服务是一个经济主体受让另一个经济主体的经济要素的使用权并对其使用所获得的运动形态的使用价值"。进一步说明服务是运动形态的使用价值；同时，服务是交换对象，因而是不同经济主体之间的经济行为，将服务交换与使用权相联系；任何经济要素在使用过程中所提供的运动形态的使用价值都是服务。黄维兵（2001）指出"服务是一个经济主体使另一个经济主体增加了价值，并主要以活动形式表现的使用价值"，并说明了这种定义的三个要点，即服务具有使用价值、服务是交易对象、服务是运动形态的客观使用价值。

---

① ［德］马克思著：《剩余价值学说史——资本论第四卷》，郭大力译，上海三联书店2009 年版。

本书认为，现阶段再通过区分商品与服务来定义服务，在理论与实践上已无意义，从理论研究的角度看，我们将服务定义为用于市场交易的无形商品。

## 二、服务业

### （一）服务业概念的发展

服务业是指电子信息时代的产业总称，服务业概念在理论界尚有争议，一般认为服务业指从事服务产品的生产部门和企业的集合。服务业的概念形成，主要归功于艾伦·G. B. 费希尔（Allan G. B. Fisher）、科林·克拉克（Colin Clark）和琼·福拉斯蒂（Jean Fourastie）。他们都将经济活动分为第一产业、第二产业和第三产业这三个部门，并将服务业大致界定为第三产业。

富克斯（Fuchs）第一次明确从其自身角度将服务经济学作为研究对象。对于富克斯而言，服务经济实际上并不是经济学的一个新领域，服务经济的概念只是指向于一种特定的经济即美国经济，其就业主要是在服务业。富克斯的贡献在于，他在历史上第一次从第三产业活动本身来考察并分析其特点。

与商品部门相比，研究还强调对服务（service，单数形式）的分析，但是当时的一大进步是也考虑了服务产业（services，复数形式）的多样性。洛夫洛克（Lovelock，1983）则认为，只要顾客可以从分属这些产业的公司中获得无形利益的行业都是服务业。因此，交通、公用事业、批发和零售业、公共行政、财务、保险和不动产等都应属于服务业。黄维兵（2003）将服务业的概念界定为生产或提供各种服务的经济部门或企业的集合。人类的社会与经济活动可以划分为三大方面：即产业（农业、工业、服务业）、宗教和政府（政府机构、党派、军队、公检法等）。作为一种产业的服务业，应当是指除了第三产业中的政府部门、公检法等以外，其余都是服务业的范围。①

事实上，目前对于服务业的界定存在两种不同的见解：一种派别是通过界定服务业的内涵，把从事生产、经营符合服务内涵的行业称为服务业，如日本将服务产业界定为以需求服务者提供服务为目的的产业；另外一种派别则采取排他性定义，这意味着服务业具有剩余产业的意味，凡是不能划入第一产业和第二产业的其他部门统称服务业。这也意味着长期以来，服务业与第三产业一直都有相同的内涵。

### (二) 服务业概念的延伸

#### 1. 服务业是一个动态的概念

迄今为止，人类产业发展呈现出三个明显的发展阶段：一是以广义农业为基本特征的生产阶段；二是以机器大工业为基本特征的生产阶段；三是以现代服务业为基本特征的生产阶段。② 纵观人类社会，任何产业的形成和发展，都是一个历史过程。从服务业的形成过程看，它当然也是一个动态的概念。比如，传统的服务业以生活服务业为主要内容，20 世纪 50 年代以来，人类社会正开始经历第三次产业范围内的巨大变革，这就是现代服务业的迅速发展。与传统服务业相比，现代服务业在内容上已经发生了根本变化。在现代服务业中，不仅生活服务业有了新的发展变化，而且闲暇服务业、企业服务业和社会服务业也迅速生成和发展起来，尤其是社会服务业的发展代表着现代服务业的发展方向，对社会经济的发展日益起到决定性的作用。服务业本身的各个部门，作为社会分工的有机组成部分，经历了一个不断分化和组合的过程。比如，随着社会生产力的发展，实物生产过程的某些劳动职能独立化为非实物生产部门；由于社会分工的发展，实物生产过程的某些阶段独立化为非实物生产部门；由于社会生产力的发展和

---

① 刘志彪等：《现代服务经济学》，中国人民大学出版社 2015 年版。

② 黄维兵：《现代服务经济理论与中国服务业发展》，西南财经大学博士论文，2003 年。

居民生活水平一定程度的提高，社会成员的某些家务劳动转变为社会化劳动，逐渐形成居民生活服务业；由于社会物质生产的发展，社会成员精神生活的具体形式不断得到丰富和发展，逐渐形成文化娱乐服务业等。正是由于服务业的形成是一个动态过程，故其形成过程和发展过程是不可分的，是结合在一起的，我们应当用发展的观点去认识服务业的形成过程。

2. 服务业是一个相对的概念

一方面，在形成和发展的时间上有相对性。不同的国家和地区，服务业形成和发展的时间不同。服务业作为一种产业，它的形成和发展主要是由社会生产力发展水平所决定的，同时它作为一种特殊产业，又与社会文化的发展程度直接相关。世界各国和地区社会生产力和社会文化的发展水平不同，服务业形成和发展的历史时期也不一致。因此我们不可能在世界经济发展史上确定一个世界各国统一的服务业形成和发展时期。一般说来，社会生产力和社会文化发展较早的国家和地区，服务业的形成就较早，发展也较快；相反，在那些社会生产力和社会文化发展较晚的国家和地区，服务业形成较迟，发展较慢。

另一方面，在包含的范围上有相对性。在服务业形成和发展的不同历史区间，它所包含的范围在质和量上都是有很大区别的，比如现代服务业的内容和范围已经同传统服务业有了很大区别。服务业作为一个动态发展过程，其包含的范围会随着社会生产力的发展而不断拓宽。同时，由于各国的社会生产力发展水平和经济条件存在着很大差别，所以服务业的发展程度也存在着很大差别，包括对服务业的认识、服务业范围的划分等都很不一致。

3. 服务业是一个既抽象又具体的概念

由于服务业生产的主要是非实物产品，因而与农业和工业比较起来，理解时往往显得抽象。如前所述，人类通过劳动会产生两大类成果：一类是以物品形式存在的实物劳动成果，如农业生产的粮食、棉花、茶叶、牲畜等，工业生产的钢铁、机械、电器、煤气、电力等。

另一类是以非实物形式存在的劳动成果，它是无形的，具有一定的非实物性，如没有静止质量和体积、不可分离性（服务生产过程与消费过程同时进行）、差异性（构成成分及质量水平经常变化且难以统一标准，受生产者和消费者两方面影响）、不可贮存性等。服务业生产的主要是第二类产品，即服务产品。从事服务业的司机、店员、教师、医生、演员、导游、律师、话务员等给人们提供的服务，虽然都是客观实在的，但它们却是无形的，不能像实物劳动成果那样有人们可以触摸的形体。

但与此同时，服务业所生产的服务产品，不论采取何种形式，都能满足人的需要，因而都是具体的社会产品，同样具有使用价值和价值二重属性。在现代社会，服务业包括的具体行业越来越广泛，既包括农业、工业所需的服务，如农业科技服务、农业销售服务、工业运输服务、工业信息服务等；也包括服务业本身生产所需的服务，如流通部门所需的信息咨询服务，科技部门所需的电信、保安、清洁服务等；还包括人们生活消费的服务，如居民生活服务（美容、旅游、家政服务等）、教育服务、卫生服务、文娱康乐服务、客运服务等。由此形成了各种具体的服务行业，并且不断有新的服务行业出现。

4. 服务业是一个多层次的概念

服务业是一个大的产业系统，是一个门类十分繁杂、包容着五花八门各种类别的产业，其中的许多行业在产业性质、功能、生产技术及与经济发展的关系等方面都存在很大差异。服务业所包含的行业数量，历来就多于其他产业，现代服务业更是如此。如果深入划分，很多服务行业又可细分为更多的行业，因此它也就必然有多个层次。首先，在第一个层次上，服务业作为整体产业，它与农业、工业应当是并列的关系。服务业是社会产业分工体系的一个有机组成部分，它的形成以其先前形成的工农产业的一定发展为条件，是工、农产业发展的客观要求；它一旦形成后，与其他产业构成一种互为条件、互相制约、互相促进的辩证关系。其次，服务业所包含的各个服务部门为第二层次，这些部门的形成和发展是服务业形成和发展的基础；当各种主要服务部门的劳动已经不是同其他部门混合在一起，也不是劳动者自我服务性质的活动时，就成为社会劳动中的专门职业，成为一种为他人服务的生产活动；这种职业劳动已经发展起来，不只是少数人从事的生产劳动，而是已经形成了一个生产部门；在社会范围内已经不是少数服务部门完成了形成过程，而是为社会生产和生活服务的那些主要部门都已经形成，这些服务部门有机地联系在一起，就构成了一个服务产业系统，这就是服务产业形成的标志。最后，随着生产力发展和社会需要，服务业各部门会进一步不断分化组合，分裂出一系列新的服务部门或服务业层次。一个独立的服务部门，通过自身的发展又可以分化为若干个新的服务部门，这些新的服务部门成为它脱胎出来的那个大的部门的分支。由于生产力发展和社会需要是无止境的，所以服务业在层次上的发展变化将会不停地进行下去。

## 三、服务经济

### （一）服务经济的由来

1968 年，富克斯在其《服务经济学》中说道："美国现在正在经济发展方面开创一个新时期。在第二次世界大战结束以后，这个国家已成为世界上第一个'服务经济'国家，即第一个一半以上就业人口不从事食品、衣服、房屋、汽车和其他事物生产的国家。"自 20 世纪 70 年代以来，美国服务业比重上升的趋势仍在继续。不仅美国，所有发达国家均呈现出服务业比重不断提高的趋势。观察经合组织国家的数据可以发现，服务业比重和经济发展水平大致呈正相关关系。如果按照富克斯提出的服务业比重达到 50% 就是服务社会的标准，从世界经济的范围来看，现代经济形态的趋势就是服务经济。

### （二）服务经济的定义

从人类发展过程经历的经济变迁看，人类的经济活动大概经历了以农业经济为基础和以工业经济为基础的经济形态。目前，大多数国家正处于以服务经济为基础的经济形态或是由工业经济形态向服务经济形态转变的过程。在这个过程中，经济体系中家庭、个人和企业等的自我服务逐步外部化和市场化，表现出服务经济是分工更加高度化的经济形态。在服务经济中，经济增加值主要来自服务业的发展，社会财富也主要以服务形式表现，这与农业和工业经济形态中以农产品和工业制造品为财富形式形成强烈的对比。服务具有无形性，这意味着公众的财富观念可能需要转变，与财富相关的概念也需要扩展外延，同时也意味着经济增长方式发生实质性变化，与服务经济相关的生产率概念等可能需要更深刻的认识。

以服务业比重作为服务经济形态的标准简单明了，但服务业包括众多内容，不同类型业务的比例则构成了服务业结构。基于业务性质和技术水平，服务业有传统服务业和现代服务业之分。前者通常是与日常生活相关的服务业，其需求在任何经济形态中均存在，即需求是"传统"的，生产方式也是"传统"的。后者包括改造提升的传统服务业和新兴行业。两个具有相同服务业比重的经济体，可能由于传统和现代服务业比例的差别，在经济发展阶段上相差巨大。美国社会学家贝尔（Bell，1984）提出"后工业化"理论认为，后工业社会是大多数劳动力从事服务业、由商品生产经济变为服务经济、专业和技术阶级处于优先地位、创造新"知识技术"的社会。其中知识、科技以及相应的专业性技术人才在经济社会中发挥重要作用，价值体系和社会控制方式发生重要改变。在这样的后工业社会中，信息是主要的财富来源，服务业以知识型服务和公共服务为主。相比服务业占比这样绝对数量的指标，贝尔的理论刻画了更细致的服务经济的形态。国内学者黄少军（2000）也提出，判断服务经济，不能仅看一国经济中服务业的比重，更要考虑服务业的内容，以知识化和信息化为基础的服务比重过半才是名副其实的服务经济，将传统服务业比重过半的经济称为服务经济可能比较勉强。

概言之，服务经济是历经农业经济和工业经济，社会发展进入后工业时代后，经济增长以知识与信息要素的生产、扩散和应用为主要推动力，以科学技术和人力资本的投入为核心生产方式，服务产品的生产和配置在经济社会中占有绝对比重的一种经济形态。

### （三）服务经济与经济服务化①

尽管对服务经济形态考察的角度和目的有所不同，但不同学者均把经济服务化作为其中重要的特征。经济服务化突出表现在以下四个方面。

第一，服务业的地位日益提高。服务业增加值在国内生产总值中的比重稳步上升，以金融、保险、房地产和商务服务为主的现代服务业增长迅速。党的十八大以来，我国加快转变经济发展方式，产业结构不断优化升级，服务业实现快速增长，在国民经济稳定发展中的重要性日益显著。2012~2021年，我国服务业增加值从244856亿元增长至609680亿元，按不变价计算，2013~2021年年均增长7.4%，分别高于国内生产总值（GDP）和第二产业增加值年均增速0.8个和1.4个百分点。2012年，服务业增加值占GDP比重达45.5%，首次超过第二产业，2015年起保持在50%以上，2021年达53.3%，高于第二产业13.9个百分点。2012~2019年，服务业规模增长为我国国民经济持续稳定恢复提供了有力支撑。

第二，服务业就业能力日益提高。近半个多世纪以来，随着社会劳动生产率水平的提高和人们对服务产品的更多需求，第一、第二产业部门劳动力就业不断减少，而第三产业吸收就业所占比重呈上升趋势。党的十八大以来，随着我国工业化、城镇化水平的不断提高，服务业就业人员规模快速扩张，就业人员占比稳步攀升，已经成为吸纳就业的主导力量。2013~2021年，服务业就业人员累计增加8375万

---

① 本小节数据来源于国家统计局：《服务业释放主动力　新动能打造新引擎——党的十八大以来经济社会发展成就系列报告之五》，国家统计局网站，2022年9月20日，https：//www.stats.gov.cn/sj/sjjd/202302/t20230202_1896680.html。

人，年均增长 3.0%，平均每年增加就业人员 931 万人。2021 年，服务业就业人员 35868 万人，占全国就业人员总数的 48.0%，比 2012 年提高 11.9 个百分点。而根据中国社会科学院财经战略研究院对外发布的《平台社会经济价值研究报告》预测，到 2025 年，服务业增加值占 GDP 比重、服务业从业人员占全部就业比重将分别达到 59.05%、54.96%。

第三，服务贸易规模迅速扩大，同时，随着全球科技产业化浪潮的不断发展，一些新兴服务行业迅速发展并快速进入服务贸易领域。党的十八大以来，我国加快构建开放型经济新体制，服务供给能力和需求水平明显提升，服务业对外开放规模质量并进。2012 ~ 2021 年，我国服务进出口总额从 30422 亿元增长到 52983 亿元，2013 ~ 2021 年年均增长 6.4%。服务贸易结构持续优化，知识密集型服务进出口竞争力显著提升。2021 年，知识密集型服务进出口 23259 亿元，2013 ~ 2021 年年均增长 9.3%，占服务贸易进出口总额的比重由 2012 年的 33.6% 提升至 2021 年的 43.9%。

第四，服务业与制造业融合发展。由于制造业的服务化趋势，服务业和某些制造业的界限日益模糊，越来越多的企业不仅是提供产品，而是提供产品、服务、支持、自我服务和知识的集合体，同时服务在这个集合体中越来越居于主导地位，成为增加值的主要来源。尤其是近年来，我国"两业融合"步伐不断加快，程度不断加深。先进制造业和现代服务业融合发展步伐加快，一批有利于提升制造业核心竞争力的服务能力和服务模式加快形成。以研发服务、工程技术服务、检验检测等为代表的服务外包业务快速增长，2019 年我国服务外包执行额首次突破万亿元。金融、物流、研发等生产性服务业企业以制造业为主要市场，营业收入年增长达 12.9%。作为典型代表的供应链管理提供整合供应、制造、物流、销售等上下游链条服务，有效降低企业成本，提高企业效益。2021 年，规模以上供应链管理服务企业营业收入为 1324 亿元，是 2018 年营业收入的 3.0 倍。分工细化促进第一、二产业相关部门专业化发展，人力资源服务较快发展。2018 年末（第四次全国经济普查时点），人力资源服务企业法人单位 18.6 万个，其中劳务派遣企业占比 68.3%；2013～2021 年，规模以上人力资源服务企业营业收入年均增速为 18.9%，高出全部规模以上服务业企业年均增速 7.0 个百分点。

### （四）服务经济的内涵[①]

服务经济包括三个层次：第一层次（最高层次）是经济形态，第二层次（产业层次）是产业形态（即服务业），第三层次（基本层次）是经济活动（服务）。这三个层次的内涵是不一样的：从基本层次上看，服务构成了服务经济中的基本经济活动形式。从产业层次上看，服务业是服务经济产业结构中的主导产业。而从最高层次上看，服务经济除了活动和产业以服务为核心外，还包含一整套适应服务活动和产业发展的制度环境、管理体制、要素市场以及公共政策和公共服务体系，是一种完整的经济形态。我们着重从最高层次的角度，也就是把服务经济作为一种经济形态来研究服务经济的内涵。

第一，服务经济作为一种经济形态，核心是提供服务产品。尽管关于新的经济形态的提法很多，如知识经济、信息经济、数字化经济、网络经济等，但从主导产业及其产出、就业，以及服务产品与制成品或农产品在有形无形、生产消费、营销保障等上面有着本质区别这两个方面来分析，唯有服务经济可以与农业经济、工业经济并列而成为一种经济形态。与农业经济以提供农产品为核心、工业经济提供制成品为核心不同，服务经济无论是生产、流通还是消费都围绕服务这一基本要素，以提供服务产品为核心，形成以服务为中心的经济活动，构成以服务业特别是现代服务业为主的产业体系。

第二，服务经济作为一种经济形态，不但包括服务业，也涵盖了

---

① 本部分引自周振华：《服务经济的内涵、特征及其发展趋势》，载于《科学发展》2010 年第 7 期。

成熟发展的制造业和农业。在服务经济中，服务业固然是产业结构中的主导产业，制造业和农业也是服务经济的重要组成部分。农业、制造业的现代化和服务化趋势促进了服务业迅猛发展，服务业的快速发展反过来又为农业、制造业提供了全面高效的服务，把农业、制造业提升到新的更高水平。三次产业相互依赖、相互促进，融合发展。服务经济作为一个经济形态，不是一个产业可以涵盖的，而是各个产业动态均衡和全面协调发展。

第三，服务经济作为一种经济形态，除了服务产出、服务就业、服务贸易、服务消费、服务业投资等经济活动成为其重要组成部分外，还包含一整套的制度环境、管理体制、要素市场以及公共政策和公共服务体系。其中制度环境指能保障服务经济有效运行、保障产权和交易、促进知识创新的法律规则，例如受到良好的监督执行的产权、合同、信用、财税规则；管理体制是指适应服务经济发展的更加市场化、法治化和国际化的组织架构与治理方式；要素市场是以人力资本市场为主体的资源要素配置体系；公共政策和公共服务则是为服务经济发展创造低成本、高效率的运作环境。

### （五）正确理解服务经济的三对关系

当前对服务经济的理解存在不同的误区，把服务经济等同于服务业或现代服务业的不乏其人，而正确理解服务经济需要把握好以下三对关系。

第一，正确把握服务经济与服务业的关系。服务经济不等于服务业，不能把建立服务经济为主的产业结构简单等同于建立服务业为主的产业结构。一方面，服务业是推动服务经济发展的核心和主要动力，服务经济的发展过程既是服务业自身提升发展的过程，也是服务业向制造业、农业渗透发展的过程。另一方面，服务经济时代的服务业不是传统意义上的服务业，而是经过信息化、数字化改造，通过信息和智力要素的生产、扩散与应用推动经济增长的各种现代服务业。更重要的是，不同于一些欧洲国家和太平洋岛国在不经过工业经济的情况下直接发展以旅游、商业为主的服务型经济，服务经济是融合产业和制度的经济形态。它包含着服务业、现代服务业和服务型经济概念中所没有的制度体系、管理机制和公共政策体系。

第二，正确把握服务经济与制造业的关系。制造业是支撑服务经济发展的重要部门，工业经济整体水平的提升对服务业提出了更高的要求，拉动了服务业发展；反过来讲，服务经济的发展很大程度上是以工业经济为服务对象，服务业的发展也推动了制造业的提升进步。但服务经济时代的制造业与传统制造业不尽相同，它是服务化、信息化的制造业。因此，服务经济时代的制造业不是简单地依靠对城市建设和重化工业的投资拉动增长，而是强调人力资本的投入，加快自主创新和科技进步，集中发展适合城市特点的先进制造业；同时充分发挥现代信息技术的作用，用信息化带动工业化加快发展生产性服务业，走新型工业化道路。

第三，正确把握服务经济与产业融合的关系。产业融合是指服务经济时代产业边界日趋模糊、不同产业发生聚合和创新的现象。服务经济的深度发展就是产业高度融合的过程。一方面是产业间的延伸融合，既包括农业、制造业到服务业的融合，更包括从服务业到农业、制造业的融合；另一方面更出现了产业内部的重组融合和高新技术的渗透融合。农业与制造业的交叉融合、服务业对农业和制造业的渗透，以及各大产业内部不同行业间不断出现的相互融合使得产业间的界限变得越来越模糊。新兴业态、新兴行业不断出现且规模日益扩大。产业融合作为一种内生于服务经济的革命性产业创新方式是制造经济向服务经济转型的巨大推动力。

**知识扩展 1-1**

## 服务经济不是产业空心化

以服务经济为主的产业结构，出现了服务业在资源分配和产出结构上占有越来越大的份额的趋势。这一趋势在空间上也表现为制造业的转移和搬迁。有人把这一现象称为"产业空心化"倾向和趋势，更严重地称其为"去工业化"。产业空心化是指在服务业发展过程中，过去的那种以制造业为中心的物质生产和资本，大量地、迅速地转移到国外，使物质生产在国民经济中的地位明显下降，造成国内物质生产部门与非物质生产部门之间严重失衡。判断是否出现产业空心化，应该同时满足三个标准：一是制造业等物质生产部门地位降低，产出比重降到服务业之后；二是制造业迅速地转移到了国外；三是服务部门与物质生产部门之间结构失衡、失调。显然，这三个标准与世界各国经济发展中现代服务业持续蓬勃发展壮大的基本趋势和倾向并不相符。事实说明，工业和后工业化进程的到来，并不意味着制造业地位的衰落，也不代表着"去工业化"现象的发生，更不等于国民经济从此进入了所谓的"产业空心化"时代。

第一，服务经济是受经济发展的内在逻辑所驱使的自组织现象。制造业比重持续降低、服务业为主的产业结构的形成，是人均收入水平提高后，需求结构提升导致的必然结果。同时，制造业的技术进步和生产率的不断上升，是服务业的门类扩大、规模增长和效率提升的决定性因素。

第二，以服务业主导的服务经济是"产业结构软化"现象，不等同于"产业空心化"。制造业产出比重持续降低、服务业成为主导的产业结构的形成，不是制造业地位的降低，而是其关联作用的增强和地位的提升，不能把它与"产业空心化"混同起来。产业结构软化表示人力资本、技术资本和知识资本通过服务业这个中介，源源不断地进入现代商品生产，是驱动制造业和农业发生技术变革的决定性因素。另外，当代服务业与其他产业正在发生产业融合，制造业中的流程设计本身就是服务业，现代农业里也有农业科技服务，服务业已经通过信息、互联网技术，深入地融合到物质生产产业之中。

第三，建立在生产力发展和技术进步基础上的服务经济不是"产业空心化"。对于一个国家来说，服务业为主的产业结构的形成，只要它是建立在生产力发展和技术进步基础上的，产业间的关系自然就是良性循环的，就不能说是"去工业化"和"产业空心化"。因为在这个前提下，结构的变化代表着进步，并没有破坏其供给与需求的均衡关系，它标志着从工业社会转入"后工业社会"或"信息社会"。

第四，要更加动态地看待产业的转移和外移。转移一般性制造业，发展更具生产率优势的高技术产业和现代服务业，是市场和竞争机制自我选择的结果，代表着产业集聚的新趋势，以及产业的知识技术密集化。发达国家在产业升级过程中，往往把价值链的高端环节留在本国，而把缺乏比较优势的制造环节外包给外国公司。这种制造业的转移和外移倾向，不是去工业化，也不是产业空心化，而是提升制造业发展质量和效益的重要措施。

当然，加快发展服务业制造业绝不能空心化，这是一个政策底线。中国巨大的人口规模，决定了衣食住行不能都靠国外解决，所以农业要保持一定比重，要加快实现制造强国的目标。当前，要坚决控制社会资本"脱实向虚、以钱炒钱"现象，防止以金融和地产为主的虚拟经济过度自我循环与膨胀，防止其毁坏实体经济的产业基础。为此，必须紧扣服务于实体经济发展的宗旨，对服务业中某些具有虚拟经济特征、容易被作为资产增值手段炒作的部门，如银行、证券、保险和房地产部门，采取有效的政策监控手段予以抑制。

## 服务经济不是经济泡沫化

大力发展服务业，会不会变相地鼓励制造泡沫经济？其实，认为服务业是虚拟经济，容易导致经济泡沫，所以需要对它进行抑制，同时需要大力发展实体经济的观点，表面上看起来正确，实际上是对服务业的特性认识以及对产业与泡沫经济的关系认识有误解。

首先，服务经济既可能是虚拟经济也可能是实体经济。从理论上看，区分实体经济与虚拟经济的标准，主要是看经济活动是不是属于"以钱生钱"，而不是看它是否具有实物形态。以资产为交易媒介的增值活动，是虚拟经济；而以商品和服务这种具有使用价值的生产为媒介的增殖活动，叫实体经济。据此，服务业既可能是属于虚拟经济部门，如银行、证券、保险等金融部门，以及房地产业；也可能是属于实体经济部门，如研究开发、产品设计、技术维修、教育培训等。当服务业为消费者生产无形产品满足其消费需求时，它就不是虚拟经济而是实体经济；当房地产业作为为人类提供住宅消费品的活动时，它就是实体经济；但是如果把其作为资产升值的炒作标的，那就是虚拟经济，就容易出现泡沫。制造业、农业也是如此，如旧式照相机、大蒜、生姜、兰花等，都有可能被当作增值性资产来炒作，从而具备了泡沫经济的特征。

其次，以服务经济为主，也并不必然等于经济泡沫化。发展什么产业，与是否鼓励泡沫经济无关，通常认为的物质生产部门，也有可能被当作虚拟经济炒作，从而出现经济泡沫。实体经济部门的供求协调和均衡，是真实经济活动，但是如果其产能严重过剩，超过了一定的限度，那么也可能就是泡沫经济。因为，产能过剩往往都是企业扩张信贷杠杆的结果，一旦这种扩张的产能因销售堵塞而不能正常进行资本循环，这种矛盾累积到一定的程度，就会引起信贷危机，并最终爆发金融危机和经济危机。

最后，无论是服务业还是制造业，形成经济泡沫都有两个基本的前提条件：一是产能严重过剩；二是杠杆水平利用过度。这两个条件往往联系在一起。以此来判断，当前在我国的经济运行中，存在着比较严重的、以房地产等为主要内容的经济泡沫。这些泡沫的存在，拉高了实体企业的生产活动的机会成本，导致了实体经济与虚拟经济之间严重的利益失衡。发展服务业与发展制造业一样，只要在适当限度内利用杠杆，只要始终保持最大限度地满足消费者需求，就不可能出现危及经济健康的、严重的泡沫经济现象。

资料来源：刘志彪：《现代服务业发展与供给侧结构改革》，载于《南京社会科学》2016 年第 5 期。

# 第二节　服务业分类及特征

## 一、服务业的分类

服务是一项繁杂的人类社会活动，国内外经济学家基于不同的标准，对服务业的分类差异十分明显。目前国际上服务业分类的标准主要有：根据服务活动的功能划分，根据服务业在不同经济发展阶段的特点划分，根据服务的供给（生产）导向划分，根据服务的需求（市场）导向划分等。

### （一）布朗宁－辛格曼服务业分类

经济学家布朗宁（Browning）和辛格曼（Singelmann）于 1975 年根据联合国标准产业分类（ISIC）的规则，将商业产业和服务产业加以分类，他们的产业分类标准是商品与服务的产品性质、功能。从表 1 - 1 中可以看出，尽管他们的分类不是那么完善，但为后来西方学者所普遍接受的服务业四分法的提出奠定了基础。

表 1 - 1　　　　　　　　　商业产业与服务产业的分类

| 商品生产部门 | 农业、制造业、建筑业、采矿业、石油与煤气业、公共事业、林业、渔业和捕获业 | |
| --- | --- | --- |
| 服务生产部门 | 消费者服务业 | 招待与食品服务、私人服务、娱乐与消遣服务、杂项服务 |
| | 生产者服务业 | 企业管理服务、金融服务、保险与房地产 |
| | 分配服务业 | 运输与贮藏、交通与邮电、销售 |

### （二）辛格曼的服务业四分法

1978 年，经济学家辛格曼在 1975 年分类的基础上，根据服务的性质、功能特征，对服务业重新进行了分类，将服务业分为流通服务、生产服务、社会服务和个人服务四类。这种分类同时也反映了经济发展过程中服务业内部结构的变化。见表 1 – 2。

表 1 – 2 辛格曼服务业分类

| 服务类别 | 基本行业 |
|---|---|
| 流通服务 | 交通、仓储业 |
| | 通信、批发业 |
| | 零售业（不含饮食业） |
| | 广告业及其他销售服务 |
| 生产服务 | 银行、信托及其他金融业 |
| | 保险业、房地产 |
| | 工程和建筑服务业 |
| | 会计和出版业、法律服务 |
| | 其他营利服务 |
| 社会服务 | 医疗和保健业、医院 |
| | 教育、福利和宗教服务 |
| | 政府、邮政、非营利机构 |
| | 其他专业化服务和社会服务 |
| 个人服务 | 家庭服务、旅馆和饮食业 |
| | 修理服务、洗衣服务 |
| | 理发与美容 |
| | 娱乐和休闲 |
| | 其他个人服务 |

### （三）罗杰·施米诺分类法

罗杰·施米诺分类法根据劳动密集程度结合交互性及个性化程度的二维标准，将服务分为四类。这种分类主要应用于服务营销方面，其中：垂直维度衡量劳动密集程度，即劳动投入和资本投入的比率。水平维度衡量交互性及个性化程度，交互性是指顾客和服务提供商之间相互作用的程度；而个性化反映的是营销上的定制（customization）程度，即根据顾客具体情况和具体要求进行服务的程度（见表 1 – 3）。

表 1 – 3　　　　　　　　服务业的罗杰·施米诺分类

| 劳动密集程度 | 高 | 大众化服务 | 零售 | 专业服务 | 卫生保健咨询机构 |
|---|---|---|---|---|---|
| | | | 批发业 | | 律师事务所 |
| | | | 教育机构 | | 会计师事务所 |
| | | | 商业银行零售业务 | | 技术研发设计机构 |
| | 低 | 服务工厂 | 航空公司 | 服务作坊 | 医院 |
| | | | 公共交通、运输公司 | | 修理厂 |
| | | | 旅店、餐厅 | | 保险公司 |
| | | | 旅行社、娱乐场所 | | 租赁公司 |
| | | 低 | | 高 | |
| | | 交互性及个性化程度 | | | |

## （四）联合国标准产业分类法（ISIC）

联合国于 1958 年制定了第一种国际标准产业分类（ISIC），1968 年进行了一次修正，基本框架没变。其中一级分类有四类：商业，交通、仓储、通讯业，服务业，其他；二级分类有 14 种。第三次修正发表于 1990 年，修正后的分类结构发生了很大变化，其中服务业大类有 11 类，包括商业及零售业，酒店旅游业，交通仓储、通信业，金融中介，房地产、租赁和经济活动，公共行政与国防，教育，医疗及相关社会服务，其他社会社区服务，家庭雇佣服务，国际及跨国组织；小类有 19 类。第三次修正反映了服务业发展及其在经济活动中重要性增强的国际背景。

### （五）世界贸易组织对现代服务业的分类

世界贸易组织的服务业分类标准界定了现代服务业的九大分类，即：商业服务，电信服务，建筑及有关工程服务，教育服务，环境服务，金融服务，健康与社会服务，与旅游有关的服务，娱乐、文化与体育服务。

### （六）北美产业标准分类（NAICS）

北美产业标准分类将三次产业具体分为 23 类，其中，农业 4 类，包括种养业、捕猎业、林业和渔业；工业 4 类，包括采掘业、公用事业、建筑业、制造业；服务业 15 类，包括批发，零售，运输和仓储，信息服务（包括通信计算机互联网等服务），金融和保险，房地产和出租、租赁，专业、科学和技术服务，公司和企业管理服务，垃圾管理和治理服务，教育服务，医疗保健和社会援助，艺术和娱乐服务，旅店业、餐饮业，公共行政管理服务，其他服务（不包括政府提供的公共服务）。

### （七）中国对服务业的分类

#### 1. 国家统计局对服务业的分类

我国对三次产业的划分始于 1985 年，国家统计局向国务院提出《关于建立第三产业统计的报告》，报告中首次规定了我国第三产业的划分范围。国务院办公厅转发了这个报告，其具体划分方法是把服务业划分为两大部分（流通部门、服务部门）四个层次，详见表 1 - 4。随着社会经济的不断发展，我国的国民经济行业变化较大，国家统计局分别于 2003 年、2012 年以及 2018 年对三次产业的划分范围进行了调整，最终于 2018 年印发了《国家统计局关于修订〈三次产业划分规定（2012）〉的通知》。

表1-4                          中国服务业层次划分

| 层次划分 | 主要产业 |
|---|---|
| 第一层次：流通部门 | 交通运输、仓储及邮电通信、商业饮食业等 |
| 第二层次：为生产和生活服务的部门 | 金融、保险业、地质勘查业、水利管理业，房地产业、社会服务业、农林牧渔业、交通运输辅助业、综合技术服务业等 |
| 第三层次：为提高科学文化和居民素质服务的部门 | 教育、文化艺术及广播电视业，卫生、体育和社会福利业，科学研究等 |
| 第四层次：为社会公共需求服务的部门 | 国家机关、党政机关和社会团体以及军队、警察等 |

2.《中国统计年鉴》上的服务业分类

自 2003 年起，《中国统计年鉴》上将服务业分为 15 类，即：农林牧渔服务业，交通运输、仓储及邮政业，信息传输、计算机服务和软件业，批发和零售业，住宿和餐饮业，金融业，房地产业，租赁和商务服务业，科学研究、技术服务和地质勘查业，水利、环境和公共设施管理业，居民服务和其他服务业，教育，卫生、社会保障和社会福利业，文化、体育和娱乐业，公共管理和社会组织、国际组织。

（八）按服务消费的经济性质分类

服务业按服务消费的经济性质可以分为"经济网络型""交易成本型""最终需求型"三类。

"经济网络型"服务业主要包括流通部门（商业、交通和通信等）和金融部门。"经济网络型"服务业所起的作用是将不同的需要和满足这些需要的已经高度分工的劳动连接起来，也就是交易"中介"。此类服务是商品生产的中间投入，但与作为生产资料的中间投入不同，这类服务业具有广泛的外部经济效应和社会经济基础设施的性质。

"交易成本型"服务业包括与管理经济事务有关的政府服务、法律服务、企业的管理服务、保证市场经济运行的各种服务（如信息收集、风险分担等）。这类服务业具有两重性：一方面因制度的创立、运行和修正对经济的稳定运行和发展起重要作用而具有正面效用；另一方面因制度本身对社会资源产生虚耗而产生负面影响。

"最终需求型"服务业包括个人服务和一部分社会服务（见表1-5）。

表1-5　"经济网络型""交易成本型""最终需求型"服务业分类

| 经济网络型服务业 | 物资网络 | 交通仓储业、批发业、零售业、广告业 |
| --- | --- | --- |
| | 资本网络 | 银行、信托、其他金融、保险业 |
| | 信息网络 | 通信业、出版业 |
| 交易成本型服务业 | 生产者服务业 | 工程和建筑服务业、R&D、设计、信息处理 |
| | 政府（含市场管理） | 政府 |
| | 企业 | 会计、法律服务、管理服务 |
| 最终需求型服务业 | 个人服务 | 家庭服务、旅馆和饮食、修理服务、房地产、理发与美容、娱乐和休闲、其他个人服务 |
| | 社会服务 | 医疗和保健业、医院、教育、福利和宗教服务非营利机构、邮政、其他专业化服务 |

资料来源：黄少军：《服务业与经济增长》，经济科学出版社2000年版。

## （九）其他分类

**1. 按资源配置是否由市场机制决定可以分为市场型服务业与非市场型服务业两类**

市场型服务业是指市场机制决定资源配置和价格水平的服务业。包括批发和零售业，住宿和餐饮业，房地产业，租赁和商务服务业，居民服务和其他服务业，体育、娱乐业等。

非市场型服务业指政府较大程度地利用行政手段和直接调控措施干预价格水平、市场准入、提供的规模和竞争行为的服务业。非市场型服务业包括垄断性服务行业、事业性服务行业、公共服务行业等。

2. 按服务的产出是否为公共物品可以分为公共服务与私人服务

公共服务是依托社会公共设施或公共部门、公共资源为居民提供公共物品的服务业。包括基本公共服务、非基本公共服务。基本公共服务是政府或者机构提供的纯公共产品性质的服务，主要包括公共卫生体系建设、普及九年义务教育、社会保障等领域。非基本公共服务是政府或机构提供的准公共产品性质的服务，主要包括非义务教育，新闻出版、科研、文化、体育等事业单位，非营利组织，城市公共交通运输，基础电信等。

公共服务从功能方面可以分为三大类：维护性公共服务，如国家安全、行政管理和国防外交等；为经济建设服务的公共服务，如政府为促进经济发展进行的相关基础设施建设、维护公平的市场竞争秩序等；社会性公共服务，如教育、社会保障、公共医疗卫生、科技、环保等。

公共服务也可以从性质方面分成三大类：监督管理型公共服务，如国家行政管理；纯公共服务，如义务教育、公共医疗、环境保护；准公共服务，如发展非义务教育、新闻出版等。

私人服务是受竞争型市场机制约束并由市场参与者提供的产业化服务。主要包括零售和批发，运输，租赁和商务服务，文化休闲，房地产，商业银行，餐饮和旅馆等。

3. 按资源配置的效率可以分为自然垄断性服务业与竞争性服务业

自然垄断性服务业是指当只有一个厂商提供与公众利益密切相关的基础设施和公用事业时技术效率较高的服务业。典型的自然垄断服务业包括煤气供应、水供应、垃圾处理、邮政、公路、运河和铁路等。

竞争性服务业是指市场机制能够实现社会资源配置效率最高和消费者效用最大化的服务业领域，这些行业一般具有进入自由、竞争者众多、生产要素自由流动、提供的服务差异不大或者即使有差异但容易定价、买卖双方信息基本对称等特点。主要包括零售、运输、批发、商务、旅游、租赁、商业性金融服务业等。

4. 按是否以营利为目的可以分为营利性服务业与非营利性服务业

营利性服务业指以营利为目的，以产业化发展为方向，并受市场机制调节供求的服务业。在我国现阶段，营利性服务业除了包括批发零售、餐饮、房地产等竞争性市场服务业以外，还包括卫生、教育、文化等社会事业和公益事业领域中的营利性部门提供的服务，例如，教育中的职业教育，卫生服务中的营利性医院提供的医疗卫生服务和非公共卫生服务。

非营利性服务业是不以营利为目的，并且主要由政府或社会团体和事业单位提供的社会公益性服务业。主要包括基础义务教育、公共卫生、科研院所等。

## 二、服务的特征

虽然专家和学者对服务有不同的理解，但他们都强调了服务的特征。服务的内涵必将随着服务业的发展和服务功能的扩大而不断丰富。

### （一）服务的无形性

与实体商品比较，多数情况下服务是无形无质的、抽象的，不能触摸或凭视觉感到其存在。消费者消费服务后所获得的利益也很难被察觉，或是要经过一段时间后，消费服务的享用者才能感觉出利益的存在。服务的这一特性决定消费者购买服务前，不能以对待实物商品的方法如触摸、尝试、嗅闻、聆听等去判断服务的优劣，而只能以搜寻信息的方法，参考多方意见及自身的经验来作出判断。例如，餐饮属于服务行业，然而，餐饮产品的内涵除包括菜品、装修和设施外，还包括助餐服务、环境、形象等诸多要素，有形服务和无形服务构成了整体餐饮服务。从类别上来看，常见的中西正餐、火锅、自助餐及快餐的无形部分的比例依次呈递减趋势，而有形部分的比例则是呈递增趋势，从档次上看，档次越高其无形部分比例越大，档次越低，则有形部分比例越大。

### (二) 服务的不可分离性

服务的无形性导致服务的不可分离性。服务的不可分离性特征是指服务人员提供服务的生产过程和消费者消费、享用服务的消费过程同时进行，即服务的生产与消费过程在时间上是不可分离的。服务是一个过程或一系列的活动，在此过程中消费者与生产者必须直接发生联系，消费者不参与服务生产过程即不能享受服务。这特征要求服务消费者必须以积极的、合作的态度参与服务生产过程，只有参与才能消费服务，否则便不能消费服务。例如，顾客进入餐厅的同时，餐厅的服务也开始了，当顾客用餐完毕离开餐厅时，餐厅的服务也同时结束。在顾客进入和离开餐厅这段时间内，菜肴的生产（烹饪）、顾客的消费及结账（交易）都是在同一时段进行的。顾客参与菜肴的生产：如顾客点菜和对菜肴的烹饪提出一些要求，甚至于点名要某位厨师掌勺，有的菜肴（例如火锅）的生产必须让顾客动手参与。另外，顾客的口味特殊，还可能让厨师再加工等。餐饮服务的价值在顾客与餐厅接触中产生，即价值不仅体现在餐饮菜品上，也体现在顾客接触的餐厅环境、餐厅人员上。

### (三) 服务的不可储存性

服务产品的生产和消费是同时发生的，生产的起始和结束就是消费的起始和结束。因此，不存在生产结束与消费起始之间的储存期，即服务产品是不可储存的。服务是在生产中被消费的。总之，未在有效时间内消费掉，那么服务就会不可弥补地失去。首先，服务不能在生产后储存待售，即服务提供者不能像工厂那样生产一堆产品放在仓库里等待随时发货。我们到工厂或者商店购买产品。钱一付就可以从仓库里将产品拎走，但是我们去消费一项服务则不能做到钱一付就走人。例如，理发师不可能理一大堆的头发等着客户去取吧？宾馆、旅社的客房服务不能储存，今天没有客人住宿，客房就闲着，就是实实在在的损失；飞机上的座位同样不能储存，这趟航班剩下的座位是不可能保存到下一趟航班的。这些空房间、空座位以及闲置的服务设施和人员，都是不可补偿的损失，其损失表现为机会的丧失和折旧的发生。其次，服务客户也无法购后储存，即客户不能在空间上将服务保存。例如，我们不可能一次理发，然后就可以整年不用再上理发店了。当购买或者使用结束后，服务也随即消失。比如看电影，当电影播映完之后服务也即消失。再比如上酒店吃饭，酒店员工给客户接衣、挂帽、拉椅、让座、斟茶、倒酒等服务，但是一旦客户离开酒店，酒店的服务也即消失，客户回家后就无法再享受这样的服务。

### (四) 服务的异质性

服务虽然有一定的标准，但服务因人、因时而异。基于服务的无形性，顾客参与了服务接触过程中的互动，成为一项影响服务接触特性满足程度的主要要素，特定服务往往因顾客不同，其服务接触特性的满足程度也会不同，具有典型的异质性。比如聆听一场音乐会，不同顾客具有不同的音乐欣赏能力和兴趣爱好，就会获得不同的感知，直接影响了顾客对该项服务接触特性满足程度做出的判断。服务与产品的衡量不同，产品特性的满足程度取决于产品本身的物理和化学等特性指标，与顾客无关，而服务特性的满足，则同时取决于服务系统、服务提供者以及顾客三者之间的共同作用，而通常情况下，顾客和部分服务提供者均为人，这就极大加剧了对服务特性满足程度影响的复杂程度。简言之，即便是再标准化的某项特定服务，由不同的服务提供者与不同的顾客之间进行互动，其结果一定是千差万别的，这就是服务的异质性。服务的异质性给服务管理带来了一个非常严峻的问题，就是服务提供者如何向顾客提供具有一致性质量的服务。此外，服务异质性特征，也可能伴随着个性化服务的产生，如理发服务，每个顾客的头型、尺寸、容貌不尽相同，异质性可能使服务产生超预期的魅力。

### （五）服务的所有权不可转让性

服务在生产和消费过程中不涉及任何东西的所有权的转移。服务在交易完成后便消失了，消费者所拥有的对服务消费的权利并未因服务交易的结束而产生像商品交换那样实有的东西。例如，购买有形产品则可拥有这项产品的所有权，可以拿回家或者丢弃；但购买服务只能拥有使用权，预订酒店时只能拥有酒店房间的使用权，对其中的床单、桌椅并没有所有权，如若损坏需照价赔偿。这一特征是导致服务风险的根源。由于缺乏所有权的转移，消费者在购买服务时并未获得对某种东西的所有权，因此感受到购买服务的风险性，从而造成消费心理障碍。

# 第三节　服务经济学研究对象和研究方法

## 一、服务经济学的研究对象

一门学科能够相对独立地存在，其根据就在于有自己的研究对象，服务经济学作为一门新兴的应用经济学科，同样也不例外。近几十年来，国内外许多学者都试图对服务经济学的研究对象给出一个明确的说法，但由于各自对服务的理解有所不同，加上各自研究视角和重点的差异，因此关于服务经济学研究对象的界定也不尽相同。

国内直接以"服务经济学"命名的著作并不多见，相关研究大多集中在20世纪80年代末至90年代初，他们一般是把服务经济学的研究对象归纳为服务关系或交往关系。比如陶永宽等（1988）认为，服务经济学是一门属于应用理论性的部门经济学，其研究对象是，社会主义社会的服务关系及其运动发展的规律性。作为社会主义服务经济学研究对象的服务关系，应该从两个方面来分析。既要把服务放在生产、分配、交换和消费这四个社会再生产环节的总体联系中考察，研究服务关系在社会主义生产关系体系中的地位和作用；又要把它放在一定的社会生产基础上，以一定的生产、分配、交换和消费各环节中的社会关系为前提，研究服务本身内部各方面的联系，揭示社会主义服务关系自身发展变化的规律性。

同样是在"服务经济学"的研究中，高涤陈和白景明（1990）认为，决定服务经济学研究对象的最重要前提是对服务经济学性质的具体认识。在明确服务经济学属于理论经济学之后，他们概括了服务经济学的研究对象是服务经济领域内的经济关系和交往关系。或者说，服务经济学的实质内容就是充分揭示服务经济领域内的经济关系和交往关系的内容、运动形式、运动规律，以区分这些现象与服务经济诸方面的内在联系。在白仲尧（1991）的著作《服务经济论》中，尽管作者没有直接说明其研究对象，但从相关内容和全书结构来看，仍然是以服务生产、服务流通等服务关系为主要研究对象。不过，作为最后的一个总结，作者还是提到了服务经济的发展，包括其发展动力、发展过程和中国服务经济的推进。

由于服务业与第三产业之间的替代关系，在研究第三产业经济学的文献中，关于该学科的研究对象与上述服务经济学的研究对象并没有甚大区别。李江帆（1993）认为，第三产业经济学是以第三产业的服务产品的生产、交换、分配和消费的经济现象、经济关系和经济规律为研究对象的经济学新学科。它通过对第三产业的服务生产、服务流通、服务分配和服务消费"四环节"的经济现象和经济关系的分析，揭示三次产业的共有经济规律在第三产业领域起作用的条件及其特殊形式，探讨第三产业的特有经济规律的形成条件、作用形式与特点，并通过对第三产业各分支部门的特殊经济规律的分析，揭示其共同的经济规律及发展趋势。

与国内学者更多关注服务关系或交往关系不同，国外学者对服务经济学研究对象的理解更多是集中在服务本身或服务业发展的问题上。比如日本学者前田勇（1986）概括了"服务的科学"的内容包括：分析服务，主要是分析人在服务中的行为；着重分析"做得好的"服务人员的行为因素和条件；阐明具有普遍性的原理和原则。再比如另一位日本学者井泉哲夫，尽管在其《服务经济学》一书中没有明确说明，但从全书的体系和内容来看，他是把服务当作服务经济学的研究对象的。不过，因为难以对服务这一关键概念作出令人满意的解释，这些直接以服务为研究对象的著作也往往因此而受到其他学者的批评。美国经济学家富克斯（1987）的《服务经济学》是西方经济学界第一部系统阐述服务经济理论的实证分析著作。富克斯在其中较为详细地论述了美国服务业就业人数的增长规律、服务业生产率规律以及服务业工资收益、服务经济增长对国民经济的直接影响等问题。作者在书中并没有直接说明服务经济学的研究对象，但从其主要研究内容来看，是把研究焦点集中在服务业发展和服务经济增长上。国外另一部研究服务经济的著作是加拿大经济学家格鲁伯和沃克（1993）共同完成的《服务业的增长：原因与影响》，其主要研究对象同样集中在服务业增长的相关问题上，如服务业就业、生产率和服务贸易等，作者在其中特别强调了生产者服务的重要性，认为"生产者服务部门乃是把日益专业化的人力资本与知识资本引进商品生产部门的飞轮"。

由瑞典学者詹森和简·欧文（Jansson and Jan Owen，2006）完成的《服务经济学：发展与政策》是近年来西方服务经济研究领域的一部最新著作。詹森在序言中介绍了服务经济学在西方学术界也没有得到足够的重视，主要的研究成果仍旧集中在20世纪70～80年代。由于中西研究习惯的差异，作者并没有阐明服务经济学的研究对象是什么，只是在书中介绍了服务经济学的微观基础，包括：服务生产成本、流通成本、服务价格、服务区位模式等；服务经济发展的驱动力和阻力，包括非均衡生产率增长、城市化、交通机械化、市场区域扩大等因素；服务经济的公共政策等内容。可以看出，其研究对象涵盖了服务、服务业和政策三个层面的问题。

服务经济学作为一门新兴的学科，在其发展初期对研究对象和研究领域存在争论并不奇怪。一方面，随着经济发展和服务内容的丰富，服务经济学的研究范围在不断扩大，主要研究领域也处在不断变化之中，一些新问题、新现象的出现要求学术界给出相应的解答和探索。另一方面，服务经济学是一门兼具理论性和实践应用性的学科，它与其他很多学科都有着密切的联系，并与服务经营管理等学科有一定的交叉。作为一项同样的服务，可以从很多不同的视角展开研究，比如既可以考察其需求和供给，又可以考察其营销管理和市场反应，还可以考察它与其他服务的关联。因此，由于知识范围和时间精力的限制，加上研究出发点的不同，不同学者对于服务经济学的研究对象自然会给予不同的说法。

本书认为，作为一门相对独立的学科，服务经济学必须有其相对排他的研究对策，有相对明确的研究领域。就目前而言，考虑到既要与经济社会发展实践相适应，又要能够反映本学科研究的本质问题和最新进展，因此，本书给出定义，服务经济学是运用经济学观点，研究服务产品的经济学性质和服务经济发展的一门学科，它既具有理论性的特征，又具有应用性特征。

## 二、服务经济学的研究方法

研究方法的选择、运用和创新对研究工作至关重要。在服务经济学的研究过程中，学者们不断引进其他学科的研究方法，这些研究方法的引进和创新极大地推动了服务经济学新的研究成果的出现，推进和拓展了服务经济学研究的深度和广度。经归纳研究分析，服务经济学的研究方法可以分为规范经济学研究方法和实证经济学研究方法。

### （一）规范经济学研究方法和实证经济学研究方法

规范经济学研究方法是指依据一定的价值判断，提出某些分析和处理经济问题的标准，并以此树立起经济理论的前提，作为经济政策制定依据的一种研究方法。在西方经济学看来，由于资源的稀缺性，在对其多种用途上就必然面临选择问题，而选择就存在一个选择标准，选择标准就是经济活动的规范。可以看出，规范经济学所要解决的是"应该是什么"的问题。应用到服务经济学中，主要就是解决服务经济学中服务经济活动的各种基本理论。

实证经济学研究方法是西方经济学中按研究内容和分析方法与规范经济学相对应的一种研究方法，是指描述、解释、预测经济行为的经济理论部分，因此又称为描述经济学，是经济学的一种重要运用方式。从原则上说，实证经济学的研究方法是独立于任何特殊的伦理观念的，不涉及价值判断，旨在回答"是什么""能不能做到"之类的实证问题。它的任务是提供一种一般化的理论体系，用来对有关环境变化对人类行为所产生的影响作出正确的预测。对这种理论的解释力，可以通过它所取得的预测与实际情况相对照的精确度、一致性等指标来加以考察。应用到服务经济学中，主要解决服务业经营活动中的主要问题。

所谓规范经济学研究方法和实证经济学研究方法的区别应趋同于西方哲学关于对经验主义和理性主义的争辩。可以说从西方哲学的构建之初就在这个问题上存在两种看法：经验主义者认为只有历史归纳法才是研究社会科学的唯一有效路径。他们的这一观点是建立在对理性主义者的关于科学理性可以解决人类发展中的一切难题的批判之上。经验主义者认为科学研究只能从人类的认识经验中寻找答案，所谓的事实后面的本质问题是不存在的，或者即使存在，凭借人类有限的认识能力也不能为人类所了解和利用，人类只能认识经验以内的东西，至于超出经验的东西不属于社会科学研究的范围，而应该交给哲学家去研究。正是基于这样的认识论，经验主义者只相信经验的东西，强烈反对用逻辑和思辨的方法研究社会科学问题。与此相反，理性主义者对人类的认识能力推崇备至，认为人类可以凭借自己高超的思辨和逻辑推理能力来解决现实中的任何问题，可以发现社会科学领域的任何规律性的东西，不断强调人类要剥去感性认识虚假的外衣，用理性来审视一切，用理性来重估一切价值判断。

规范经济学研究方法和实证经济学研究方法正是基于哲学上两种

不同的认识论从而形成了两种对服务经济学的分析方法。前者反对后者把服务经济学的研究建立在几个简单的不合现实的基本假设之上，认为这样会脱离人类的实践活动，这种批判方法正抓住了规范经济研究方法的理论硬核，给予致命一击，反对逻辑推演的方法，强调历史归纳法的绝对地位。而后者反对前者只注重经验的东西，不能深入事物内部去把握事物的本质；认为归纳的东西只能说明过去的事实，而不能对未来作出预测和帮助。不能从纷繁复杂的事物中抓住影响事物发展的主要矛盾，强调人类理性认识的绝对地位。对于两种研究方法的认识应建立在唯物辩证法的思想之上，实证的研究方法是获得资料的有效手段，是人类获得真理性认识的起点，但还需要人类对这些感性材料作出取舍，从中提升出对研究有用的东西，并充分发挥人类的认识能力，挖掘出事物真正的本质，从而形成真理性的认识，用来指导对服务经济学的研究。

## （二）实证分析工具

### 1. 均衡分析与非均衡分析

均衡分析（equilibrium analysis）假定经济变量的运动总是趋向于均衡状态，据此研究经济现象如何达到均衡。如西方经济学均衡价格理论，就是假定商品价格总有成为均衡价格的趋势，然后用"价格调节供求，供求影响价格"这一市场机制来阐明均衡价格是怎样形成的。

非均衡分析（unequilibrium analysis）认为经济变量并不一定趋向于均衡，均衡是偶然的，非均衡才是经常的，并据此研究在非均衡条件下各种经济变量的变化和运动规律。

### 2. 静态分析与动态分析

静态分析（static analysis）就是分析经济现象的均衡状态以及有关的经济变量达到均衡状态所需要具备的条件，它完全抽掉了时间因素和具体变动的过程，是一种静止的孤立的考察某些经济现象的方法。如考察市场价格时，它研究的是价格随供求关系上下波动的趋向或者是供求决定的均衡价格。也就是说这种分析只考察任一时点上的均衡状态。

比较静态分析（comparative static analysis）就是分析在已知条件发生变化后经济现象均衡状态相应的变化，以及有关的经济总量在达到新的均衡状态时的相应变化，即对经济现象有关经济变量一次变动（而不是连续变动）的前后进行比较。也就是比较一个经济变动过程的起点和终点，而不涉及转变期间和具体变动过程本身，实际上只是对两种既定的自变量和它们各自相应的因变量的均衡值加以比较。

动态分析（dynamic analysis）则对经济变动的实际过程进行分析，其中包括分析有关变量在一定时间过程中的变动，这些经济变量在变动过程中的相互影响和彼此制约关系，以及它们在每一时点上变动的速率等。这种分析考察时间因素的影响，并把经济现象的变化当作一个连续的过程来看待。蛛网模型就是运用动态分析的一个典型例子。动态分析在初级的经济学教材中运用得很少。分析单个供求均衡时运用的就是静态分析；当影响供求的因素发生变化时，相应的供给和需求曲线也会发生移动，它们会达到新的均衡状态，这时运用的就是比较静态分析，即两个均衡状态的比较；动态分析则是分析每一自变量都会变化，相应的因变量随之变化，同时把时间的因素考虑进去。

3. 静态均衡分析、比较静态均衡分析和动态均衡分析

在经济学分析中，如果不考虑一个经济事物达到均衡状态的过程，而只考察均衡状态的性质以及实现均衡所要达到的条件等，那么这种分析就是静态均衡分析。在静态均衡分析中，如果决定均衡的因素发生了变动，经济事物将会处于一个新的均衡。对新旧均衡所进行的比较分析就是比较静态均衡分析。如果在均衡分析中引入时间因素，考察经济事物所处的状态随着时间因素变动而变动的过程，而不是考察决定均衡状态的因素，那么这种分析就是动态均衡分析。以消费者购物为例，如果不理会消费者放入购物筐多少商品，而又从购物筐中取出了多少，而只是关注他走出商场时购物筐中的状态，那么这一状态

就可以理解为静态均衡，而对这一均衡状态的分析就是静态均衡分析。相应地，如果消费者再次来购物，比较此次均衡状态与前次均衡的差异，就是比较静态均衡分析。类似地，如果在分析消费者购物均衡时既考察消费者第一次拿取了一些什么商品、数量是多少，又考察消费者第二次增加或减少了多少等，直至均衡的过程，那么这种对均衡状态的分析就是动态均衡分析。

4. 定性分析与定量分析

任何事物都是质和量的统一体，经济学也不例外。把定性分析和定量分析有机结合起来，可以更好地把握经济形势，有利于提高分析判断的全面性和准确性。

定性分析主要通过运用历史和逻辑相统一的抽象方法，将研究的注意力集中在经济现象的本质上，归纳影响经济运行机制的主要因素，然后通过对主要因素的分析和综合，演绎出经济发展的一般规律。比如，对经济总体是过热还是偏冷、结构是平衡还是失衡、价格水平是上升还是下降等，都必须作出判断，从而确定宏观调控的取向。定性分析是一个过程，通常先是感知经济现象，运用已有的理论框架和经验，进行逻辑分析和历史比较，对经济现象作出大体判断。

定量分析，可以对初步的定性分析结果进行验证和量化，从而形成精确的判断。在这个意义上，定量分析是定性分析的重要支撑。同时，定量分析又有自己独立的功能，主要是可以揭示经济变量和经济关系的"度"，从而为科学把握宏观调控的力度提供依据。在经济运行实践中，通过定量分析，人们对宏观调控一些"度"的把握，积累一定的经验，比如通货膨胀率在3%左右是比较温和的，城镇登记失业率控制在4.5%以内有利于经济社会稳定等。国际上也很重视经济中"度"的问题，并以此作为经济稳健运行的标准和政策调整的依据，如欧元区规定成员国赤字率应低于3%，公共债务余额占国内生产总值的比例应低于60%。通过观测这些重要指标的变化及其与合理的"度"的比较，有助于对形势作出准确的判断。

但也要看到，定量分析本身也有局限性，甚至存在一些"陷阱"。定量分析的效果好坏取决于数据是否可靠、方法是否正确和使用是否得当。如果数据不准确、方法有缺陷、使用不得当，通过定量分析得到的结果就可能"差之毫厘，谬以千里"。

为此，在做定量分析时，首先，要对数据的质量进行分析判断。特别是对那些容易失真的数据要更加谨慎对待。"假账真算"，计算再精确，结果也难以准确。其次，要科学确定假设前提和参数。一旦假设前提不合理、参数设定不正确，定量分析的结果就可能造成误导。最后，要正确理解和合理使用数据。对一些数量指标，要看到它在准确反映一个经济社会现象的同时，也可能掩盖另一方面的情况和问题。比如，GDP 增长率作为总量指标，它不能反映经济结构是优化了还是恶化了；作为反映产出的指标，它不能反映付出的代价和分配的结构。对有些数量指标，在进行比较分析时，要注意它的条件。比如，在对两个指标的增幅进行对比时，要注意原有基数的大小。对各种"平均数"更要注意背后的差异性，职工平均工资可以反映职工工资水平的总体情况，但不能反映不同分组之间的收入差距。

## 思考题

1. 作为现代经济形式趋势的服务经济发展迅速，结合知识扩展内容，请思考当前我国服务经济发展应当如何避免产业空心化和经济泡沫化。

2. 简述服务业的分类方法，试比较它们之间的优劣。

3. 服务的特征有哪些？除了本书中举的例子，能否再举一些显示服务特征的例子？

# 第二章 服务经济的理论渊源

本章回顾服务经济理论的发展过程，扼要述评各个时期主要观点的形成和演变，探讨若干重要争论对当代服务经济理论研究的启示和意义。

在中国经济理论研究中，服务业是一个独特领域。新中国成立后，我国引进和借鉴了苏联社会主义经济理论体系和产业发展实践，长期将服务业视为非生产性的经济活动。最近十多年来，国内各个方面对服务业的看法有根本变化，普遍赞同发展服务业。但是，这种转向的理论准备并不足，服务业与制造业之间存在的许多重要差别没有被充分理解，服务业长期被质疑其背后的合理因素没有得到充分解释，一些争论没有被深入探讨。应该看到，以服务业为主的增长与制造业为主的增长确有显著差异，长期以来人们对服务业的思考并不是一部谬误层出不穷的思想史。因此，回顾经济思想史中有关服务问题的讨论，对于全面理解服务经济和服务业发展问题有重要参考价值。

## 第一节 西方经济学中的服务经济思想

### 一、古典经济理论对服务的认识

17 世纪，威廉·配第（William Petty）第一次发现了世界各国国民收入水平的差异和经济发展的不同阶段的关键原因在于产业结构的不同，并在其 1672 年出版的《政治算术》中阐述了劳动力随着经济的发展从农业经济向工业经济，再向服务经济转移的现象。他发现在大部分人口从事制造和商业的荷兰，其人均国民收入要比当时欧洲大陆其他国家高得多，而就英国不同产业来看，其人均收入水平也不相同，从事农业的农民收入与从事运输的船员收入相比较，后者竟高于前者四倍。他通过考察得出工业比农业收入多，商业又比工业收入多，即工业比农业、商业比工业附加值高的结论。

亚当·斯密（Adam Smith）在其 1776 年出版的《国富论》中论述了产业部门、产业发展及资本投入应遵循农工批零商业的顺序。亚当·斯密认为可以将所有经济活动划分成生产性和非生产性的，生产性劳动主要指物质产品的生产，而非生产性劳动虽然是有用的，但在价值形态上是不生产的，不能成为社会积累的资本的一部分，从事非生产劳动工作人员所获得的只能是收入之外的报酬。亚当·斯密关于服务的低产出和低资本密集的理论有其所处时代的局限性，也对后期的服务经济理论和思想的发展产生了重大影响。

## 二、服务经济的理论雏形

新西兰经济学家费希尔（Fisher）在其 1935 年出版的著名的《进步与安全的冲突》一书中，以统计数字为依据再次提起威廉·配第的论断，并首次提出了关于三次产业的划分方法。他的三次产业理论是针对他的经济发展阶段论所提出的，三次产业代表了不同经济发展阶段占主导地位的不同产业，从而将产业结构的发展更替与经济发展过程联系在了一起。他的定义是，第一产业是农业和矿产业，第二产业是加工制造业，第三产业是提供各种服务活动的产业。而人类的生产活动先是以农业和畜牧业为主的初级生产阶段，随后进入以工业迅猛发展的第二阶段，再后来进入以服务业发展为主的第三阶段，第三阶段始于 20 世纪初，此时大量的劳动和资本开始流入旅游、娱乐、文化艺术、保健、教育和科学等活动中。

在吸收并继承了威廉·配第、费希尔等的观点的基础上，克拉克（Clark）在1940年出版的《经济发展条件》一书中不仅强调了三大部门的分类，而且增加了对生产、收入和消费的增长的原因和计量分析。他通过对40多个国家和地区不同时期三次产业劳动投入和总产出的资料的整理和比较，总结了劳动力在三次产业中的结构变化与人均国民收入的提高存在着一定的规律性：随着全社会人均国民收入的提高，劳动人口会从农业向制造业、进而从制造业再向商业及服务业移动，即所谓克拉克法则。

库兹涅茨（Kuznets）在1941年的著作《国民收入及其构成》中就阐述了国民收入与产业结构间的重要联系。他通过对大量历史经济资料的研究得出重要结论，即库兹涅茨产业结构论：产业结构和劳动力的部门结构将趋于下降；政府消费在国内生产总值中的比重趋于上升，个人消费比重趋于下降。库兹涅茨把第一次、第二次、第三次产业分别称为"农业部门""工业部门""服务部门"，根据10多个国家国民收入和劳动力在产业间分布结构的大量统计数据，从时间系列分析和横断面分析中得出如下结论：农业部门实现的国民收入的相对比重和劳动力在全部劳动力中的相对比重都处在不断下降之中，并且农业的国民收入相对比重下降的程度超过劳动力相对比重下降的程度；工业部门国民收入的相对比重呈上升趋势，而劳动力的相对比重则大体不变；服务部门的劳动力相对比重几乎在所有国家中都是上升的，而国民收入的相对比重大体不变，略有上升。

## 三、服务经济理论的形成

随着资本主义的物质财富的丰富，服务成为了人们消费需求的主要产品，经济结构发生了巨大变化，服务业对经济发展的作用也日益显著，产业结构理论在这一时期得到了较快的发展，服务经济理论也随之得到发展。

## （一）产业结构变动中的服务经济发展

库兹涅茨（Kuznets）在1966年出版的《现代经济增长》和1971年出版的《各国经济增长》中，深入研究了经济增长与产业结构关系问题。他总结了现代经济增长具有以下几个特征：人均产值持续增长、人口加速增长、生产结构和社会结构发生巨大变化。对于结构变化，他特别强调指出三点：一是工业化过程，产品的来源和资源的去处从农业活动转向非农业生产活动；二是城市化过程，农业人口不断向非农业转移、城市人口规模不断扩张，城市用地不断向郊区扩展；三是需求结构的变化，产品在居民消费、资本形成、政府消费之间的分配，以及在这三大类用途的各自细目之间的分配都发生了变化。库兹涅茨认为，现代经济增长实际就是经济结构的全面变化，它绝不仅是一场工业革命，实际上是一场农业革命和以交通通信为主要代表的服务业的革命。现代经济增长过程也不完全是资源向工业部门的单一流向，反而服务业在这一过程中吸纳的劳动人口更多。他通过细致的历史分析认为，"工业化"过程并不表现为劳动力以向工业转移为主，相反，是以向服务业转移为主。

## （二）罗斯托的经济发展六个阶段理论

罗斯托（Rostow，1960）是非均衡经济发展理论的代表人物之一，他根据经济史的一些事实，提出了经济发展的五个阶段的理论。他认为："根据它们的经济发展水平，任何社会都可以归入下面五种情况之一：传统社会（traditional society）、起飞准备阶段（preconditions for take-off）、起飞阶段（the take-off）、成熟阶段（the brave to maturity）、高额群众消费阶段（the age of high mass consumption）"。后来，他又在"高额群众消费阶段"后面加上一个"追求生活质量"的阶段，形成经济发展的六个阶段理论。罗斯托所说的传统社会，是指人类对世界的认识处于原始状态，人们的生产完全受自然条件的限制，生产力水平低下，人们的生产活动集中于农业部门；"起飞准备阶段"即由传统社会向起飞阶段的过渡时期，这个阶段社会观念、文化价值和制度都在发生深刻变化，在经济上逐步表现出社会商业化的趋势，比如金融市场的出现和发展、商业化的经济活动、对交通和通信投资等，如果某一国家传统社会的制度刚性很强，转型就可能不完全，因而就有可能形成二元经济格局；"起飞阶段"经济开始进入快速增长的稳定时期，新的价值结构已经建立并成为主流，在产业结构上，主要表现为现代部门的增长，传统产业如农业实现了现代农业化，这个阶段是一个较长的过程。"成熟阶段"主要是依靠技术进步以达到高度物质文明，变化主要体现在由技术进步引起的主导产业的变化上；"高额群众消费阶段"大部分人的基本衣食住行完全得到满足，人口高度城市化，就业劳动力高度白领化，物质财富高度发达，资源分配出现社会福利化的配置方式。

罗斯托认为经济成长的各个阶段都存在相应的起主导作用的产业部门，主导部门通过回顾、前瞻、旁侧三重影响带动其他部门发展。与六个经济成长阶段相对应，罗斯托在《战后二十五年的经济史和国际经济组织的任务》一文中列出了五种主导部门综合体系：一是作为起飞前提的主导部门综合体系，主要是食品、饮料、烟草、水泥、砖瓦等工业部门；二是起飞阶段的主导替代进口型的消费品制造业综合体系，主要是非耐用消费品的生产；三是成熟阶段的重型工业和制造业综合体系，如钢铁、煤炭、电力、通用机械、肥料等工业部门；四是高额群众消费阶段的汽车工业综合体系；五是生活质量部门综合体系，主要指服务业、城市规划和城郊建筑等部门。罗斯托认为主导部门序列不可任意改变，任何国家都要经历由低级向高级的发展过程。①

罗斯托还认为，在起飞准备阶段的突出特点是占劳动人口大多数的农业劳动力向工业、交通、贸易和现代服务业转移，其中最为关键的是农业剩余由奢侈性的消费转移到对工业和社会基础设施的投资，他还特别强调了社会基础设施投资在经济起飞阶段的重要性。

---

① [美]罗斯托：《经济成长的阶段》，中国社会科学出版社 2010 年版。

### （三）鲍莫尔的"成本病"理论

鲍莫尔（Baumol，1967）模型研究的最初出发点是当时美国城市日益增长的财政危机问题，但后续研究发现该模型所蕴含的思想特别适用于分析服务业。鲍莫尔构造了一个两部门非均衡增长宏观经济模型，他假定有两个部门："停滞部门"（主要指服务部门）和"进步部门"（主要指制成品部门），服务部门的生产率增长落后于制成品部门，在生产率增长内在不均衡的经济中，由于名义工资的同水平增加，则停滞部门即服务部门的成本将不可避免地不断累积上升，其结果是：如果该停滞部门的需求价格弹性较低，则对其产品即服务的消费成本将越来越大，即出现鲍莫尔所说的"成本病"现象；如果该停滞部门具有较大的价格弹性，则人们将因消费成本越来越高而不得不减少对它们的消费，致使其市场逐渐萎缩甚至消失。服务部门"成本病"问题使人们无法完全负担得起服务费用，不仅政府因提供财政资助会产生严重的财政困难，而且会对服务业自身的发展带来消极影响，导致服务质量的下降和服务提供的家庭化与非市场化。

鲍莫尔模型提出后受到广泛关注，也遭到很多学者的批评，他们认为不能武断地将服务业一概指为停滞部门，信息服务业和大众传媒等许多服务业甚至具有比制造业更高的生产增长率。于是，鲍莫尔（Baumol，1985）在原有两部门的基础上引进第三个部门——"渐进停滞部门"。渐进停滞部门既包含进步成分，也包含停滞成分，其同样具有"成本病"模型发展趋势：劳动力越来越集中于停滞成分的生产，停滞成分的成本越来越高，而进步成分成本越来越低；由于进步成分的生产率增长，这些行业开始会出现高速的生产率增长时期，但随着进步成分技术进步达到饱和，而在同时停滞成分引起的成本越来越大，整个行业的生产率发展水平将完全由停滞成分所支配，即它们的劳动生产率增长将不可避免地趋向停滞成分的水平，最后演变成停滞部门。最终，要保持三类部门再实际产出上的均衡增长，需要劳动力不断转移到停滞部门和渐进停滞部门。

知识拓展 2-1

## 鲍莫尔成本病的表现

作为一种"病","鲍莫尔病"会给经济带来很多负面影响,已经成为了每一个国家在发展过程中都不得不面对的一个问题。

首先,可能严重影响生产率的进步,让经济发展停滞不前。比如,诺贝尔奖得主罗伯特·索洛(Robert Solow)曾在一篇文章中提到,美国的服务业从 20 世纪 70 年代初开始就一直在上升,到 20 世纪 80 年代末时其在经济中的比重已经上升到了 60% 以上,但与此同时,美国生产率的增长速度却出现了持续的下降。尽管索洛本人并没有将这个发现和"鲍莫尔病"联系起来,但很多人认为,这一现象其实就是"鲍莫尔病"的一个典型"症状"。

其次,会导致商品和服务成本的大幅上升,让消费者的福利受到很大损害。2013 年,鲍莫尔本人曾在《人民日报》的"国际论坛"版发表过一篇介绍"鲍莫尔病"的文章。举了一个例子:20 世纪 80 年代,美国本科生每年需花费 3500 美元,到 2008 年,每名大学生每年需支付的费用已达 20500 美元,年增长率超过 6%,远高于美国的通胀水平。按照这种趋势,至 2035 年美国顶尖私立大学学生每年的费用将接近 20 万美元。

最后,会导致公共服务的价格大幅上涨,给政府的财政带来巨大的压力。在现实中,有些服务业多由政府支出提供支持。作为服务业的子行业,它们也会受到"鲍莫尔病"的影响,其成本会随着经济的发展迅速上升。由于这些行业事关国计民生,因此作为产品和服务提供者的政府并不会像企业一样,直接根据成本的上升来对它们提价。以教育为例,近些年,私立教育的学费已经经历了数十倍的上涨,但公立教育的学费却保持了相对稳定。为了支持它们的存在,政府必须不断追加公共支出,而这就会给财政带来很大的负担。

资料来源:威廉·鲍莫尔:《国际论坛:客观看待"鲍莫尔成本病"》,载于《人民日报》2013 年 6 月 19 日第 3 版。

### （四）富克斯"服务经济"的首次提出

富克斯是第一个提出"服务经济"概念的人，他于 1968 年出版了服务经济学研究的经典著作《服务经济学》，他指出：美国现在正在经济发展方面开创一个新时期。在第二次世界大战结束以后，这个国家已成为世界上第一个"服务经济"国家，即第一个一半以上就业人口不从事食物、衣着、房屋、汽车或其他实物生产的国家①。在这里，富克斯所指的"服务经济"发展阶段是特定于美国的经济特点而言的，他以实证的方法对战后美国从工业经济过渡到服务经济的进程中，服务业就业人数的增长情况、增长的原因、各服务行业之间在生产率变化方面的差异，以及工资、商业周期特点、行业组织和劳动力特征等重要方面进行分析。在美国的产业结构发展过程中，无论是产值结构还是就业结构，服务业一直是大于工业的，富克斯所言的服务经济阶段主要是从服务业的就业比重超过了工业和农业总合，从而占据整体一半以上的比重的方面来定义的。此外，这个服务经济还有着其他含义：美国经历了较为成熟的工业化发展之后，伴随着服务业就业比重的过半，经济在随后的发展中服务业就业的增长速度大大超过了制造业和建筑业的增长速度，即大多数服务业的就业增长率都超过了行业平均增长率。但是值得指出的，这个时期美国服务业的产值结构比重从不变价的角度来看却没有发生多大变化，在名义值上也只有少量的变化。

富克斯认为当时美国服务经济的出现有三个主要原因：一是对服务业的最终需求增长较快，二是对服务业的中间需求相对增长，三是服务业的人均产值增长较慢，这三个因素仍是现今人们解释服务经济增长的主要出发点。值得注意的是，富克斯也在一定程度上强调了农业和工业对服务业产生的中间需求增长日益醒目的重要作用。

① ［美］维克托·R. 富克斯：《服务经济学》，许微云、石慧芬、孙光德译，商务印书馆 1987 年版。

富克斯通过分析还发现，服务业产出稳定而生产率不稳定，服务业就业有"逆周期"特点：在经济周期的萧条期，服务业就业上升，而繁荣期反而下降；还有，服务业工资比工业低，但劳动力不断向服务业转移，而不是转向工资高的工业，说明劳动力的转移不是依据边际收益相等的原则进行的，更多可能是"挤出效应"。

**知识拓展 2 - 2**

## 美国服务经济的发展及对国民经济的影响

自 1850 年以来，美国服务经济中的就业人口比重一直呈现上升的趋势：1910 年占全部就业人口的 1/3，1952 年占 1/2，而到 1982 年超过了 2/3。这一趋势同样在产值的变化中表现出来，仅从 1960 年到 1982 年的二十三年间来看，美国农业、工业和服务部门在国内生产总值中的比重，就分别由 4%、38% 和 58% 变化为 3%、33% 和 64%。到了 20 世纪 80 年代，美国的服务经济无论是在国内生产总值还是就业人口方面，都占有 2/3 左右的比重。美国服务经济的快速增长也对其国民经济的发展起到了至关重要的作用，主要表现在以下几个方面：

1. 对美国经济增长的积极作用。二次大战以来，美国的经济增长总的来说是比较顺利的。这与同一时期中服务经济的快速发展有着极密切的内在联系。现代服务经济是在生产部门的劳动生产率达到一定水平时产生和急速发展起来的，但反过来又对进一步提高生产率起着极为重要的促进作用。劳动生产率的发展水平，在很大程度上要取决于服务经济尤其是科技、教育与通信等部门的发展水平。

2. 减缓了周期性经济危机的冲击。二次大战以后，美国的周期性经济危机发生了较大的"变形"，普遍都比以往要"温和"得多。这一变化固然是美国政府的巨额军费开支和其他调节手段，以及大量的固定资本更新等因素综合作用的结果，但是必须指出，对周期性经济危机影响更为持久和稳定的"反周期"因素，却是美国经济结构变动中服务经济部门的发展。在二次大战以来的历次经济危机中，大多数服务经济部门的就业人数不仅没有减少，而且还略有增长，这就是个证明。

3. 对财政赤字和通货膨胀的影响。20 世纪 60 年代末到 80 年代初，美国经济陷入严重的"滞胀"困境。造成通货膨胀的根源，主要是由于美国政府长期推行凯恩斯主义、大搞财政赤字的结果。但是服务经济的膨胀，也对通货膨胀条件下的结构性价格上涨起到了推波助澜的作用。

4. 在对外贸易中的重要地位。在美国对外贸易中影响较大的服务经济部门，主要有金融、客运、旅游等部门，以及专利和许可证贸易、各类技术服务、咨询服务等。据估计，1980 年美国外贸中的服务部分约占整个进出口额的 30% 左右。在全世界共约 3700 亿美元的劳务出口额中，美国一国就占了约 20%。应当予以注意的是，美国在服务方面的对外贸易，基本上是保持着顺差，这对弥补美国外贸中近年来出现的逆差起了相当大的作用。

5. 创造新就业机会的主要领域。服务经济的发展对于增加新的就业，减少美国的失业率，保持社会的稳定，都起到了举足轻重的作用。可以认为，如果不是迅速发展的服务经济吸收了大量的新增劳动力和一部分"结构性"失业者，美国的经济发展将会遇到比今天更大的困难，整个社会发展矛盾与冲突的表现形式也将会比今天要更为激烈。

资料来源：赖祥麟：《美国服务经济的发展史及其对国民经济的影响》，载于《外国经济与管理》1986 年第 10 期。

## 四、服务经济理论的发展

### （一）贝尔"后工业化"的理论阐述

美国社会学家丹尼尔·贝尔（Daniel Bell，1974）提出了"后工业化"理论，他详细分析了后工业社会的经济结构，认为后工业社会有四个特征：第一，后工业社会是服务社会；第二，知识、科学和技术在社会生活中占据主要地位；第三，专业人员和技术人员具有突出的重要性；第四，价值体系和社会控制方式的变化。贝尔在分析经济结构的基础上再分析社会和文化结构，认为经济结构决定了社会结构和文化现象。他具体提出了人类社会发展的三个阶段：前工业社会、工业社会和后工业社会。

贝尔的分析证明了两点：其一，服务业作为一个产业整体，在经济发展的三个时期实际都在发展，它不像工业那样只在一个时期有显著增长；其二，服务业在不同时期适应不同的生产技术水平有不同的内部变化和发展。贝尔认为从工业社会向后工业社会转移的过程中服务业经历了三个转变，"服务"这个词也包含了不同的事物。他将服务业的发展划分为三个阶段，并强调了服务业本身的发展问题。他认为，在上述的农业社会，生产率低、剩余劳动多而素质差，因而服务业主要为个人服务和家庭服务；在工业社会则是以与商品生产有关的服务业如商业为主；在后工业社会则是以知识型服务和公共服务为主，其财富的来源不再是体力、能源，而是信息。

### （二）自我服务的新工业主义理论

20世纪70年代，美国等西方国家出现的"滞胀"现象打碎了人们对服务经济和后工业社会的乐观展望，服务由于具有低增长的特性而被视为美国经济危机起因的"嫌疑犯"，人们认为服务经济的过度发展已经超出工业生产能力所允许的范围，成了"服务危机"，阻碍着整体经济的恢复和发展。在众多的有关服务生产产业化讨论中具有典型意义的理论体系是新工业主义理论，这是一种与后工业社会相反的理论体系。新工业主义认为，未来社会不是以服务需求增长为动力的"服务经济"模式，而仍然是以物质产品的需求增长为动力的工业经济模式，只不过由于生产技术的进步，现代化的工业生产已经不再是以体力劳动为主的劳动投入方式，而是以人力资本为主的劳动投入方式。未来社会的发展不是服务社会，而是新的工业生产技术和组织方式下的新的工业社会。

新工业主义的代表人物是乔纳森·格沙尼（Jonathan Gershunny），他在1975年出版的《工业社会之后？自我服务经济的兴起》与1983年出版的《社会创新与劳动分工》中对他的理论进行了阐述。乔纳森·格沙尼的主要观点是，未来社会的发展趋向不是服务社会，而是自我服务社会，在这个社会中更多的工业品将走进家庭并替代服务。他认为，从效用或使用价值角度来看，服务和商品之间实际没有差异。乔纳森·格沙尼还认为，服务的替代效应大于收入效应，因为服务的相对价格上升速度远大于收入的增长，因而可能出现"自我服务社会"。尽管对服务的需要增长了，但这些需要并不必然地以向服务部门购买服务方式"外在地"满足；相反，它们将以在家庭中自己动手的方式，通过个人劳动以及借助于现代家庭设备获得满足。其结果是工业品的需求增长，而不是服务需求（从外界服务部门获得的）的增长。乔纳森·格沙尼甚至认为20世纪60年代和70年代就业增长最快的教育、医疗、公共管理等所谓"公共服务"部门，也将经历"产业化"时期并转化为"自我服务"。例如，他设想一种"开放式大学"，其基础是电化教育，通过制作录像带等方式个人可以在家中接受大部分的指导。

### （三）钱纳里的发达经济阶段理论

钱纳里（Chenery，1986）等在《工业化和经济增长的比较研究》一书中，从经济发展的长期过程中考察了制造业内部各产业部门的地位和作用的变动，揭示制造业内部结构转换的原因，即产业间存在着产业关联效应，为了解制造业内部的结构变动趋势奠定了基础，他通过深入考察，发现了制造业的发展受人均国民生产总值（GNP）、需求规模和投资率的影响较大，而受工业品和初级品输出率的影响小。钱纳里和赛尔奎因等，借助多国模型，提出了"标准产业模型"理论。

"标准产业模型"按照人均GDP的变化将经济增长过程划分为六个时期和三个阶段，其结构转变的三个阶段分别为：初级产品生产阶段、工业化阶段、发达经济阶段，发达经济阶段与后工业化社会具有高度的一致性。他们还通过实证得出的结论，如果综合考虑到经济发展水平、经济规模、资源禀赋和贸易结构的话，随着经济发展水平的提高，社会向发达经济阶段转变的规律与产业结构中主导产业由农业向工业转变，再由工业向服务业的转变规律具有相当的一致性。

### （四）分工的扩展与"外部化"

许多的经济学家也认为服务业的增长是由分工深化引起的中间需求的扩大带动的。萨尔和沃克（Sager and Walker，1992）的理论认为，现代化的生产过程是一种"扩展的劳动过程"，即实际生产过程由直接的车间劳动延伸到如研发、设计、市场调研、产品检测和售后服务等扩展过程。萨尔和沃克认为，这些活动是生产过程的一部分，而不是独立的、与物质产品生产无关的经济活动，现代物质产品生产不是简单的车间劳动，而是包括这些服务的扩展劳动，在技术条件变化的情况下，这些活动不断专业化，逐渐脱离工业企业而独立出来在企业组织制度上"外部化"，在时间与空间上与商品生产拉开了距离。

从分工和"外部化"角度分析服务业增长原因的经济学家，其观点主要强调两个方面：一是由于劳动分工拓展和深化所带来的工业部门对服务活动的中间需求极大地扩张，构成了分工深化所带来的中间服务需求，这些需求有的是因为确实出现了新的需求因素所导致的，因此除了制造环节之外，工业生产链条日益延展，包括研发、设计、管理、调研、制造、检测、售后等一系列的活动，并且这些环节都以需要更高的技能和知识资本的白领人员为特征，所有这些环节的拓展使现代工业经济越来越呈现出服务化的特质；二是当这些分工活动发展到一定程度的时候，复杂的工业组织结构在不断的专业化下将出现越来越多的裂变，服务活动日益从工业领域中脱离出来，实现了工业企业组织制度上的外部化，最终促成了社会生产结构的转变。另外要强调的是，这种分工体系演化对社会生产结构的影响作用还包括随着分工环节的增多，不同环节又会产生不同的中间需求力量，从而也会对产业结构变动产生重要的影响。

## 五、马克思服务经济思想

马克思在《资本论》（*Capital*）和《剩余价值理论》（*Theories of Surplus Value*）中讨论了服务业活动的作用和它们在资本主义社会中的地位。和亚当·斯密一样，马克思没有专门的服务业理论，只是在讨论其他问题时附带涉及了服务业。

马克思认为存在两类服务业。第一类包含其他个人、国家或者其他类型组织提供给个人的服务。教师、教授、家仆、教士和公务人员都归为这一类。第二类包含我们在 20 世纪后期可能归为服务业的那些行业，而当时马克思并没有明确将其归为服务业。商品运输、机器与设备的养护等和贸易、银行、保险以及财务会计都可以划为这一类。需要特别指出的是，马克思有两个鲜明的理论立场：运输和养护活动是生产性的；商业和金融活动不是生产性的。

关于马克思的服务经济思想，可以总结为以下几点：

（1）社会使用价值分为实物形式和运动形式两大类。马克思认为，使用价值就其形态而言，包括两大类：一类是"实物形式"，另一类是"运动形式"。① 实物形式的使用价值是"物化、固定在某个物中"的使用价值；运动形式的使用价值"是随着劳动能力本身活动的停止而消失"的，它不采取实物的形式，不作为物而离开服务者独立存在。而第三产业生产的使用价值基本上属于运动形式的使用价值，因此可以认为，马克思事实上已分析了第三产业的产品。

（2）非实物形式的服务消费品也是产品。马克思经过理论的抽象，不仅确认第三产业生产的非实物形态的使用价值也是产品，具有产品的"物质性"或"自然性质"，而且将用于生活消费的服务产品，命名为"在服务形式上存在的消费品"，认为它与在物品形式上存在的消

---

① 马克思：《马克思恩格斯全集（第 46 卷上册）》，中共中央马克思恩格斯列宁斯大林著作编译局译，人民出版社 1979 年版，第 464 页。

费品共同构成社会消费品。

（3）非实物形式产品的功能也是用于满足消费需求。马克思认为，用于生活消费的服务的功能是满足人们的生活消费需求。它可以"满足个人某种想象的或实际的需要"，可以当作随便挑选的消费品来购买，这同购买其他任何商品，是没有什么不同的。至于用于生产消费的服务，在马克思的年代还不多见，但马克思也提及其功能，这就是：使一般的社会知识在很大程度上变成了直接的生产力，控制并改造社会生活过程的条件，成为生产和财富的宏大基石。

（4）服务的生产、交换和消费是同时进行的。服务"只是在它们被购买时才被创造出来"，只能以活动本身的形式出卖；在它进行生产的时候就要被消费掉；一旦对服务支付了报酬，它就"完全像容易消失的消费品一样消失了"。

（5）服务业比重将呈现上升的趋势。马克思指出了农业、工业就业比重下降，服务业就业比重上升的趋势。他认为，劳动由农业、工业转移到服务业的条件是物质劳动生产率提高。社会为生产小麦、牲畜等所需要的时间越少，它所赢得的从事其他生产，物质的或精神的生产的时间就越多。假定劳动生产率大大提高，以前是 2/3 人口直接参加物质生产，现在只要 1/3 人口参加就行了，以前 2/3 人口为 3/3 人口提供生活资料，现在是 1/3 人口为 3/3 人口提供生活资料。现在国民应该用在直接生产上的时间，不再是以前的 2/3，而是 1/3。因此，从事农业、工业生产的人数虽可能会随着人口的增长而不断增加，但是相对地，按照同总人口的比例来说，他们还是比以前少 50%。而服务业劳动者一般会有比以前高的教育程度；并且报酬菲薄的艺术家、音乐家、律师、医生、学者、教师、发明家等的人数将会增加。

（6）关于产业部门的划分。马克思提出过划分几个产业部门的思想，只是由于他不是专门论述产业结构问题而没有展开阐述。例如，他提出，除了采掘工业、农业和加工工业以外，还存在着第四个物质生产领域，即运输业。他还把生产非实物产品的部门，特别是今天称之为第三产业的新兴部门——信息部门，称为产业。在这些产业部门中，经济上重要的只有交通工业，而这种交通工业或许是真正的货客运输业，或许只是消息、书信、电报等的传递。

## 知识拓展 2-3

### 马克思对服务经济的观察

其实，早在19世纪，在英国这样早期发达的资本主义国家，就出现过服务劳动者迅速增加的现象，马克思也注意到了这种现象。"大工业领域内生产力的极度提高，以及随之而来的所有其他生产部门对劳动力的剥削在内涵和外延两方面的加强，使工人阶级中越来越大的部分有可能被用于非生产劳动。"马克思认为，分工是非生产劳动比重提高的一个重要因素。"在这个问题上正确的一点是分工。每个人除了自己从事生产劳动或对生产劳动进行剥削之外，还必须执行大量非生产的并且部分地加入消费费用的职能。（真正的生产劳动者必须自己负担这些消费费用，自己替自己完成非生产劳动。）如果这种服务是令人愉快的，主人就往往代替奴仆去做。但这没有消除生产劳动和非生产劳动的区分；相反，这种区分本身表现为分工的结果，从而促进劳动者的一般生产率的发展，因为分工使非生产劳动变成一部分劳动者的专门职能，使生产劳动变成另一部分劳动者的专门职能。"同时，随着经济发展和劳动生产率的提高，从整个社会来看，从事非物质生产劳动的人数会大大增加。非物质生产在整个人类劳动中所占比重增大的趋势，马克思早在一百多年前就已经预见到了。马克思的这些科学预言已被世界经济发展的事实所证明，非生产劳动已经成为现代服务经济发展的重要推动力。

马克思指出："社会上人数最多的一部分人——工人阶级——都必须为自己进行这种非生产劳动。"因此，非生产劳动的需求越来越多，促使生活服务业的发展越来越快，它在满足人们需要，促进经济发展方面起到了不可替代的重要作用。但是，工人阶级只有先进行了生产的劳动，才能从事这种非生产劳动。工人阶级只有生产了可以支付肉价的工资，才能给自己煮肉；工人阶级只有生产了家具、房租、靴子的价值，才能把自己的家具和住房收拾干净，把自己的靴子擦干净。因此，从这个生产工人阶级本身来说，他们为自己进行的劳动就是非生产劳动。如果他们不先进行生产劳动，这种非生产劳动是决不会使他们有能力重新进行同样的非生产劳动的。在社会主义制度的中国，劳动人民当家作主并自由享有自己的劳动成果，随着经济快速发展，人们更加重视教育投资，更加注重医疗保健，更加注重文化消费等，这使得非生产劳动比重迅速提高，各种消费服务、社会服务的需求迅速增加，推动了现代服务经济的快速发展。

资料来源：宁阳：《马克思生产劳动理论与现代服务经济发展》，载于《毛泽东邓小平理论研究》2014 年第 4 期。

## 六、西方服务经济研究的理论评述

世界经济的发展和国际分工的深化不断推动了西方服务经济理论的形成与发展，从 17～18 世纪服务性质的探讨到 20 世纪以后服务理论的形成与发展，西方服务经济理论体系基本形成。大多数发达国家已经迈入后工业化服务经济时代，服务领域的研究工作也得到经济学家们的广泛关注，下面对西方服务经济理论进行一个简单的发展评述。

### （一）从非生产性角度转向生产性角度

17 世纪到 19 世纪中，学术界对服务的认识大多还是将其经济活动界定成非生产性的。重农主义者提出了"生产性"与"非生产性"的概念，认为只有农业部门是真正创造国民财富的领域，服务业当然不在其中。亚当·斯密吸收了重农主义观点，也认为服务不产生价值，不能成为社会资本的积累。马克思只是肯定了商业和金融等活动的生产价值，但认为服务从获得报酬的方式以及与宏观经济的联系看，仍属于非生产性活动。

到了19世纪末，随着新的经济学理念的产生，服务的所有活动被视为生产活动，对亚当·斯密的生产与非生产劳动的争论逐渐消失。20世纪70年代后期，服务的发展使得学者们开始关注起长期以来被忽视的服务研究。对于服务范畴和服务内涵的重新界定成为研究服务的首要问题，以便在此基础上进行更广泛的研究。虽然经济发展和新技术的突破不断赋予服务以新的内涵，但服务创造的价值越来越得到学者们的认同。

### （二）从静态理论探讨转向动态实证分析

现代经济学对经济现象的研究方法可分为静态分析法和动态分析法。静态分析法不考虑时间这一维度，假设经济变量从非均衡到均衡的调整是瞬间完成的，着重刻画经济均衡状态的特征以及形成均衡状态的条件；动态分析法则把经济变量的调整放到时间这一维度中考察，从时间序列角度对经济现象进行更深层次的分析。

早期的服务经济理论基本是以静态理论探讨为主，如对服务的范畴和内涵的探讨，对服务部门分类的判定，这些理论基本没有将经济变量的调整放到时间这一维度中考察。直到20世纪80年代以后，库兹涅茨、鲍莫尔和富克斯等通过不同国家服务业发展的详细历史数据资料，对服务业与经济增长、服务业与就业等进行相关的实证分析，从动态的角度解释一国的服务与经济发展的关系。

### （三）从发达国家为主要研究对象转向世界经济整体

20世纪60年代以前服务经济形态主要发生在发达国家，服务经济的理论研究也主要聚焦于发达国家，以发达国家的服务经济发展状况为主要研究对象。如富克斯就是通过对美国产业结构的研究，发现美国开创了一个经济发展的新时期，第二次世界大战结束以后这个国家已成为世界上第一个"服务经济"国家。但20世纪80年代以来随着世界经济的发展和国际分工的深化，经济全球化背景下的世界服务经济的发展成为研究热点，如服务业的国际转移现象、服务外包的产生与发展。而发展中国家随着服务业的不断发展，作为服务业国际转移和服务外包的承接者也渐渐走入以世界经济整体为研究对象的服务经济研究者的视野。

# 第二节　国内早期对服务经济理论的探讨

由英国经济学家费希尔在 19 世纪 30 年代提出的第三产业概念，在 1980 年我国国民经济结构调整的研究中，才开始见之于我国报刊。后因权威人士反对，从 1981 年底起，"第三产业"一词在报刊上销声匿迹。

1984 年底，中央领导人在以城市为重点的经济体制改革中，重提大力发展第三产业。其后，学术界对第三产业的研讨文章急剧增加，使第三产业成为我国经济生活中使用频率、普及率相当高的一个"新名词"。1985 年，国务院转发了国家统计局《关于建立第三产业统计的报告》，《中共中央关于制定国民经济和社会发展第七个五年计划的建议》把"加快发展为生产和生活服务的第三产业，逐步改变第三产业同第一、第二产业比例不相协调的状况"列为经济建设的战略布局的方针之一。全国掀起发展第三产业热潮，发展第三产业得到空前重视。各地纷纷召开第三产业发展战略会议。

本书在第三产业概念和范围，第三产业的产品和使用价值，产值和价格，再生产和流通，第三产业经济理论的研究对象这五方面，如实反映了 20 世纪 80 年代我国学术界的主要观点，从中可以看到我的第三产业研究的独特观点。

## 一、第三产业的概念和范围

第三产业的概念是否具有科学性？能否引进社会主义经济研究中？对此主要有三种看法。

第一种意见认为，第三产业概念是不科学的。这一用语露骨地渗透着资产阶级本质，直接把非生产部门和物质生产部门混为一谈，统统称作独立的产业部门。这种混杂隐藏着一个企图：把资产阶级国家机器中的专政部门打扮成与世无争、和善可亲、为民服务的生产部门。其内容不三不四，不伦不类，莫名其妙①。按照以庸俗价值论为理论基础的，本身极其混乱的"三次产业分类法"，根本不可能揭示出社会再生产的规律②。如果让"第三产业"概念在我国广泛流行，则马克思主义的一些基本经济理论如劳动价值论、剩余价值论等都成为有问题的了；特别是只有产业资本才创造剩余价值的观点与第三产业的概念是根本矛盾的。如果把第三产业改为第三类部门，在理论上才说得通。

第二种意见认为，第三产业本身并没有阶级性，问题在于怎样应用。我们不同意资产阶级那种不加区分的分类方法，但也不能把第三产业简单归结为资产阶级概念。三次产业分类法和人类需求结构的变化趋向、产业发展的历史序列相一致，并能充分反映劳务活动的经济性质，适应性强。我们借助马克思主义的经济理论，剔除"污秽"，经过一番改造，完全可以在分析批判的基础上纯化第三产业的概念，使它成为一个有用的经济学用语。从历史上看，非物质生产部门的兴起是社会经济向前发展的必然现象，第三产业被突出出来，相当深刻地反映了人类现代的需要构成。马克思提出两部类概念时，舍弃了服务部门，在当时对论述再生产并无影响。可是现在情况是大不相同了。非物质生产部门的扩大是一个明显而重要的事实。对此，应该给予足够的重视，从理论上把它显示出来，应该发展和丰富马克思再生产理论的分类方法以及有关内容。至于怎么叫法，是叫第三产业还是别的什么，应包括些什么，完全可以经过研究来确定③。

---

① 孙冶方：《关于生产劳动和非生产劳动、国民收入和国民生产总值的讨论》，载于《经济研究》1981 年第 8 期。

② 邓力群：《马克思再生产理论的基本原理必须坚持》，载于《经济研究参考资料》1982 年第 1 期。

③ 林子力：《经济调整和再生产理论》，载于《经济研究参考资料》1981 年第 2 期。

还有学者指出，资产阶级经济学使用三次产业的划分方法，确实有抹杀生产劳动与非生产劳动、掩盖资本主义剥削实质的一面，但另一方面，从世界经济发展史来看，三次产业的划分是符合历史实际的。它反映了人类生产活动的不同阶段，以及每一阶段的发展以前一阶段生产率水平的提高为基础，后一阶段的发展又会促进前一阶段的进一步发展。马克思不但把物质生产部门依次划分为四个部门，而且把今天称为第三产业新兴部门的信息行业等也视为产业部门。"从这个意义上说，三次产业的划分，不但同马克思的理论不矛盾，而且从思想渊源上来看，宁可说，马克思比资产阶级经济学家提得更早，只是他没有加以发挥而已。"所以，第三产业同马克思的经济理论并不是互不相容的。以精神生产和服务劳动为主要内容的第三产业的概念在理论上是可以成立的[①]。

第三种意见认为，第三产业的概念具有两重性质：一方面，它是庸俗经济学的范畴，具有反科学的性质，与马克思的政治经济学有着本质的区别；另一方面，它又是一些资产阶级经济学家为了维护本阶级的利益，在一定的限度内，对一些与社会化大生产相联系的过程具体分析的结果，比较客观地反映了某些技术经济关系。现代的分工关系把一切社会领域都无一例外地罗织在"社会生产"这个广义的概念内，传统的、狭义的生产概念不能反映现代社会的技术经济关系。这要求我们从新的角度来研究它，用新的概念来反映它。对于第三产业的概念，我们可以奉行"拿来主义"，在批判其庸俗性质的前提下，把它应用于经济实践中[②]。

关于第三产业的范围，主要有窄、中、宽三派意见。

（1）窄派：产业是运用生产资料从事物质资料的生产或经营的经济部门，不从事经济活动的非营利性部门，如科、教、文、卫、体，以及党、政、军、警，均不能列入第三产业的范围。

---

① 何建章：《关于三次产业的若干理论问题》，载于《南方经济》1985 年第 4 期。
② 草禾：《第三产业概念及应用探析》，载于《江西社会科学》1985 年第 5 期。

（2）中派：营利性不能作为划分第三产业的标准。产业就是既有投入，也有产出（包括有形产品和无形产品）的经济行业。科、教、文、卫、体等行业既有人、财、物投入，也有服务产品产出，应列入第三产业。至于它们是否营利，纯属人为的经营体制问题。只要实行企业化经营，科、教、文、卫、体同样可以通过出售服务产品获得收益。但政治、军事活动不同于经济活动，故党政军警不属第三产业。

（3）宽派：党政军警等行业本身有经济活动，为社会提供公共服务，对经济管理和决策有直接或间接关系，也应列入第三产业范围。

## 二、服务产品和使用价值

在 20 世纪 80 年代的服务经济理论研讨中，不少学者从无形产品及其定义、分类、特点等方面进行探讨，提出了一些有新意的观点。

### （一）产品、使用价值和社会财富观

#### 1. 对产品概念的认识

一种观点认为，经济学的研究对象是物质生产过程而不是"精神生产"过程。我们讲生产，指的总是物质生产，"精神生产"和"精神财富"这种说法本来就是借用经济学的名词①。社会产品是指社会在一定时期内所生产的全部物质资料的总和。按照这种意见，没有实物形态的劳动成果不能被认为是产品。

另一种观点则认为，只有以实物形态存在的劳动成果才是产品的看法，是一种误解，并没有把握产品的实质。产品就是能够满足人们某种需要的使用价值，它是劳动者劳动的有用结果。它之所以成为产品，并不在于它是否是物，是否具有看得见摸得着的实物形态，而是

---

① 孙冶方：《关于生产劳动和非生产劳动、国民收入和国民生产总值的讨论》，载于《经济研究》1981 年第 8 期。

因为它能够满足人们的某种需要，具有某种特殊的使用功能①。非实物形态的劳动成果可以而且应该称为产品，是因为：（1）人类的需求变化发展，决定了非实物形态的劳动成果必然纳入社会产品的范畴。人类的需要，是人类的生产行为的直接动因。人类从事生产的最终目的——满足自身的物质和精神需要，决定了产品必须有用，能满足各类需求，而不是规定它非要采取实物形态不可。因此，非实物形态的劳动成果，只要它能满足一定的需求，就有可能或有必要生产出来，成为与实物产品等价的产品。（2）生产的社会化、专业化分工的发展，使很多原来一厂独任的工作，逐步演变为数厂分任的工作；原来完整的生产过程分解为若干个独立化的生产阶段，原来只有在完整的生产过程结束时才生产出来的实物产品，必然相应地分解为若干个在局部生产阶段中就能存在的非实物形态的产品。因此，第三产业生产的非实物劳动成果也是产品。

2. 对使用价值的认识

相当多学者认为，传统理论将使用价值解释为物品能满足人们某种需要的效用，"用只有金、木、水、火、土才是有用物，只有衣、食、住、行才是人们的需要这种古老的概念来规定现代现实生活中的使用价值"②，显然同现实的经济生活相距甚远，根本无法说明当代的社会经济活动过程。"作为一定的有效的使用价值，并不都是采取实物形态。使用价值除了以相对静止的、有形的形态存在之外，还有运动的、无形的运动形态，服务就是具有非实物形态的使用价值。作为可以满足人们某种需要的使用价值来说，既可以是实物形态的物质产品，也可以是非实物形态的服务产品。"③ 所以，"使用价值的内涵应将非实物使用价值包进去，即为：具有某种效用因而能满足人们某种需要的

---

① 张振斌：《浅谈劳务与劳务生产的特点》，载于《江淮论坛》1982 年第 3 期。

② 黄黎明：《如何理解使用价值这一范畴》，载于《江西财经学院学报》1982 年第 2 期。

③ 尤来寅：《服务劳动与资本主义国民收入的形成》，载于《学习与思考》1983 年第 4 期。

消费（包括生产消费与生活消费）对象；外延包括实物形式的使用价值与运动形式（非实物形式）的使用价值。马克思关于使用价值包括实物形式与非实物形式的观点，随着社会化大生产的发展以及社会劳动生产率的提高导致的消费构成的变化，将越发显示其深远意义"。①

### 3. 对社会财富的认识

国内早期对社会财富的内容大致有四种看法。

（1）政治经济学考察的财富只是物质财富，非物质产品不能包括在财富范围内。"马克思所认定的社会财富，是实在的商品，是物质财富。"根据马克思的历史唯物论，精神产品是在物质资料生产的基础产生的，它和政治经济学考察的财富是两码事②。

（2）国民财富应是指某个社会或国家在一定时期内所拥有的经过劳动创造和积累起来的物质资料和以物的形式存在的精神财富的总和。

（3）财富是以实物形式和非实物形式存在的使用价值的总和。"用资本主义商品拜物教的眼光看，财富是物，是商品，是独立于人并且统治着人的异己的东西；而只要超出资本主义的形式，纵观人类历史，就会看到，财富正是满足人类生存、享用和发展的需要（我们可以称它为基本需要）的使用价值。离开人的需要而从物的规定性本身中去寻找财富的含义，只能是舍本求末。"③ 财富不是物质，而是人的需要的满足。在社会化生产的条件下，人类财富成为由需求的体系和分工的体系所决定的、内容日益丰富的使用价值总和。服务和精神产品，同物质产品一道构成了人类财富的必要部分。随着社会生产力的发展，使用价值本身在一个需要和生产的体系中发展起来，因而，财富内容本身及其概念也在发生着变化。正是实物使用价值与非实物使用价值这两大类不同质的使用价值，构成了现代社会财富的物质内容。④

---

① 李江帆：《论马克思著作中的使用价值范畴》，载于《经济研究参考资料》1982 年第170 期。

② 洪银兴：《社会财富·生产劳动·第三产业》，载于《南京大学学报》1982 年第1 期。

③ 晓鲁：《生产劳动与社会财富的发展》，载于《晋阳学刊》1984 年第 1 期。

④ 李江帆：《服务消费品的使用价值与价值》，载于《中国社会科学》1984 年第 3 期。

（4）物质财富不仅包括有形产品，也包括无形产品。第三产业是一个物质生产部门。它的生产过程同第一、第二产业一样，是运用一定的生产资料，创造某种适合人们需要的特殊使用价值。第三产业为社会创造使用价值，也就是为社会创造了物质财富。第三产业为社会创造的使用价值不被当作物质财富的认识上的原因是：第三产业创造的使用价值是无形的产品或软产品，往往是边生产、边消费，在许多情况下没有留下实物来，这就不易为人们所认识。但社会的发展，无形产品或软产品的生产越来越多，越来越成为社会的生产、流通和消费不可须臾离开的东西，再忽视它的存在就违背现实生活了。

### （二）服务（劳务）的定义

服务（劳务）的定义是第三产业经济理论的一个基本问题。目前对此有四种意见。

第一种意见认为服务（劳务）是流动形态上的劳动。劳务生产的主要特点在于：其结果并不提供其他有形或无形的产品，而是提供特殊的使用价值——流动形态上的劳动，即劳务；许多劳务的结果和劳动者本身不能分离，劳动者的劳动过程本身就是劳动的目的和结果，当劳动停止后，所提供的劳务也随即消失；在许多场合，劳务生产领域的劳动者提供使用价值（劳务）的劳动过程即消费者消费这种特殊使用价值的过程。[1]

第二种意见认为服务（劳务）是服务劳动提供的与服务过程同生共灭的、能满足一定需求的、非实物形态的使用价值。服务劳动则是服务劳动者在具有不同的服务目的、服务手段、服务设施的服务过程中的脑力和体力的耗费。虽然服务产品与服务劳动在实际上是"融为一体"的，但在理论上却必须借助科学的抽象力将它们区分开来。如果认为服务产品与活劳动是一回事，就必然派生出逻辑矛盾：（1）服务领域出售产品＝出售服务劳动，而劳动是不能出卖的；（2）接受服务者消费的

---

[1]　陆立军：《略论劳务生产》，载于《江海学刊》1982年第2期。

是活劳动，而不是产品，总而言之，这将导致对第三产业的产品概念的否定。[①]

第三种意见主张区分服务与劳务。"服务是以人为劳动对象的劳动活动，劳务是服务劳动所生产的用于交换的特殊产品。"[②] 由于服务劳动对象是被服务者，因此服务劳动"凝固"在人身上，劳务就是物化在人身上的服务劳动。

第四种意见认为服务有"单纯服务"与"不单纯服务"之分。前者是与实物形态使用价值相区别的非实物形态的使用价值，后者是体现在实物中的服务。正如马克思所说，有些服务会体现在商品中，另一些服务却不留下任何可以捉摸的、可以和人分开的结果。[③] 按劳动对象的不同，可把服务分为三类：（1）知识型服务——科学知识、技术等无形的使用价值；（2）活动型服务——不能同生产行为在时间、空间上分离的使用价值；（3）实物型服务——知识型服务和活动型服务的实物化，具有物的外壳。

一些学者在论述服务产品的概念时，还指出要做到四个区分。

（1）区分服务产品与劳动力。服务的直接产品并不是劳动力，而是效用。"铁路职工运送旅客，并不是为了把旅客的劳动力当作商品出售（虽然旅客可能是劳动者），而是为了把空间位置的移动这种效用出售给旅客。同样，医生诊病也不是为了出售治愈的病人，而是把自己的医疗服务出售给患者。服务只有先作为商品出售给劳动者（但在这里是消费者）并由他们消费后，才可能生产出他们的劳动力。这就同面包出售给劳动者并被消费后生产了他们的劳动力一样。"

（2）区分服务的生产与消费。服务过程只对接受服务的人来说才是消费，而对提供服务的劳动者来说却是生产。正像吃面包是消费，而制造面包却是生产一样，二者决不能混为一谈。

① 李江帆：《教育服务消费品生产问题的探讨》，载于《华南师范大学学报》1985 年第4 期。
② 何小锋：《劳务价值论初探》，载于《经济研究》1981 年第 4 期。
③ 刘伟：《论服务的使用价值和价值》，载于《北京大学学报》1985 年第 2 期。

（3）区分服务产品本身与服务产品的消费后果。有人认为，服务劳动的劳动对象是人，因此服务的使用价值在于消费服务后所发生的身体上、精神上的变化。如教育服务产品"会长期留在被教育者身上，供被教育者消费。好的艺术家的表演对观众带来心灵上的变化可能使观众反复回味、长期受用"。"洗洁了的身体，增长了的才干，都是可以被实实在在地感受到的使用价值。"持反对意见的论者认为，这是把服务的使用价值和使用价值的消费混同了。教师的"传道授业解惑"是教育产品本身，学生对这种教育的享用使其发生智力不同的变化，是教育产品的消费后果。理发师生产的不是发型，而是理发服务这种以活动形式存在的使用价值，发型的变化是消费者消费理发服务的结果。把服务的使用价值同消费结果混同，最终会导致否定服务使用价值的存在。

（4）区分广义服务与生产性服务。广义服务不仅包括与使用价值生产有关的各种服务，而且包括官吏、军队等与使用价值生产毫无关系的活动。后者应排除在作为经济范畴的服务之外。生产性服务是生产出脱离生产者而独立存在的产品或不能脱离生产行为而存在的产品的服务。

有学者还归纳了马克思从不同角度对广义服务概念的四种分类法：从服务的起源及其社会职能的角度，区分为作为社会分工的直接结果的服务和作为社会结构的缺陷和社会的弊端的直接结果的服务；从服务的"自然特性"的角度，区分为能够物化、固定在一个物中的服务和不采取实物的形式、不能作为物而离开服务者的"纯粹的服务"；从服务的消费关系的角度，区分为任意挑选的、自愿购买的服务和强加于人的服务；从服务的实际效用和结果的角度，区分为能够生产某种实际效用、对个人或集团具有某种使用价值的服务和在物质生产领域或精神生产领域什么都不生产的、对个人没有使用价值的服务。

### （三）服务产品、精神产品与物质产品的逻辑关系

由于第三产业概念的确立和社会产品概念的扩充，相当多的学者

认为产品已突破了传统理论限定的"物质产品"的界限。不少论文提出了服务产品、精神产品、非实物产品或非物质产品等新的产品观。但是对于这些产品之间的逻辑关系及其产业归属，看法上还不一致。

1. "并列关系"

社会产品分为物质产品、精神产品和服务产品三大类。各种可以贮藏、搬动、积存的有形产品是物质产品，由物质生产领域生产；科学、文学、音乐、美术、新闻出版（采编部分）等生产的直接成果是各种精神产品，一般难于直接为人们所消费，必须借助于某种物质生产或物质性劳务才能变为易于为人们消费的使用价值，它由精神生产领域生产；难于贮藏、搬动、积存，一般必须边生产边消费特殊使用价值——流动形态上的劳动是劳务产品，由劳务生产领域生产①。按这种意见，第一、第二产业生产大部分物质产品；第三产业生产小部分物质产品、全部精神产品和服务产品。

2. "等同关系"

社会产品不论有形无形，都是物质产品。传统意义上的非物质生产劳动虽然人们习惯上说它不能生产出一个物质产品，但从自然科学的意义上看，都是人和自然之间的物质变换形式，都有一个物质产品。如艺术家的劳动产品——艺术形象和优美的歌曲旋律，就是一种物质的存在形式。歌唱家振动声带引起周围空气的振动而形成的歌声，舞蹈演员有节奏地变换姿态配合舞台光影变化形成的视觉享受，都是物质产品。粮食、钢铁是经过劳动而具有新的结构性质的自然物质，绘画、戏剧是将客观事物艺术化了的自然物质，以书刊、图纸或声波、光波、磁电波及其他载体表现的语言文学符号是体现意识的自然物质。其他如运输的位置变迁，安定团结的社会秩序等，也是物质产品。按这种意见，第二产业主要生产有形的物质产品，第三产业主要生产无

---

① 陆立军：《关于马克思生产劳动理论的几个问题》，载于《中国社会科学》1982年第5期。

形的物质产品。

3. "全异交叉关系"

精神产品与物质产品间、实物产品与服务产品间，分别是全异关系；实物产品、精神产品、服务产品间是交叉关系。原因在于划分标准不一。按满足的需要的性质来划分，满足物质需要的产品是物质产品，满足精神需要的产品是精神产品。至于"服务产品"在这一划分体系中，并不作为独立的子项存在，因它或是满足物质需要，或是满足精神需要，可分归物质产品或精神产品项下。若按产品的自然性质来划分，可分为实物产品和服务产品。凡是采取实物形式的产品，即具有离开生产者和消费者而独立的形式，因而能在生产和消费之间的一段时间内存在的产品，是实物产品。它包括一切以物的形式存在的物质财富和精神财富，既包括食物，也包括书籍。凡是采取服务形式的产品，即与生产过程同生共灭，并只能在运动状态中被消费的产品，是服务产品。它包括一切以服务形式存在的物质财富和精神财富，既包括运输服务、医疗服务，也包括文艺服务、教育服务。因此精神产品与服务产品、实物产品之间存在着部分重合关系，不宜并列。按这种意见，第一、第二产业生产大部分实物产品，第三产业生产小部分实物产品和全部服务产品①。

4. "交叉关系"

第一、第二产业生产的产品是物质产品；第三产业生产的产品是有形或无形的，大致上可归为服务产品，它包括三类：（1）知识型服务。这类服务指科学知识、技术等无形的使用价值。其劳动对象是无形的但又有特定内容的研究课题。知识型服务的使用价值的特点在于，它的存在形式不是物品的形式，而是无形的，一般采取语言、文字等信息形式；它一般不是最终产品，需要借助其他服务劳动或某种物质

---

① 李江帆：《社会产品的范围应该突破实物形态的界限》，载于《理论与实践》1985年第7期。

外壳才能成为最终消费品。（2）活动型服务。指不能同生产行为在时间、空间上分离，但能够满足人们物质生活和精神生活需要的使用价值。在其生产过程中，劳动对象融于客观存在的无形的活动过程中。（3）实物型服务。是知识型服务和活动型服务的物化。这类使用价值有物的外壳，但它的使用价值主要不取决于物的外壳，而取决于物的外壳内的服务的内容。在其全部生产过程中，劳动对象既包括活动过程，无形的研究题目，又包括一定的物质资料。服务与物品的形式结合，并非在物的形式上否定服务原有的使用价值，而是保留了原有的使用价值。

### （四）服务产品的特点

由于对第三产业产品分类标准认识不同，以及第三产业产品本身内容庞杂，目前学术界还无法从整体上对第三产业产品的特点进行概括。一般是从服务产品与实物产品、精神产品与物质产品、服务产品与精神产品之间的联系与区别进行阐述。

其一是服务产品与实物产品的联系与区别。这主要体现在非实物使用价值与实物使用价值的共性与个性上。服务消费品是服务劳动提供的，具有一定使用价值，因而能直接满足人们的某种物质或精神需要的消费对象，它与实物消费品一样，是满足各种特殊需要的社会使用价值，两者往往有互相替换性。这是其共性。服务消费品的使用价值，又具有区别于实物消费品的一系列特点：（1）产品形式的非实物性。没有体积、重量、长度等。（2）生产、交换与消费的同时性。交换行为是生产行为成立的前提，生产一旦开始，消费也就同时进行，生产一结束，交换与消费也宣告完成。（3）产品的非贮存性。若生产过剩，过剩的不是产品，而是闲置的劳动力和服务资料，而物化贮存的服务消费品已成为实物消费品。（4）生产和再生产实现的严格制约性。实物使用价值的生产率和剩余产品率制约着服务消费品的生产规模及其发展水平。（5）作为人类劳动产品的必然性。只有人类劳动才生产出服务消费品。这些是服务消费品的特性。

其二是物质产品与精神产品的联系与区别：（1）最终来源——都是人们认识、改造世界的成果，但一个是物质成果，另一个是精神成果；（2）取得手段——都是人们体力与脑力劳动的成果，但一个是体力为主，另一个是脑力为主，后者是更为复杂、艰苦的探索性、开拓性劳动；（3）生产过程——都必须有劳动者与生产资料的结合，但一个是在物质生产过程，另一个是在精神生产过程；（4）相互关系——均可在一定条件下发生转化，但转化形式和内容不同；（5）产品的经济角度——大多以商品形式出现，但精神产品更以社会效益为重；（6）产品最终目的——都要满足人的需要，但一部分是物质需要，另一部分是精神需要；（7）阶级属性——都有一些是带阶级性的，但精神产品的阶级性较为普遍。

其三是智力型服务与一般服务和物质产品的联系与区别。技术商品除了具有非实物形态使用价值的主要特殊性以外，与一般劳务商品比较，主要特点为：（1）生产需要较多研究经费、技术设备和具有专业知识的人员；（2）生产特点是劳动的非重复性；（3）生产和使用在时间和空间上往往具有分离性，会造成积压的可能性；（4）价值量由自身生产过程所耗费的劳动时间决定，价格具有垄断性；（5）使用价值在同一时间里可以为许多购买者同时服务，可多次反复出售，故一件技术商品的实际价格，应等于该产品多次售卖额的总和。而技术产品区别于物质产品的特性是：（1）非实物性；（2）继承性；（3）潜在性（其使用价值往往处于潜伏状态，在一定的范围和程度上不容易被人们认识和把握）；（4）滞后性（因智力、设备、社会方面的原因，其使用价值的实现往往发生一种滞后现象）；（5）共享性；（6）永存性（其使用价值不会因消费而消失，所磨损的只是技术产品的载体）。

## 三、服务业产值衡量

服务业价值实体和价值量衡量问题，是 20 世纪 80 年代我国研究服务经济理论争论的一大"热点"。

### （一）关于"劳动物化"与价值形成问题

对于非实物形态的产品是否具有价值，分歧相当大。其原因是对"劳动物化"与价值形成有不同的看法。

第一种意见认为，劳动物化就是物品化、实物化，它是价值形成的必要条件。要正确地把握马克思的劳动价值论，必须了解价值绝不是人类劳动力的耗费，而是人类劳动力耗费的单纯凝结，这种凝结就是对象化、客体化即物化。纯粹服务不会物化在物质资料上，故不创造价值。[1]

第二种意见认为，劳动物化是价值形成的必要条件，但它不是指劳动固定在可以捉摸的物品中，而是泛指劳动体现、实现在某种使用价值中（不管是实物使用价值还是非实物使用价值）[2]。例如演员演出一场话剧的劳动就物化在演员演戏时的脸部表情和对白语言声音上。可见，物体形态与价值凝结是毫无关系的，只要成为使用价值不管它可见或不可见，都能凝结价值，不能将价值凝结看成物理学的、化学的、生物学的凝结。实现、体现在服务消费品的使用价值中的劳动，也是一种凝结劳动，是广义的物化劳动，也形成价值。其特点是凝结性与运动性相结合。

第三种意见认为，非物化劳动也可以凝结为价值。劳动凝结是指它能依附于使用价值上。当商品交换限于物质产品时，这种凝结就是劳动的物化。一旦商品交换拓广到非物质形态的使用价值——劳务，"物化"的概念就不再适用了。运输这个例子说明，非物化劳动是同样可以凝结为价值的。使劳动表现为价值的，仅仅是生产的特定社会形式或社会关系——商品关系，而不是产品的物质形态。因此，如果说一种劳动处在这种关系之下，而又由其劳动结果的属性决定不能形成价值，这在逻辑上是矛盾的。但是，系统地建立了劳动价值理论的马

---

[1]　周人伟：《劳动价值论，还是劳务价值论》，载于《杭州商学院学报》1983 年第 8 期。
[2]　李江帆：《服务消费品的使用价值与价值》，载于《中国社会科学》1984 年第 3 期。

克思在《资本论》中，又基本上只是在物质生产的范围以内研究了价值形成问题，并且把劳动的物化作为理论进一步展开的前提，这就导致了后人的一个误解，以为劳动的物化是形成价值的先决条件。其实，价值首先反映物化劳动，这不过是特定历史条件的产物，并不是什么不可移易的理论前提。[①]

第四种意见认为，劳动的"物化"不一定仅"化"在"物"上而是"化"在劳动对象上。劳动对象可以是物，也可以是人。一般说来，物质产品生产的劳动对象是物，服务产品生产的劳动对象是人。当劳务被并入物质生产过程或为之服务时，劳务所创造的价值就物化在物质产品中，当劳务直接为消费者所消费时，劳务所创造的价值就作为劳动力再生产费用物化在人身上，成为劳动力价值的组成部分。如客运劳动创造的新价值就物化在乘客身上，成为乘客劳动力价值的一部分。[②]

### （二）非实物使用价值充当价值物质承担者问题

长期以来，我国学术界认为只有实物使用价值才能充当交换价值的物质承担者。有学者提出，作为价值承担者的使用价值不应仅仅限于物品，非物品形式的使用价值同样可以成为价值的承担者。其理由为：一是产品有无价值和它的使用价值存在形式无关，而取决于使用价值生产的社会性质。二是由于价值概念是以产品的交换为前提的，而没有使用价值就不会有交换，也不会有交换价值，因此，只要使用价值凭它能满足交换对方某种需求的有用属性而使产品能够被交换，它就可以充当交换价值的承担者。对于价值来说，它由什么样的使用价值来承担都是一样的。三是马克思对客运效用价值的分析和对亚当·斯密关于剩余价值必然要表现在某种物质产品上的粗浅看法的批评证明了，马克思实际上肯定了在生产、消费同时进行的情况下，运

① 晓鲁：《生产劳动与社会财富的发展》，载于《晋阳学刊》1984 年第 1 期。
② 陆立军：《略论劳务生产》，载于《江海学刊》1982 年第 2 期。

动形式的使用价值也可以充当交换价值的物质承担者。

## (三) 关于服务是否具有价值问题

一种意见认为,用来交换的服务产品具有价值。其论据主要如下。

(1) 关于精神产品和劳务的价值,马克思曾在多处明确指出关于精神生产所必需的时间的考虑、科学的价值与估价、服务本身的价值、服务的价值决定等论述。总的表明,马克思认为精神生产劳动和服务劳动会形成价值,它们的产品或成果是具有价值的。

(2) 据马克思作过的几点关键性提示,可以确定马克思认为服务产品具有价值:第一,马克思将服务本身的价值与斯密所说的工业品价值类比,将服务消费品与物品消费品的总价值与亚当·斯密所说的工农业产品总价值类比,说明消费品总额由于有了服务消费品而增大,价值也增大了,因此,表明服务消费品有价值;第二,从马克思多次强调的服务与物质商品 (或货币) 的交换是"等价物换等价物",是简单流通的关系,是名副其实的交换等论述来看,价值不可能从物质生产领域无偿地转移到服务领域来,因此,服务消费品有价值,一定是在服务领域创造的;第三,从马克思提到的服务消费品的交换价值由生产费用决定的观点来看,服务消费品的价值是由凝结在其使用价值中的劳动量决定的,因此是货真价实地归结为劳动时间的价值,不是"虚幻的价值",或有价格无价值。①

(3) 马克思关于价值的定义,作为价值的最一般的定义,应有整体的适用性,应适用于整个社会的商品生产和所有商品。而非物质生产领域里也存在着商品生产和商品交换。所以,价值定义也就不仅适用于物质生产及其产品,而且也应适用于非物质生产及其产品。

(4) 劳务的生产者的产品同其他产品交换的比例之所以能存在,是因为交换的商品和劳务都凝结了一定量的人类劳动,即它们都有价值。

———————————

① 沙吉才、孙长宁:《关于社会主义制度下的生产劳动问题》,载于《经济学动态》1981 年第 8 期。

（5）用来交换的服务消费品具有价值，是因为：第一，生产服务消费品耗费的劳动凝结在非实物使用价值上，形成价值实体；第二，私人劳动和社会劳动的矛盾使生产服务消费品的劳动取得社会形式，从而表现为价值；第三，服务消费品与实物消费品不能按异质的使用价值量，而只能按其中凝结的同质的抽象劳动量进行交换，从而以价值为尺度决定其交换比例。

（6）随着社会生产和消费水平的提高，随着服务内容的改变和服务的普及，随着交换的社会条件的发展，那些使服务劳动不能形成价值的因素已经发生了重大改变。服务与其他劳动产品的交换，已经日益摆脱了偶然的形式，形成了成熟的等价交换关系。服务劳动作为一般人类劳动的属性已经日臻完备，成为社会总劳动的一个必要的并且越来越重要的组成部分。在发展的形态下，对于服务产品量的把握，从而对它包含的劳动量的把握，都变得容易了。这样，凝结在服务产品中的劳动就必然表现为社会必要劳动，成为一定量的价值。

另一种意见认为，不体现为物质产品的服务不具有价值。其主要论据如下。

（1）科学劳动价值论的基本前提是社会物质生产，价值是物质的抽象劳动。

（2）服务是以活动的形式提供的具有特殊使用价值的劳动，劳动本身不是价值。[①]

（3）服务可以作为商品来买卖，这样它就会通过价格而获得商品形式。商品形式不同于商品，没有价值的东西在形式上可以具有价值。

（4）劳动效用不是严格意义上的使用价值，因此它不可能成为价值的承担者。

（5）判断一种劳动能否创造价值的最终根据是"马克思劳动价值论的哲学基础——历史唯物主义"。按照历史唯物主义原理，价值范畴必须以物质生产为前提，否则便丧失了科学的规定性，可以成为主观

---

[①]　智效和：《论消费服务不创造价值》，载于《北京大学学报》1984年第2期。

臆造的、虚幻的东西了。

（6）精神生产的成果的价值是非经济的价值，不能由生产它们所花费的劳动时间来决定，而要由其他许多复杂的非经济的因素来决定。

（7）认为上层建筑部门的劳动也创造价值的观点实则是从马克思的劳动价值学说"解放"出来而回到资产阶级庸俗经济学的价值学说中去了。

认为服务产品具有价值的学者则针锋相对提出反驳：①劳动价值理论与商品经济中的劳动交换问题有密切的联系。劳动交换的重点改变了，劳动价值理论的重点也随之改变。如果马克思的劳动价值理论只适用于只占当代发达国家的总劳动量的40%～50%的物质劳动之间的劳动交换，扩展、应用到物质劳动以外就束手无策，那么，随着服务劳动在社会总劳动中的比重日趋增大，劳动价值理论的适用范围就越来越小，它也就不能称其为具有普遍性的科学理论了。②服务作为产品，同服务劳动是不相同的。服务产品是劳动者劳动成果的一种特殊存在形式，而劳动则是劳动者的体力和脑力的耗费。服务产品可以成为商品，具有使用价值和价值，而服务劳动是价值的源泉，它形成和创造价值，本身并不具有价值。如果认为服务活动也具有价值，就会陷入劳动的价值是由劳动创造的同义反复之中。③有价格而无价值不适用于服务产品，只适用于没有消耗任何人类劳动而又采取商品形式的非劳动产品，如处女地、良心、名誉等。④马克思毫不含糊地说过"有不以物品资格但以活动资格供给的使用价值"，如"哀歌的使用价值"、服务的使用价值，如果说这些不是严格意义上的使用价值，那么，社会使用价值中相当一部分将被排除出消费对象的范围，社会物质和文化需要的相当一部分就不能满足，或者说，只能靠严格意义上的使用价值，比如靠小麦去满足人们欣赏音乐的需要，靠麻布去满足人们治病的需要。这种观点是悖理的。① ⑤从哲学上讲，物质第一性，

---

① 李江帆：《论马克思著作中的使用价值范畴》，载于《经济研究参考资料》1982年第170期。

精神第二性，但不能简单地由此推出物质生产第一性，精神生产第二性。物质生产只是为精神生产提供了基础，只是一个发展先后次序的问题。如果从"基础论"可以得出第一性和第二性的结论，那么农业生产才是第一性的，工业生产只能是第二性的。其实，精神生产并非意识形态，在这个领域也具有物质性。⑥虽然精神产品不同于物质产品，其价值决定，也有自己的特点，但归根结底，精神产品的价值，也必须决定于生产它所花费的社会必要劳动时间，而不能决定于所谓许多复杂的非经济因素。把精神产品的价值归结为由非经济因素所决定，实际上就是把由供求关系影响的精神产品的价格，看成精神产品的价值了。⑦庸俗经济学也认为服务有价值，但与我们的分析有原则区别：一是服务的内涵和外延不同。前者认为劳动、资本、土地都提供了服务，把由于腐朽没落的社会制度和纯粹主观因素所引起的强加于人的服务也当作劳务，后者则把资本、土地排除在外，把不是劳动力与生产资料结合，不生产使用价值的活动排除在自然形式的服务范畴外。二是衡量服务价值的尺度不同。前者用主观心理感觉，用效用，把价值归结为效用，后者用劳动耗费量，把价值归结为凝结的劳动。三是目的不同。前者否认物质生产劳动创造价值，掩盖阶级关系和剩余价值的来源，后者是为了补充发展劳动价值论，并不否认物质生产劳动创造价值。

## 思考题

1. 简要阐述鲍莫尔成本病理论，并结合现实谈谈其在中国的表现。
2. 简要阐述"服务经济"的概念及其由来。
3. 后工业化社会服务业的发展有何特征？
4. 西方服务经济理论发展历程呈现怎样的特点？
5. 试着结合现实数据分析中美服务业发展历程的不同。

# 第三章　服务业核算

　　服务业核算的实质在于从价值角度监测、评估服务经济活动成果的规模、质量和动向。服务业核算有两种类型：一种是宏观核算，即从总体角度核算服务经济效益状况；另一种是微观核算，即从企业或个体劳动者角度把握服务经济效益实态。这两种核算的联系在于后者是前者的基础，无论是在何种社会制度下，服务业宏观核算都不过是服务业微观核算的汇总。当然，这种汇总不是简单的数值叠加，而是系统地、全面地科学分析已形成的经济成果的各种构成因素及其动态趋势。

　　当前服务业核算分类的理论依据比较具有代表性的主要有两种：一种是卡托坚（M. A. Katouzian）的"三分法"，另一种是辛格曼（Singelmann）的"四分法"。按照国际产业标准分类的原则，服务业的四大门类分别是消费者服务业、生产者服务业、分配服务业和公共服务业。服务业核算中，克服服务业价格指数模糊性的问题已十分重要。目前服务业统计工作相对薄弱，对服务业的发展规模、活动成果的反映有很大的局限性，不能完整反映服务业发展的全貌，已明显不适应服务业发展的需要。因此，通盘考虑服务业统计制度方法改革，改进服务业核算方法，建立健全服务业基础统计，已日益成为摆在各级政府统计和部门统计面前的紧迫任务。

　　服务业核算对服务业经营成果所做出的概括性总结，为人们正确、全面认识服务经济中存在的问题和发展趋势提供了条件。社会主义国家对服务业核算的重视程度不断提高；从不计成本，不讲效益的社会福利事业，进入核算经济成果的企业化经营，并开始改变以往不能恰当反映服务经济状况的物质产品平衡核算体系。这标志着社会主义经济形态的变革和服务经济即将进入正常发展轨道。这种改革和完善的完成，必然伴随着国民收入核算方法和理论的一系列实质性重大突破与变动。

# 第一节　服务业核算体系

## 一、服务业核算体系发展

### （一）组成部分

服务经济的核算体系由企业核算和整体核算两部分组成，二者相辅相成。企业核算是整体核算的基础，没有企业核算或企业核算不准确，整体核算就无法有效进行。而整体核算是企业核算的延伸，没有整体核算，就无法了解和掌握行业整体的全面情况以及其在国民经济中的位置。因此，服务经济的核算过程应将部门整体与企业核算相结合，形成有机整体。服务业核算的目的是减少投入、增加产出，提高经济效益。在商品经济形式下，这主要体现在部门整体和企业盈利的大小和增长速度上。只有整体和企业的盈利不断增长，才能保障劳动者收入的提高和扩大再生产。

### （二）发展目的

服务经济宏观核算旨在掌握服务经济总体效益状况，为建立国民经济总体平衡表提供依据。该核算指标体系包括业务总量、费用、利润、劳动生产率、资金占用与使用状况等各类指标，这些指标的具体数值由服务经济主管部门和国家统计部门计算并上报汇总。这些指标所反映的实际经营情况可与其他国民经济部门进行比较，以评估服务经济的投入产出、经营效益水平的高低，同时判断服务行业总体是否适应国民经济发展和人们消费需求，为国家制定产业政策、确定服务经济行业政策提供主要依据。

此外，这些指标数值还用于检验和评价服务业的经营结果以及服务业的发展战略、发展政策是否符合实际，并据此做出各项调整决策。对于企业和行业来说，它们的核算和汇总上报过程也是服务经济总体各行业、各企业之间的一种经济信息传递过程，通过这种信息交流，各行业、各企业可以了解自身经济效益的大小、管理水平的高低以及本企（行）业的发展和经营状况同人们消费需求相适应的程度，从而为自己制定新的正确的发展方针。

## （三）发展现状

企业经济核算是服务业核算的基础，社会主义国家正在不断完善这一体系。计划经济时期，服务企业核算与国家计划基本一致，主要服从于集中计划管理，缺乏相对独立性。经济改革后，企业自主权扩大，国家转向监督、调节和控制，企业内部核算单位也更具实际意义。这些变革提高了服务业核算的重要性，加速了核算组织体系和业务联系方式的变革。其中，连环承包制的实施使得核算单位规模缩小，增加了独立核算层次，这既有利于强化承包者地位，完成承包指标，也加剧了企业财务管理的难度，可能导致承包者采用不正当手段。

服务业核算的加强也提升了企业内部具体核算单位如会计、计划、统计等部门的地位和职能。它们不再仅仅是执行上级计划的工具，而是成为企业核算的执行者和经营活动的法定监督者，兼具财务管理和业务监察两种职能。这不仅增加了这些部门的工作难度，也为服务业核算工作者的业务范围界定带来了挑战。

总的来说，服务业核算的复杂性和重要性的提升是一把"双刃剑"。一方面，它强化了承包者的经营地位，有助于完成承包指标；另一方面，它也给企业总体财务管理带来了难度，可能引发各种不合理的财务行为。这就需要我们建立新的核算管理制度和组织方式，约束不合理的财务行为，并为解决问题提供完善的制度保障。只有这样，我们才能确保企业核算的健康运行，从而推动服务经济的持续发展。

## 二、服务业核算数据的收集

服务业核算同 GDP 核算一样，分为年度核算和季度核算。年度核算和季度核算在基本概念、口径范围、核算原则上是一致的。受资料的限制，季度核算与年度核算相比，在资料来源、计算方法上有所不同。从行业分类来看，年度核算将服务业细分为 14 个门类（未包括国际组织）、47 个行业；季度核算参照新的《国民经济行业分类》将服务业分为 6 大类，包括 5 个国民经济行业门类和一个合并行业（其他服务业）。从资料来源来看，年度服务业增加值核算资料来源有两种渠道，一种是统计系统资料，包括运输邮电、商品销售、住宿餐饮、房地产、城乡居民收支、价格等各专业年度资料以及经济普查年度 GDP 核算资料、投入产出资料等。另一种是部门资料，包括交通、税务、工商、财政、旅游、金融（包括中国人民银行、中国银行保险监督管理委员会、中国证券监督管理委员会）等部门年度收支决算、资产负债资料等。季度服务业增加值核算资料同样来自统计系统和各部门，有所不同的是，计算增加值所需要的是相关资料的季度累计数据，如批发和零售业增加值的计算，依据限额以上批发和零售业社会消费品零售总额季度累计数作为间接依据进行计算。从核算方法来看，年度服务业现价增加值核算按生产法和收入法两种方法计算，以收入法计算结果为准，不变价增加值核算采用物量指数外推法和价格指数缩减法（单缩法）计算；季度服务业增加值核算以生产法核算为主，即只核算季度各行业增加值总量，现价增加值核算主要采用增加值率法和相关指标推算法，不变价增加值核算主要采用缩减法和不变价增加值速度推算法。如季度批发和零售业现价增加值 = 上年同期本行业现价增加值 × 当期零售额现价发展速度 × 调整系数（上年年度本行业现价增加值发展速度/上年年度零售额发展速度），季度批发和零售业不变价增加值 = 现价增加值/商品零售价格指数（即缩减法）。

从理论上看，服务业核算数据的详细程度取决于分类的详细程度。从实践中看，则取决于统计局的资料来源状况和填报单位的填报管理负担。事实上，这两个因素决定了任何国家的服务业核算数据的好坏程度。统计部门通过使用尽可能多的管理信息以及更有效的调查技术（通常需要在重要的行业构造更多的样本），来努力克服资料来源与填报负担这两个问题。在估算短期相关服务业相关统计数据时，往往借助常规企业调查的补充资料。例如，英国统计局大量使用增值税数据来估算季度增加值总量。这些补充信息通常与比较全面但时效性较差的基准年份的企业调查数据配套使用。这意味着对于短期统计而言，速度数据要好于总量数据，尤其是在补充数据不全面的情况下更是如此。由于对于经济统计数据的用户而言，他们所关心的往往是速度，因此，这么做应该是可以接受的。

对于经济分析而言，最重要的是要统计数据确定出哪一特定的服务行业增长最快，特别是那些在 ICT（信息与通信技术）部门内的成分，以及服务业内政策关注的焦点部门。首先，服务业异质性给核算数据收集所带来的问题就体现在如何缩减不变价。服务业价格指数的测算往往比农业和工业更加困难，因为服务产品是无形的，其数量很难被观察到。其次，很多服务活动本身是一次性的，缺少历史数据参考分析，如研究与开发（R&D）服务等。再次，服务业的质量、服务提供过程中的生产率、服务活动自身等都变化非常快，市场上出售的服务的特性以及销售项目也随实践经常变动。更为困难的是，服务质量很难量化。例如，有人认为，广泛使用的自动取款机意味着服务质量提高了，在他们看来服务的速度提高了。有人却持相反观点，自动取款机的出现是部分替代了面对面形式的客户界面，但服务质量却下降了。最后，一些复杂的定价方式以及供应商将不同的产品捆绑在一起的销售计划，也使服务的定价更加复杂化。

克服服务业价格指数模糊性的问题固然十分重要，但此处的关键因素是要确保服务业价格指数在国内、国际都是一致的。欧洲统计局国民核算中的《价格与物量测算手册》为服务业价格与物量的测算提供了重要的参考。联合国城市（Vborburg）小组近年来为某些特别服务行业复杂的定价问题提供讨论的论坛，以促进相关问题的解决。其中，服务业质量变化是联合国城市小组会议讨论的一个主要问题。联合国城市小组的一项主要成果是形成了一个主文件，它描述了某个行业内最现实的定价技术，其中总结了目前各国是如何使用可行的并且是最适合他们国家情况的方法，来确定某行业价格指数。该文献以及各国通过联合国城市小组进行的国家间的交流，对各国形成新的生产者价格指数（PPI）或是对现存的 PPI 进行评价都很有帮助。近些年，渥太华（Ottawa）价格指数小组特别致力于研究金融与电信服务、健康与社会服务以及其他一些与服务供应商越来越喜欢使用的复杂定价有关的价格指数问题。在 21 世纪初，经济合作与发展组织（OECD）与欧洲统计局联合成立了服务业价格短期统计工作小组，主要研究生产者价格指数。此工作小组一项询问显示，有 20 多个国家和地区在对服务业收集 PPI。其中，中国是唯一不属于 OECD 而进行此工作的国家。需要注意的是，各国收集国内服务业 PPI 的方法差异很大。澳大利亚、日本、新西兰、英国和美国在此方面的统计最为成熟，覆盖了大量的产业，而绝大多数欧洲国家只在最近才刚刚开始编制服务业 PPI 的工作。大部分编制服务业 PPI 的国家设立了电信业、旅馆业、海运与航空运输业的生产者价格指数。许多国家将力量集中在计算机服务业 PPI 的编制，因为计算机服务对 GDP 的贡献很大而且会越来越大。由于商业服务业包含大量的产品，其统计口径也存在较大的问题。在这些国家中，英国在服务业 PPI 编制方面做得很好。它公布了汽车维修、旅馆、餐饮业、铁路商务旅费、铁路货运、公交车及大轿车租赁、公路货运、商用渡船等 31 个价格指数。另外，它还非常积极地开发非市场产出的物量指数。在英国，如今半数以上的一般政府产出（与消费）都可以用物量指数进行测算。

最常用的构造价格指数的方法有：投入法、小时酬金法、收费率法、模型定价法、奢侈品价格指数法、物量指标法、产出价格指数法等。下面介绍几种常用构造价格指数的方法。

## （一）投入法

投入法是根据生产过程中投入的价格变动来代替产出价格的指数。一个极端的例子是将缩减后的总消耗与最初投入之和作为不变价的总产出，通常被用来计算非市场产出。更常见的情况是，只就某一中间投入的价格进行测算。几乎在所有情况下，该指数都用服务业中相关行业的平均报酬率或是工资率来估算。另外，还有一些不涉及价格变动的投入法。这些方法与下面将要介绍的物量指标非常类似，旨在测算产出或支出的物量。但当物量指标法试图直接测算产出的物量时，基于物量指标的投入法却并不直接。产出是根据基年的产出和当年的投入指数来进行计算的：通过隐含的产出缩减指数来计算得到不变价的产品支出。在服务业中几乎所有的指数都是雇员人数。

投入法的最大优点就在于资料相对便于收集，其中一个明显的缺点是无法测度生产率或（与产品相关的）质量的变化，特别是在就业指数或工资指数不能反映劳动力构成变化时更是如此。对于产品变化快的产业，以及产品同质性弱的产业，这些缺点更为明显。

## （二）收费率法

收费率法反映的是标准类型的工作每小时或每天的支付率。比如说一个会计师或律师每小时的收费。收费率法可以在计时（计天）付酬的情况下使用，收费率法与小时酬金法的区别正如同单位价值指数与价格指数的区别。对于小时酬金法而言其质量受产品同质性的影响，而对收费率法而言其质量则受产品代表性的影响。值得注意的是，收费率法并不是对产出进行报价，而是对每小时劳动投入进行报价，每小时劳动投入对应产出的不同是无法在收费率法中得到体现的。如果是对标准或非标准工作进行定价，不管完成其使用的时间，也不管完成的件数，那么，这种价格就是产出价格。

使用收费率法也比较容易收集资料，但它也无法反映生产率或质量变化。从缩减的角度来看，收费率法要优于小时酬金法，因为其隐含的同质性假设要求较弱，即只要求价格运动的同质性。从理论上讲，当产品分类到最细的时候，收费率法与小时酬金法得出的价格指数应该是相同的。在实际中，收费率法可能存在的问题是记录的支付率可能无法反映利润或中间使用。在这种情况下，收费率法与工资率法有近似之处。另外，收费率法存在着"目录价格"问题，即实际支付的价格由于折扣等原因与报价单中的价格相去甚远。

### （三）模型定价法

模型定价法要求取得各价格指数典型产品（实际存在的或假设的）的报价。当产品同质性很差时一般使用模型价格，即产品今年与明年相差很远，特别是在某些领域产品几乎总是特有的。模型定价与收费率法的不同在于，前者是针对最终产品收集报价，后者是针对最终产品收集成本。从理论上，模型定价严格定义为产出价格的测量。但是，在实际情况中并不总是如此，有些国家将一些价格收集方法都定义为模型定价法，即只要对模型的一个或所有特性收集生产，事先定义产品所需的劳动投入时数的方法，都称为模型定价法。在这种情况下，如果模型不定期更新，就无法反映生产率的变动。事实上，当定义的特征完全建立在投入之上时，区分模型定价法与收费率法的意义不大。因此，此处定义的模型价格只应与产出的特征相联系，而不应与生产过程中的要素相联系。

与收费率法相比，模型定价法最大的优点就在于具有内在的一致性。因为模型定价法是对同一个项目或同一个产品定价，因此，理论上讲服务质量是不变的。同样，因为模型定价给出的是产品价格，故在理论上也不受生产率变动的影响。模型定价法的首要缺点是要定期更新。模型价格内在的稳定性，使其随着时间的推移对同一种产品进行定价，这就产生了代表性问题，特别是在产品变化迅速的领域。于是，为保持模型的代表性，模型需要定期地重新估计。模型定价法另一个不利表现在于方法的复杂性往往使得填报单位很难提供模型定价中所需的资料。

### （四）物量指标法

物量指标法试图直接来测算某一特定产品的产出或支出，于是对应的价格指数等于现价产出除以不变价产出。但这种方法对产品同质性的要求超过了任何其他一种方法，而且也不太可能考虑到产品质量变化的问题。

物量指标法的优点在于数据相对容易收集（如果可能定义的话），也考虑了生产率变动的影响。该方法的缺点表现在使用面比较狭窄。物量指标法比较适用于标准服务类型，因为其很难反映质量的变动，而且应该在可以接受的并有代表性的详细水平上进行。

### （五）产出价格指数法

产出价格指数测算实际合同价格的变动。理想的价格指数是实际服务价格扣除了所有的折扣、税收，不包括工厂内交易的出厂价。为了获取产出价格指数，统计部门需要先与填报单位确定服务种类，并组织定期的特别调查来跟踪这些服务的价格。还要注意应该选取连续提供几年的服务，以确保价格不受质量变动的影响，在时间序列上是可比的。因此，这种方法对那些大多提供特有服务的部门来讲是有困难的。在实际采购时，可能会遇到多种价格。这时选取的价格必须能够反映实际的交易情况，必须把任何给予购买者的折扣考虑进去。产出价格指数法被认为是最好的方法，因为它直接测度产品价格。其缺点是需要借助特别的调查，这样做成本很高且很不容易组织。

## 第二节　中国服务业核算实践

### 一、核算的范围

中国从 1985 年开始国内生产总值生产核算，服务业生产核算作为国内生产总值的重要组成部分，也是从那时开始的。中国从 1989 年开始试行，1993 年正式开始国内生产总值使用核算，服务业使用核算作为国内生产总值使用核算的重要组成部分，也由此开始。1985 年 3 月 19 日，国家统计局向国务院提交了《关于建立第三产业统计的报告》，提出了三次产业分类和建立第三产业统计及国内生产总值核算的必要性。国务院批准了这个报告。报告对三次产业作了如下划分①：

第一产业：农业（包括农业、林业、牧业和渔业）。

第二产业：工业（包括采掘业、制造业、自来水、电力蒸汽、热水、煤气）和建筑业。

第三产业：除上述第一、第二产业以外的其他行业。

报告认为，第三产业包括的行业多、范围广，可划分为两大部分：一是流通部门，二是服务部门，具体又可分为四个层次。

第一层次：流通部门，包括交通运输业、邮电通讯业、商业饮食业、物资供销和仓储业。

第二层次：为生产和生活服务的部门，包括金融保险业、地质普查业、房地产业、公用事业、居民服务业、旅游业、咨询信息服务业和各类技术服务业等。

第三层次：为提高科学文化水平和居民素质服务的部门，包括教育、文化、广播电视事业、科学研究事业、卫生、体育和社会福利事业等。

第四层次：为社会公共需要服务的部门，包括国家机关、党政机关、社会团体以及军队和警察等。

在这种分类中，各种类型服务业都划入了第三产业，所以从 1985 年起，在中国国民经济核算中，第三产业一直是服务业的同义语。

2017 年《国民经济行业分类 GB/T 4754—2017》概述了国民经济活动的分类和代码，适用于国家宏观管理中对经济活动的分类，并用

---

① 许宪春：《中国服务业核算及其存在的问题研究》，载于《经济研究》2004 年第 3 期。

于信息处理和信息交换。文档详细列举了各行业的分类，包括农、林、牧、渔业，采矿业，制造业等。每个大类行业下进一步细分为多个中类和小类，提供了具体的分类标准和定义。

第一产业是指农、林、牧、渔业，涵盖了农业、林业、畜牧业、渔业及专业辅助性活动等。

第二产业是指采矿业、制造业、电力、热力、燃气及水生产和供应业、建筑业。

第三产业是指除第一、第二产业以外的其他行业。它包括：①批发和零售业；②交通运输、仓储和邮政业；③住宿和餐饮业；④信息传输、软件和信息技术服务业；⑤金融业；⑥房地产业；⑦租赁和商务服务业；⑧科学研究和技术服务业；⑨水利、环境和公共设施管理业；⑩居民服务、修理和其他服务业；⑪教育；⑫卫生和社会工作；⑬文化、体育和娱乐业；⑭公共管理、社会保障和社会组织；⑮国际组织。这15个服务行业均为2017年《国民经济行业分类GB/T 4754—2017》中的门类。该文件详细说明了国民经济行业的分类标准及其应用范围，为统计、计划、财政、税收、工商等领域提供了参考依据。

## 知识拓展 3-1

### 渔业服务业统计范畴

在国民经济行业分类中，渔业服务业可以从三个层面进行界定：第一产业层面、狭义第三产业层面和广义第三产业层面。

在第一产业层面，关注渔业的核心生产活动，即捕捞和养殖。在这个层面上，渔业服务业主要指的是为这些核心生产活动提供支持的专业及辅助性活动。

在第三产业层面，包括水产品从生产到消费过程中的所有流通环节，如水产物流、仓储和运输。此外，这一层面还涵盖了满足人们休闲和娱乐需求的渔业服务，如渔村旅游和休闲渔业等。

在广义的第三产业层面，渔业服务业实际上是一个全产业链的概念。这不仅包括直接为渔业生产提供服务的行业，还包括那些为渔业生产者提供金融、保险等支持服务的行业。这种全产业链的视角对于确保渔业的持续、健康发展至关重要。

资料来源：李永平、王之耀：《渔业服务业统计范畴与产值核算——基于山东省的调查》，载于《中国渔业经济》2020 年第 38 卷第 3 期，第 57－65 页。

## 二、服务业生产核算分类及其变化

历史上，受资料来源的限制，服务业生产核算的分类与国民经济行业分类标准一直存在着一定的差距，目前也仍然如此。服务业分类及其变化，也就是指服务业生产核算的分类及其变化。

1985～1993 年，服务业生产核算的基本分类如下：①运输邮电业；②商业饮食业、物资供销和仓储业；③金融保险业；④房地产业；⑤服务业；⑥公用事业；⑦科教文卫体育福利事业；⑧国家机关、党政机关和社会团体；⑨其他行业。其中的"服务业"是一个窄口径的服务业，它包括居民服务业、咨询服务业、农林牧渔服务业、地质勘察业、水利管理业和综合技术服务业。这一分类是以我国于 1984 年颁布的《国民经济行业分类和代码》为基础，并结合我国当时的实际资料来源情况制定的。

1994 年以后，根据国家技术监督局颁布的《国民经济行业分类和代码》和我国资料来源的实际情况，国家统计局对服务业生产核算的分类进行了调整。国家统计局 1994 年调整后的产业部门包括 12 个一级分类和 18 个二级分类。这 12 个一级分类是：①农林牧渔服务业；②地质勘察业、水利管理业；③交通运输、仓储及邮电通信业；④批发和零售贸易、餐饮业；⑤金融保险业；⑥房地产业；⑦社会服务业；⑧卫生、体育和社会福利业；⑨教育、文化艺术及广播电影电视业；⑩科学研究和综合技术服务业，⑪国家机关、党政机关和社会团体；⑫其他行业。目前仍在采用这一分类。下面是 1994 年前后服务业生产核算一级分类对照图。从图 3 - 1 中可以看出，1994 年前后服务业生产核算一级分类之间的主要区别表现在以下几个方面：

（1）1994 年后的行业分类单列了农林牧渔服务业和地质勘察业、水利管理业，1994 年前的行业分类没有单列这两个行业，它们包括在"服务业"中。

（2）1994 年后的行业分类把仓储业与交通运输和邮电通信业放在一起，1994 年前的行业分类则把仓储业与商业、饮食业、物资供销业放在一起。但是，这种区别实际上只是名义上的区别，在实际核算中，受资料来源的限制，同交通运输业有关的仓储业与交通运输和邮电通信业放在了一起，同商业、饮食业、物资供销业（批发和零售贸易、餐饮业）有关的仓储业则与商业、饮食业、物资供销业放在一起了。

（3）1994 年后的行业分类设立了社会服务业，它包括 1994 年前的行业分类中的公用事业以及"服务业"中的居民服务业和咨询服务业。

（4）1994 年后的行业分类单独设立了卫生、体育和社会福利业，教育、文化艺术及广播电影电视业，科学研究和综合技术服务业。1994 年前的行业分类是把前两个行业和第三个行业中的科学研究合并为一个行业，即科教文卫体育福利事业；而把第三个行业中的综合技术服务业并入了"服务业"。

（5）1994 年前后的行业分类在名称上有所不同。如 1994 年后的行业分类中的批发和零售贸易、餐饮业，在旧行业分类中称为商业、饮食业、物资供销业。此外，1994 年后的行业分类中的某些行业增加了新兴活动，这些新兴活动在 1994 年前的行业分类中并没有反映。例如，1994 年后的行业分类在房地产业中增加了房地产经纪与代理业，在社会服务业中增加了自然保护区管理业、市场管理服务业，等等。

1994 年前后的行业分类中的金融保险业、国家机关、党政机关和社会团体及其他行业基本上是相互对应的。

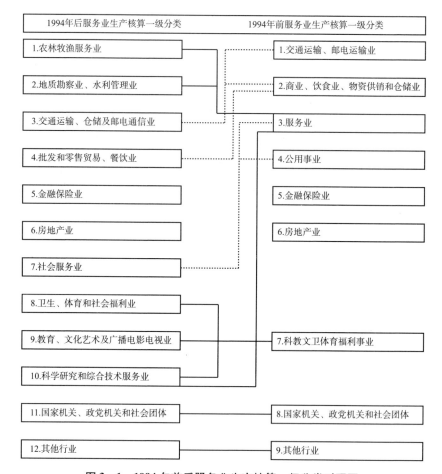

图 3-1 1994 年前后服务业生产核算一级分类对照图

资料来源：许宪春：《中国服务业核算及其存在的问题研究》，载于《经济研究》2004 年第 3 期。

经国务院批准，我国于 2004 年开展了第一次全国经济普查。这次普查之后，我国国内生产总值生产核算开始采用 2002 年颁布的《国民经济行业分类》，其中服务业生产核算的一级分类将采用其中的 14 个服务业门类。根据国家统计局 2003 年制定的三次产业分类标准，农林牧渔服务业作为农林牧渔业生产核算的次级分类，不再体现在生产核算的一级分类中。

2011 年，国家标准管理部门颁布了第四部国民经济行业分类国家标准：《国民经济行业分类》（GB/T 4754—2011）。2013 年中国开展的第三次经济普查采用了这一标准，提供了按照这一分类标准划分的详细资料来源，第三次经济普查年度 GDP 生产核算行业分类依据这个标准，并考虑到经济分析和管理需求采取了两级分类的方式：第一级分类 19 个行业，均为国家分类标准中门类（不含国际组织）；第二级分类 95 个行业，其中除了房地产业所属的 5 个行业与公共管理和社会组织外，89 个行业均为上述国家分类标准大类，房地产业所属 5 个行业为该国家分类标准中类；公共管理和社会组织为该国家分类标准中公共管理、社会保障和社会组织门类中除社会保障之外 5 个大类合并。

2017 年，国家标准管理部门颁布了第五部国民经济行业分类国家标准：《国民经济行业分类》（GB/T 4754—2017），2018 年中国开展的第四次经济普查采用了这一标准，提供了按照这一分类标准划分的详细的资料来源，第四次经济普查年度 GDP 生产核算行业分类依据这个标准，并考虑到经济分析和管理需求采取两级分类的方式，第一级分类为 19 个行业，均为国家分类标准中的门类（不含国际组织）；第二级分类为 97 个行业，其中除了房地产业所属的 6 个行业与公共管理和社会组织外，90 个行业均为上述国家分类标准的大类，房地产业所属的前 5 个行业为该国家分类标准的中类，并增加了居民自有住房服务；公共管理和社会组织为该国家分类标准中的公共管理、社会保障和社会组织门类中除社会保障之外 5 个大类的合并。

## 三、中国国民经济与服务业核算模式的演变

### （一）中国国民经济核算模式的演变

国民经济核算简称国民核算（National Accounting），是指通过一系列的科学核算原则和方法，把描述国民经济运行过程的部门、行业等

收集整理的基本指标有机结合起来，反映整个国民经济运行状况的系统而详细的数据。我国国民经济核算原来实行的基本上是计划经济条件下的物质产品平衡表体系（System of Material Product Balances，MPS）。经过一系列改革，我国于 1992 年提出了国民经济核算体系的试行方案，标志着我国国民经济核算体系步入了国际一体化的国民账户体系（System of National Accounts，SNA）。1998 年国家统计局在总结多年实践的基础上，制定了新的国民经济核算体系；2002 年又进一步完善了国民经济核算体系方案，取得了新的发展。其演变过程可以划分为以下三个阶段。

1. 恢复期：沿袭物质产品平衡表体系（即 MPS）

改革开放之初，世界上还存在两种不同的国民经济核算体系，即 MPS 和 SNA。二者在生产范围、指标概念、定义和编制方法上，都有明显差异。我国刚开始恢复国民经济核算初期，仍沿用 MPS 作为基本核算模式。当时计算的国民收入实际上是五大物质生产部门的净产值。由于 SNA 为市场经济体制国家采用，MPS 为计划经济体制国家所采用，而我国当时尚未明确提出要建设社会主义的市场经济，因此仍采用 MPS 核算模式。

2. 改革期：研制混合体系

随着我国经济体制改革的不断深入和社会经济的发展，MPS 存在的一些局限性日益显现。因此如何学习与借鉴国际上的先进经验，探索建立符合我国国情的国民经济核算模式被提上了议事日程。1980 年底，国家统计局举办了国民经济核算学习班。1984 年国务院成立了国民经济核算统一标准领导小组，明确提出要建立统一科学的国民经济核算制度。1985 年，国家统计局开始计算国内生产总值。1991 年，国家统计局提出了《中国国民经济核算体系（试行方案）》，经国务院批准，从 1992 年起在全国推行。《中国国民经济核算体系（试行方案）》借鉴了 MPS 和 SNA 的优点，采用板块式、积木式的结构，既能满足中国经济核算的需要，又可实现 MPS 和 SNA 之间的对比。

3. 成熟期：向 SNA 全面转型

1992 年党的十四大确立了建立社会主义市场经济体制的改革目标，预示着我国经济体制由计划经济向市场经济转变的改革拉开帷幕。另外，随着整个国际形势的变化，原计划经济体制的大多数国家向市场经济体制转变。1993 年联合国统计委员会第 27 届会议通过决议，取消 MPS，在全球范围内通用 SNA。1993 年，国家统计局停止了对 MPS 国民收入指标的核算，并对国民核算方案进行了重大调整。经过数年的实践，在总结经验的基础上，2002 年国家统计局颁布了《中国国民经济核算体系（2002）》。至此，中国国民经济核算的模式实现了向 SNA 的全面转型。[①]

### （二）服务业统计核算的历史变迁及现状

服务业统计核算是国民经济核算体系的重要组成部分，它所反映的信息是宏观经济决策和分析研究的重要依据，因此，服务业核算体系的建立及发展，与经济形势和政治形势的发展变化密切相关，它是随着我国经济体制由计划经济体制到有计划的商品经济体制，再到社会主义市场经济体制的转变而变化的。服务业统计核算迄今为止已经经历了三个阶段。

第一阶段为 1952~1984 年。我国在此阶段采用的是 MPS 体系，是从物质生产领域来核算的，服务业中只反映交通运输邮电业和商业，是当时高度集中的计划经济管理体制下的历史产物，没有反映包括大量服务业在内的非物质生产部门发展的情况，但这是与当时社会的经济基础和生产力发展水平的需要是相适应的。

第二阶段为 1984~1992 年。这一阶段是 MPS 和 SNA 两种核算体系共存阶段。1979 年，我国开始实行经济体制改革和对外开放政策，经济体制和经济结构随之发生了明显变化，人们的思想观念也有了较

---

① 曾五一、许永洪：《中国国民经济核算研究 30 年回顾》，载于《统计研究》2010 年第 1 期。

大改变。此前的 MPS 及其总量指标体系越来越难以反映经济运行情况，难以满足国家宏观经济管理的需要，也不利于在国际上进行对比。1992 年我国各级政府统计部门按国家统计局制定的《中国国民经济核算体系（试行方案）》要求，顺应经济发展需要，正式建立服务业统计核算。在这一阶段，我国同时公布 MPS 体系的国民收入和 SNA 体系的国内生产总值，但仍然以 MPS 体系物质生产部门的国民收入指标为主。由于当时国民经济核算基础比较薄弱，服务业的行业划分还不能适应经济形势发展的需求。

第三阶段为 1992 年至今。随着国际政治经济环境变化和我国社会主义市场经济体制的不断发展，MPS 在反映国民经济发展变化方面的缺陷和不足越来越明显，因此国家统计局于 1993 年取消了 MPS 体系，建立与联合国新 SNA 接轨的中国国民经济核算体系新版本。服务业行业分为批发零售餐饮业、交通运输业、金融保险业、房地产业和其他服务业等共十二个行业，但尚未建立系统的服务业统计报表制度。随着社会主义市场经济的不断深化，服务业的规模、结构和发展水平已发生了深刻的变化，服务业在国民经济中的地位也逐渐提高，传统的服务业统计方法已难以适应经济社会发展的需要，建立规范完善的服务业统计制度势在必行。

我国现行服务业统计主要采取常规统计和周期性普查这两种形式，其中以常规统计为主。常规统计分为两类：第一类是传统服务业，主要以部门统计为主，即除部分服务业统计（批发和零售业、餐饮业、房地产开发业等）由国家统计局负责外，其他如金融保险业、邮政电信业、交通运输业、文化、体育、教育、卫生等服务行业统计由有关业务管理部门负责；第二类是一些新兴服务业（如商务服务业、娱乐业、租赁业和居民服务业等）主要由国家统计局负责抽样调查。周期性普查由国家统计局负责、有关部门参与。迄今为止，服务业普查已进行了五次。第一次第三产业普查，调查了 1991 年和 1992 年各类服务业的发展情况；第二次是 2004 年全国经济普查，将第三产业普查纳入经济普查，对第三产业进行了全面调查。后经国务院批准，根据《全国经济普查条例》规定，经济普查每十年进行两次，分别在逢 3、逢 8 的年份实施。我国又分别于 2008 年、2013 年和 2018 年开展了三次全国经济普查。经济普查的标准时点是普查年份的 12 月 31 日，普查时期资料为普查年份的年度资料。经济普查的对象是在我国境内从事第二产业和第三产业的全部法人单位、产业活动单位和个体经营户。第四次全国经济普查的主要内容包括：普查对象的基本情况、组织结构、人员工资、生产能力、财务状况、生产经营和服务活动、能源消费、研发活动、信息化建设和电子商务交易情况等。服务业普查是经济普查的重要组成部分。服务业统计调查由国家统计局审批、国家统计局登记备案、国家统计局与有关部门联合制发这三种管理方式。

## 第三节　中国服务业核算存在问题及影响

### 一、现行服务业核算存在的基本问题

目前，中国服务业增加值核算，主要存在三个大的问题：一是资料来源问题；二是核算方法落后；三是部分服务业计价过低。

#### （一）资料来源问题

核算范围不全是服务业核算中存在的重要问题。核算范围不全是指本应统计的东西却在核算过程中漏掉了，因此核算结果只能包括整个服务活动的一部分，最终导致服务业增加值的低估。导致服务业增加值绝对水平低估的因素主要有两个：一个是核算范围的不全；另一个是部分服务业计价过低。1992 年世界银行列举的统计范围不全或者没有被统计的服务主要有农村服务（尤其是由农村个人提供的运输服务）和城市中大量农村人口提供的服务（如鞋匠、保姆、饮食摊贩

等）。但是，服务业统计范围不全绝不限于这些零散的和主要由个人提供的服务。统计范围上的缺陷几乎存在于所有的服务，尤其是那些改革开放后新兴的服务，如律师和会计师服务、上网服务、证券服务、私人提供的教育服务，等等。这并不是说这些新兴服务业增加值的全部都被统计遗漏了，而是说由于没有系统和完整的统计，统计范围不全问题的严重存在是不可否认的。桑拿、歌厅以及摊贩等服务，具有零散，甚至某种非法性等特征，被称为未观察经济（non-observed economy），目前统计没有计算其增加值，或者只计算了其中很小的一部分。联合国统计署修订的 1993 年 SNA 要求对该类未观察经济也要计算其增加值。因此，中国国民经济核算未来的一个重要课题是如何计算未观察经济的增加值。

　　造成服务业核算范围不全的原因，除了以上因素外，还在于以下两方面原因。①资料来源缺口问题。主要体现在两个方面：一方面是许多服务行业的企业和个体经营单位没有建立起经常性的统计调查制度，特别是私营企业和个体经营单位从事的物业管理、计算机服务、租赁服务、信息咨询、会计师服务、律师服务等新兴服务行业，其经常性资料来源基本上处于空白状态。另一方面是有关管理部门的服务业统计一般仅限于本系统，范围过窄，而且重实物量统计，轻价值量统计，满足不了服务业核算的需要。另外，由于人手严重不足，有些已有的部门统计资料没有得到充分的挖掘和利用。②资料来源口径问题。主要体现为从业人员劳动报酬统计。从业人员劳动报酬统计是计算服务业部分行业收入法增加值的主要资料来源之一，而国家统计局2001 年的统计口径还不包括乡镇企业、私营单位和个体工商户，因此会影响到服务业增加值中的劳动者报酬计算的准确性。同时，从业人员劳动报酬统计很难包括从业人员所获得的全部收入。对于服务业企业和营利性事业单位来说，这将影响到增加值的结构；对于行政单位和非营利性事业单位来说，不仅会影响到增加值的结构，而且会影响到增加值的总量。[①]

## （二）核算方法落后

第一，服务业核算方法制度不完善。主要表现为统计标准与经济发展存在一定差距。一是比如物业、家政等新兴社会服务业不断涌现，现行的服务业统计核算制度虽然包括这些行业，但缺乏可操作的方法；二是服务业统计调查制度滞后，应根据变化了的情况改革调查制度，废除一些过时的计划经济时期的指标统计；三是服务业主要采用收入法计算增加值，资料来源主要是财务资料，而用会计指标来核算增加值时，需要进行适当的加工整理，而不能直接照搬，现行的会计统计资料衔接不够；四是地区核算中存在较大难度，对流动性强的服务业行业的核算，地区很难掌握合理的计算尺度，存在"经济越开放、服务越细化、统计越困难"的问题。

第二，调查统计方法单一。虽然我国建立了以普查为基础，以抽样调查为主体，重点调查、科学推算，多种调查方法相结合的统计方法体系，但是在实际工作中，服务业统计仍然处于全面调查不放手、抽样调查不规范、科学推算不科学的传统阶段，以行政隶属关系为主的层层上报、层层汇总仍然是最主要的方法。而我国目前服务业具有规模小、单位多、行业广的特点，采用层层上报的全面调查远不能适应服务业统计工作的发展需要。

第三，新经营方式的产出反映不全面。服务业主管部门掌握的数据大多是系统内的行政记录，而对于系统外或者是个体私营企业往往缺乏数据。如私立学校、私立医院、体育俱乐部等。这些新的经营活动方式往往与其行业原来意义上的非营利性有很大的不同，完全是市场运作。因此在计算方法上也应有所不同，但是由于信息不全面，其产出很难完全得到反映，不得不借助于一些推算。

---

[①]　岳希明、张曙光：《我国服务业增加值的核算问题》，载于《经济研究》2002 年第 12 期。

**知识拓展 3 - 2**

<h2 style="text-align:center">生产性服务业增加值的两种核算方法</h2>

生产性服务业增加值核算在生产性服务业研究中是一个难题。因为生产性服务业和消费性服务业的区分是根据其经济用途，而不是自然属性。生产性服务业增加值的核算可以采用以下两种方法：一种是基于生产性服务业行业界定的方法（以下简称行业界定法），另一种是基于投入产出表的核算方法（以下简称投入产出法）。

行业界定法的具体算法是先界定生产性服务业所包含的行业，然后将各生产性服务业行业的增加值进行相加。这一方法比较简单易行，可直接从生产总值核算表中取数。但这种方法的缺点在于：只计算了那些被界定为生产性服务业的行业，遗漏了其他服务业行业为生产者所提供的服务量，同时多计算了生产性服务业行业中为消费者提供的服务量。

投入产出法的具体算法是先利用投入产出表计算出服务业各行业的中间需求率，然后乘以服务业各行业的增加值，最后把所得之积进行相加。这种方法也可能存在一定的偏差，原因在于投入产出表编制的时间间隔较长，且投入产出的调查数据只对国家和省有代表性，这也限制了它的广泛应用。

资料来源：吴俏：《生产性服务业的行业界定与核算方法探讨》，载于《统计科学与实践》2012 年第 12 期，第 43 - 44 页。

## （三）服务业计价过低

在中国，部分服务业存在着计价过低的严重问题。其中最典型的例子是单位提供给职工的住房的房租过低，接近免费。这也是房地产业增加值严重低估最主要的原因。从表 3 - 1 可以看出在中国服务业增加值的估计多采用收入法的情况下，服务业计价过低对该行业增加值低估的影响主要表现在对劳动力价格——工资的低估导致了对服务业增加值的低估。按收入法计算的增加值包括劳动者报酬、营业盈余、固定资本折旧和生产税净额四个部分，其中工资是最大的一部分。不仅如此，服务业大多是劳动密集型产业，劳动者报酬在增加值中所占的比重较其他行业更高。显而易见，如果劳动者报酬被低估的话，整个增加值也会被低估。

表 3 – 1　中国服务业所属 12 个行业产出、增加值核算方法以及实质化方法

| 号码 | 行业 | 生产法 | 收入法 | 实质化方法 |
|---|---|---|---|---|
| 1 | 农、林、牧、渔服务业 | | # | 单缩法。价格指数使用居民消费价格指数中服务项目总指数 |
| 2 | 地质勘查水利管理业 | | # | 单缩法。价格指数使用居民消费价格指数中服务项目总指数 |
| 3 | 交通运输、仓储及邮电通信业 | # | # | 外推法。使用的物量指数如下：货物存储量指数、物流量指数、库存周转率指数、仓储空间利用率指数等 |
| | 交通运输和仓储业 | # | # | 客货换算总周转量指数 |
| | 邮电通信业 | # | # | 邮电通信业务总量指数 |
| 4 | 批发和零售贸易餐饮业 | # | # | 单缩法。价格指数使用全国商品零售价格指数 |
| 5 | 金融、保险业 | # | # | 单缩法。价格指数使用居民消费价格指数和固定资产投资价格指数的加权平均数，权数分别是支出法国内生产总值中的居民消费和固定资产形成总额的比重 |
| 6 | 房地产 | # | # | 房地产增加值所含四部分实质化方法分别是：房地产开发业增加值使用房地产价格指数中的房屋销售价格指数缩减；房地产管理业增加值使用居民消费价格指数缩减；新增居民自有住房折旧利用固定资产投资价格指数缩减；原有居民自有住房折旧的不变价等于前期不变价折旧扣除退役的自有住房折旧 |

| 号码 | 行业 | 生产法 | 收入法 | 实质化方法 |
|---|---|---|---|---|
| 7 | 社会服务业 | | # | 单缩法。价格指数使用居民消费价格指数中服务项目所包含的交通费、洗理美容费、修理及其他服务费三项价格指数 |
| 8 | 卫生体育和社会福利业 | | # | 单缩法。价格指数使用居民消费价格指数中服务项目所包含的医疗保健服务费价格指数 |
| 9 | 教育、文化艺术及广播电影电视业 | | # | 单缩法。价格指数使用居民消费价格指数中服务项目所包含的文娱费、学杂保育费价格指数 |
| 10 | 科学研究和综合技术服务业 | | # | 单缩法。价格指数使用居民消费价格指数中的服务项目总指数 |
| 11 | 国家机关、政党机关和社会团体 | | # | 单缩法。价格指数使用居民消费价格指数中的服务项目总指数 |
| 12 | 其他行业 | | # | 单缩法。价格指数使用居民消费价格指数中的服务项目总指数 |

注：该表根据许宪春（2000b）第二章和第四章作成。生产法中"#"表示该行业使用生产法计算增加值，收入法中"#"表示该行业的增加值是用收入法计算的。

资料来源：岳希明、张曙光：《我国服务业增加值的核算问题》，载于《经济研究》2002年第12期。

## 二、中国服务业核算问题的影响

从国家统计局公布的数据来看，20世纪60年代初期以前，按现价计算的第三产业增加值在整个国内生产总值中的比重略有上升，此后持续下降，直到20世纪80年代初为止，接着从20世纪80年代初开始逐渐上升，到1990年前后恢复到新中国成立初期的水平，之后基本处于停滞的状态，直到现在。按不变价计算的第三产业比重的变化趋势略有不同。整个计划经济时期，除20世纪50年代末和60年代初偏高以外，基本在22%～23%的范围内波动。改革开放后，第三产业比重开始上升，1989 年达到最高点的 30.3%，其后连年下降，降至 1995 年的 26% 左右，之后基本维持不变，直到 21 世纪初期。至"十一五"期间，中国服务业比重才出现较大幅度的攀升，基本上稳定在 40% 左右。这一比例上升既有服务业快速发展的原因，也有 2004 年经济普查的原因，在这次经济普查中有 2 万多亿元的服务业增加值被"挖掘"出来，服务业核算问题的影响也逐渐显露出来。[1]

一方面，中国服务业增加值被低估导致我国第三产业的比重在过去近半个世纪基本保持不变。经验显示，第三产业在整个经济中的比重，无论用国内生产总值还是用从业者人数来衡量，都有随人均收入的增长而上升的趋势。这个一般性规律不仅在一国的长期经济发展过程中观察到，在不同人均收入国家进行比较也可以发现。如果我们把这种趋势看成一般规律的话，那么上面的结果很可能是由于数据的问题所导致，而不是我国产业结构的实际变化，或者至少可以说，我国第三产业的比重在过去近半个世纪基本保持不变的结论部分地受到该产业增加值低估的影响。

另一方面，按不变价计算的服务业增加值及其增长速度也不可避免地受到影响。因为我国第三产业的多数行业采用缩减指数法计算不变价增加值，也就是说，不变价增加值是由现价增加值除以价格指数得到的。因此，现价增加值的低估直接导致不变价增加值的低估，而服务业增加值的增长速度是被低估了还是被高估了，则完全取决于低估部分对现价增加值的比例是上升了还是下降了。如果该比例逐年增加的话，那么增长速度会低估；反之，如果服务业的统计范围逐年得到改善的话，那么增长速度会被高估。而被低估的服务业增加值对已经统计的增加值的比例是逐年增加、还是逐年降低的呢？现有的资料和研究结果还不足以让我们准确地作出判断。因此，我们也无法知道目前官方公布的数字是高估了还是低估了服务业的增长速度。

---

[1]　汪海波：《中国产业结构演变史略（上篇）》，载于《中国经济报告》2020 年第 5 期，第 58 - 78 页。

知识拓展 3－3

## 美国 GDP 中服务业占比高达 80％能证明美国经济水分大吗？

截至 2021 年美国作为世界第一大经济体有着高达 23 万亿美元的 GDP 总量。排名第二的中国 GDP 总量约为 16.86 万亿美元，排名第三的日本 GDP 总量约为 5.1 万亿美元。美国的经济总量比排名全球第二的中国和排名全球第三的日本加起来还要略多一些，甚至就连英国脱欧之前由 28 个成员国组成的欧盟经济总量也只有美国的 89％左右。可长期以来我国的互联网上也流传着美国 GDP 总量被高估的说法。

我国的政治经济学对财富价值的衡量必基于实体物质，可西方人认为心理上的满足感与获得感也是一种价值。这就导致我们在核算 GDP 数据时与西方国家的做法存在较大差异。我国目前核算 GDP 的生产法是分别计算各国民经济部门的产出总额后对应扣除各部门的中间消耗。这种算法的优点是避免了重复计算、无用计算，缺点是忽视了医疗、教育、金融等非生产性服务业的产值。

如果先入为主按我们的统计标准看美国的 GDP 一定会觉得是被严重高估了，可反过来以美国人的观念来看会觉得是我国的 GDP 被低估了。在中国个体户、小微公司、自由职业者这些行业所创造的利润是不纳入 GDP 统计中的。

在统计标准都不一样的前提下讨论美国的 GDP 是被高估还是低估了根本毫无意义。GDP 数据本身就是可以人为操纵的。GDP 总量数据更多只能作为一国经济体量的参考指标，但不能完全准确反映出一个国家的经济质量。经济体量大不代表经济质量就好。印度的经济体量可比新加坡大多了，可不会有人认为印度经济质量比新加坡好。用人均 GDP、人均可支配收入等指标来衡量一个国家的经济质量其实比用 GDP 总量数据更可靠。

资料来源：朱民：《特朗普的冲击：经济政策及全球影响》，载于《债券》2017 年第 4 期，第 7－13 页。

### 三、中国服务业核算问题的成因

核算范围不完整、部分服务计价过低以及劳动者工资收入低估是造成我国服务业增加值低估的统计因素，那么，这些统计上的缺陷又来源于何处呢？

一方面，服务业统计上的缺陷部分来源于服务本身所具有的特性，部分来源于我国长期的统计实践。服务业本身包括众多非同质行业，其规模小、家庭经营比重大、政府和民间非营利组织参与程度高（如教育、医疗等）。服务业所具有的这些性质不仅使得在统计上全面地掌握该行业相对困难，同时由于大量服务不通过市场进行提供，导致增加值计算不可避免地包含复杂的甚至不切合实际的虚拟计算（imputation），同一服务只是因为提供者不同，增加值的计算范围和计价方式也不完全相同。

另一方面，导致服务业统计存在严重缺陷的另外一个原因是我国统计调查制度对服务业统计的相对忽视。应当说，对服务业统计的忽视在世界各国是个普遍现象。这一点主要根源于现行的统计调查制度是在服务业占整个国民经济的比重尚低的早期建立起来的。经济发展早期，农业在整个经济中占绝对的地位。其后，以工业的迅速发展为标志的工业化是现代经济增长最重要的特征，而服务业被看成是随着经济发展自然而然增加其在国民经济中比重的行业，把服务业误认为从属于其他行业的观念无疑加剧了统计调查中对服务业的忽视。我国对服务业统计的忽视的直接原因是我国长期使用物质平衡表体系（MPS）来进行国民经济核算。在物质产品体系下，服务业的绝大部分被认为是非生产性的，从而被排除在核算对象以外。由于新中国成立以来长期使用 MPS 计算总产值和国民收入，对服务业没有系统和定期的统计，服务业增加值的估算缺少最小限度的数据资料。为了改善服务业统计，我国在 1993～1994 年实行了第一次第三产业普查，并决定每 10 年进行一次。这无疑将对改善我国服务业统计起到重大的作用，但是由于普查的频度低，两次普查之间间隔时间长，服务业核算中存在的基础数据缺乏的问题并没有得到根本的解决。

因此，中国服务业统计进行了一系列的改革，统计内容日渐丰富，统计调查方法逐步科学，统计制度也有所改进，但从满足 GDP 核算需要的角度讲，仍不尽完善，还存在一些需要解决的问题，表现为：

（1）部门统计缺乏系统性和规范性。在现有统计管理体制下，部门统计一般根据部门管理需要和所属系统特点设置统计指标，常忽视服务业统计之间的相互衔接，各个部门统计制度缺乏规范性和系统性，统计内容也存在较大差异。从 GDP 核算角度讲，部门统计的主要目的是满足本部门管理需要，其统计范围也仅限于部门管理系统，并没有根据《国民经济行业分类》建立全行业经济活动统计，因此无法反映各服务行业总体情况。

（2）统计内容存在缺陷。从部门统计制度看，只有少数部门统计内容比较全面，既有实物量指标，又有比较详细的价值量指标，有的部门统计甚至设置了增加值指标。而绝大部分部门统计内容比较简单，只有一些实物量指标，基本上没有价值量指标，难以满足 GDP 核算的需要。

（3）统计资料时效性差。现行部门统计主要为了满足部门管理的需要，统计资料时效性较差，难以满足 GDP 季度核算的需要。

（4）统计制度衔接性不强。在现行统计管理体制下，国家统计局和有关管理部门各司其职，独立地开展服务业统计工作，致使统计范围、指标设置、数据结果等方面衔接性较差。

（5）统计部门协调力度较弱。从服务业基础资料情况看，一些服务业主要核算资料本来可以从有关经济管理部门（如财政、银行、保险、证券等部门）直接获取，但由于缺乏协调或协调力度不够，资料收集困难，资料渠道不畅，难以实现有效利用。

（6）服务业价格统计有待完善。目前，价格统计主要由国家统计局负责。从我国价格统计现状看，服务业价格统计缺口较大，除已建立了商品零售价格指数、交通运输业价格指数（试行）、房地产价格指数外，其他服务业价格指数仍是价格统计的空白。

## 四、完善服务业核算的方法

从国家和地区的实践看，强化服务业统计和服务业核算工作，既需要进一步深化行政体制、统计体制改革，也需要有创新意识、统筹规划、顶层设计，还需要加强服务业统计调查力量，加大调查数据在服务业核算中的份额。

### （一）政府引导，建立适应市场经济发展的统计管理新体制

随着改革开放的实施以及社会主义市场经济体制的建立和发展，我国进入了市场经济体制为主导的新时期，特别是近 20 年，我国经济社会发展有巨大变化，无论收入水平或经济发展阶段都已进入发展服务业的重要时期。因此，无论政策引领，还是机构设置、措施保障等都需要从大力发展服务业角度加以审视和考虑。为此，我们建议可以从以下两个方面进行改进：一是改进现行的统计管理体制。例如从国家层面成立一个可统一领导协调的统计调查机构。二是建立与服务业统计相适应的组织交流体系。切实加强中央与地方之间的组织和协调，为服务业和服务业统计长足发展提供保障。

### （二）目标驱动，建立服务业发展评价体系

建立服务业统计评价体系，对我国服务业发展水平进行综合评价，了解和掌握我国服务业情况，促进和推动服务业快速发展，意义重大。具体来看，一是合理确定评价指标体系。服务业统计评价指标体系是一个全面评价服务业发展状况的多个指标组成的指标集合，应遵循客观性、系统性、可测性、可比性、可行性等原则。先运用聚类分析，把"性质相近""相似"或"关系密切"的变量聚在一起。按照指标之间的"欧式距离"和各层之间的距离将指标进行分类，该指标分为六类。然后运用相关分析，通过对比每组指标之间的 Pearson 相关系数

决定指标取舍。在剔除相关系数较高的指标以后，各要素层中一般保留 2 个以上的指标。再次采用典型指标选择法来确定典型指标，最终形成 20 多个指标。二是做好评价模型。通过异常值处理、标准化处理、权数确定，合成发展指数。

### （三）积极探索，建立服务业数据评估体系

强化数据评估，建立统计数据质量评价机制和管理体系是世界发达国家提高数据质量的通用规则。1999 年初国家统计局首次公布了国家和省市两级对主要统计指标数据质量评估的实施办法，通过统计系统的内部自我检查和评估等方式，对国内生产总值、农业总产值、粮食产量、城乡居民收入、工业增加值等 12 项指标数据质量进行评估，但在评估范围、内容、数据来源等与发达国家存在较大差距，服务业数据更缺乏有效评估。因此，要积极探索，建立服务业数据评估体系：一是建立数据质量评估机构和评估制度；二是实行开放统计和阳光统计；三是合理使用评估方法；四是突出评估的重点和内容。要本着"横向可比、纵向协调"的目的，对工作过程和服务业统计数据进行评估。同时要对每项评估内容的评估方法、评估程序、评估依据等方面进行规范，形成科学、统一的评价方法体系。

### （四）扎实推进，建立和完善服务业名录库更新机制

世界发达国家的调查工作之所以能够直接向企业发送调查表，减少调查员的工作量，实现调查的高效率、低成本，是因为拥有一个储存量大、涉及面广、标准统一、适时更新的统计单位名录库，如美国的标准统计编制名录（Standard Statistical Establishment List，SSEL）就是一个包含除农业、个人房屋出租以外所有行业的基层单位名录库，在政府调查中具有非常重要的作用。1997 年美国经济调查，对于大中型企业和所有经营多个基层单位的企业以及从业人员达到一定数量标准的（建筑业 15 人、零售业、服务业 3 人）单一企业均采取了邮寄问卷的形式进行数据采集，大大提高了调查工作效率。20 世纪 90 年代以

来，我国加大了名录库的研究力度，并通过全国基本单位调查和全国经济调查，建立了比较完整的基本单位名录库。然而，由于我国基本单位的管理部门较多，各部门都不同程度地掌握基层单位的行政登记资料，并且部门之间标准不统一，缺乏衔接，名录库在国家管理以及统计调查中的重要作用没有得到充分发挥。2012 年，国家统计局把名录库管理列入了"四大工程"建设内容，强力推进名录库建设，"先入库，后有数"的统计理念深入人心。服务业名录库基础较弱，建立健全服务业名录库显得越发迫切和重要。因此，应尽快建立健全服务业名录更新机制，利用服务业名录库的独特作用作为提升服务业统计水平和建立服务业统计长效机制的重要基础。一是成立领导机构。二是制定和使用统一的统计标准。三是加强准入制度和诚信制度建设。四是强化统计登记的地位和作用。目前我国的统计登记对企业缺乏必要的制约手段，尤其是对变更和停产企业统计不全，因而，要在法律条款上对统计登记的地位、作用进行明确，切实发挥统计登记的作用。

## （五）多策并举，努力解决服务业统计漏统问题

一是解决"大个体"问题。按照我国目前的行政管理体制，解决服务业大个体问题，仅靠统计部门一家的力量难以实现，要依靠政府的力量，加强部门间的协调和沟通，形成合力，共同研究解决。二是交通运输行业"靠挂车"数据问题。要先查清拥有车辆管理权的管理公司，然后按照统计业务的要求对其重点培训，使其真正掌握统计工作的填报要求，由管理公司对其管理车辆经营情况评估上报。同时，对其进行督导指导，发现问题及时解决。三是部门联动，解决新兴业态漏统问题。新兴业态的出现，是经济社会发展的必然，涉及面宽，情况复杂，甚至对服务业行业划分、单位界定、行业分类等提出挑战，因此，要依据新生业态的发展特点，深入分析研究，寻找合理有效的解决办法。长期看可通过建立部门统计制度来解决。四是家庭服务问题。选择一定数量的城镇家庭对其收支情况进行跟踪调查，利用调查数据和相关数据推算出家庭服务业增加值。对于·些特殊行业，如消

费娱乐场所等，可采取抽样调查解决。

### （六）立足长远，切实强化服务业统计基础

应下功夫扎实做好服务业统计基础：一是强化源头数据质量。服务业统计机构要按照调查表的填报要求，认真细致做好调查单位的基础资料核实以及各类调查对象的分类指导。二是加强普法教育。通过广泛深入的宣传教育，使调查对象尤其是个体户消除思想顾虑，如实申报，最大限度避免虚报、瞒报、拒报、迟报乃至伪造、篡改调查资料等违法行为的发生；同时，坚持"有法可依，有法必依、违法必究"原则，对各种统计违法行为严肃查处，为服务业统计工作保驾护航。三是加强服务业统计数据质量控制。服务业统计机构要制定数据质量控制办法，建立健全岗位责任制，严格工作程序和工作流程，尤其是要实行服务业统计流程卡制度，对调查表的收发、审核、查询、录入、问题处理、保管等方面实行全过程的控制管理，强化调查表加工处理环节，明确控制内容、环节和责任人，确保调查表在流程过程中的严谨规范。四是鼓励有条件的地区开展服务业企业（单位）联网直报工作，最大限度减少和避免人为干扰。

### （七）强化责任，加强和改进部门服务业统计

根据行业特点及统计工作现状，按照先易后难、逐步推进的原则，采取"整体设计、合理分工、部门协作、统一核算、数据共享"的方式，切实加强和改进部门服务业统计。一是进一步健全部门统计机构，充实加强服务业统计力量，确保服务业统计各项工作任务落实好、贯彻好。二是强化顶层设计。从国家层面上，要按照"统一制度、统一标准、统一表式、统一内容、数据共享"的原则设计服务业统计报表制度，特别是报表的指标含义、统计范围、统计口径、计算方法、分类目录、调查表式和统计编码应规范统一，形成标准统一、口径一致、分组完整的调查体系。三是强化责任，明确分工。要以政府为引导，强力推进部门实施全行业统计，只有部门实施了全行业统计，才能真

正反映行业发展全貌。四是加强部门的协调指导。统计部门要认真履行对部门服务业统计的指导职责,帮助部门做好服务业统计工作。抓紧建立健全统一规范、准确完整、及时更新的部门统计调查库,明确调查单位,为部门统计提供扎实有效的调查目录和样本框;变革统计调查流程,引导部门实施联网直报;建立部门服务业统计数据质量审核检查机制和评估机制,强化服务业统计数据的评估认定;强化业务培训,切实提高部门服务业统计的业务水平和统计能力。

### (八) 创新思维,探索和改进服务业核算方式方法

我国服务业增加值推算了几十年,要创新思维,与时俱进。一是创新理念。国民经济核算体系作为一种制度方法,不是一成不变的,最近美国商务部公布了新的 GDP 统计方式,在全球率先践行 SNA - 2008 国民经济核算新标准体系。新调整中企业、政府和非营利机构的研发费用支出将被视为固定投资;有关娱乐、文学及艺术原创支出也将作为固定投资纳入统计数据,后一个类别将包括电影、电视节目、图书、录音等;此外,包括房屋交易时的多项税费和固定收益养老金计划赤字等也将并入计算。二是完善国民经济核算方式方法。近期可在调查数据的使用上做些探索。一个是增加服务业统计调查数据在核算体系中的份额。可采取分级、分内容方式扩大服务业统计调查数据使用份额。所谓分级:省级及以上仍采取国家核算体系与核算办法,同时按照国际新标准,体现新兴经济形态的发展。省辖市和县区级可采用调查数据计算服务业 GDP。所谓分内容:即年度服务业 GDP 核算,使用服务业统计调查数据;季度服务业 GDP 核算,把部门业务量统计与统计部门联网直报统计结合起来,运用限额以上批发零售业、住宿餐饮业,房地产业以及重点服务业企业调查数据的增速作为核算推算的主要依据。另一个是进一步扩大服务业网上直报内容,形成全口径的服务业统计数据,在此基础上计算服务业 GDP,切实提高核算质量。

## 思考题

1. 简述服务业核算的理论依据。

2. 分析 1994 年前后，中国服务业生产核算一级分类之间有哪些主要区别。

3. 中国服务业核算经历了怎样的历史变迁，现状如何？

4. 当前中国服务业核算中存在哪些基本问题，这些问题对服务业的核算带来了怎样的影响，今后应如何进一步改进服务业的核算？

# 第四章　服务需求、供给与价格

　　服务产品的非实物性决定了服务产品不可贮存、不可转移，只能在生产的同时投入消费，这使服务生产与服务消费间缺乏时空缓冲机制。[①] 因此，服务产品的需求与供给及其平衡问题显得特别重要。它成为第三产业运营机制研究中亟待深入探讨的问题。本章要讨论服务需求与服务供给、服务供求平衡的规律性。

## 第一节　服务需求

　　从许多方面看，决定服务部门独立化及其盈利能力的首要因素是市场上对服务产品的需求。不论企业的服务生产过程如何高效，也不论管理人员多么能干，要是服务产品没有需求，服务企业就不可能经营得好。事实上，服务企业全部计划活动的关键是对未来服务需求的估计：波动的服务需求迫使企业生产要素时而作用、时而闲置，甚至不得不转产；稳定的服务需求使企业能进行长期、连续的生产；日益增长的服务需求则要求企业增加投资，扩大人员。因此，服务需求对第三产业经营非常重要。

　　服务需求是指消费者某一时期内和一定市场上按照某一价格愿意并且能够购买的该服务的或劳务的数量。所以需求这个概念，不仅限定了特定的时期和进行买卖的市场，还意指购买者有支付能力的需求，

---

　　① 何德旭、夏杰长：《服务经济学》，中国社会科学出版社 2009 年版。

因而有别于人类不限多样化的需求。特别要注意的是，需求这个概念总是同时涉及两个变量：一是该服务的销售价格，二是与该价格相应的人们愿意并且有能力购买的数量。因为在影响需求量的其他因素既定条件不变的前提下，一种服务的价格越高人们愿意购买的数量越少，价格越低，人们愿意购买的数量越多。所以，在谈到人们对某种服务的需求数量时，必须表明与该需求量相对应的销售价格是多少。这里的需求量是指消费者愿意或打算购买的数量，而不是指其实际上需要购买的数量，因为消费者的实际购买量，还得取决于市场上确立的销售价格。

理解服务需求概念，强调以下三个要点：

第一，服务需求量是个预期概念，不是指实际购买量，是消费者预计、愿意或打算购买的数量。

第二，服务需求量是指有效需求量，即有现实支付能力的需求。现实支付能力是指拥有足够的货币来支持。

第三，服务需求总是涉及两个变量，即价格（price）和需求量（quantity）。没有相应的价格，就谈不上需求。

## 一、影响服务需求的因素

服务的好坏，主要取决于它是否满足了成员的不同需求。一种服务的需求是由许多因素共同决定的。其中传统的主要因素有：服务自身的价格、消费者的偏好、消费者的收入、其他服务价格和人们对未来的预期等。

### （一）服务需求自身的价格

人们从大量经验事实中观察到，在影响需求量的其他因素给定不变条件下，对于一种服务的需求量与其价格之间存在着相当稳定的反方向关系，即服务自身的价格越高，人们对该服务的消费量越少或减少；价格越低或价格下降，人们的购买量越多或增加。因而需求曲线是一条自左向右下方倾斜的曲线，称为需求规律。为什么需求量与其价格之间存在着这种关系。这可以用替代效应和收入效应来解释，即服务价格下降之所以会引起需求量的增加，是由于替代效应与收入效应共同发生作用的结果。

在运输服务市场上，火车、汽车和飞机是可以相互替代的。假设火车票的价格下降，而飞机票的价格没有变化，那么，人们在时间有保证的前提下会少坐飞机，而多坐火车。就是说，火车票价格下降会促使人们用火车代替飞机出行，因而引起对火车需求量增加。同样，假如机票的价格不变，火车票价格提高，人们会用飞机代替火车，从而引起对火车需求量的减少。在服务经济学中，将这种服务相对价格的变化对需求的影响称为替代效应，将这种在效用上能相互替代以满足消费者某种消费欲望的服务称为互替服务。这里，火车与飞机就被称作替代服务。再看所谓的收入效应。假设卡拉 OK 的价格下降，其他服务如餐饮的价格没有发生变化，这意味着同量的货币收入在不减少其他服务消费量情况下，可以唱更长的时间，也就是唱歌价格下降引起了消费者实际收入的提高。这种因价格下降带来的实际收入的提高导致需求量的增加，称为对服务需求的收入效应。同理，唱歌价格提高在货币收入不变情况下会引起实际收入下降，将导致消费量的减少。

## （二）消费者的偏好

所谓嗜好或偏好，在一定程度上产生于人类的基本的需要，如人们需要粮食充饥，需要汽车、飞机等交通工具出行，等等。经济学论及的嗜好及其变化，更多地涉及人们生活于其中的社会环境，因而主要取决于当时当地的社会风俗习惯。例如商业广告的主要目的之一，是通过提供该服务的一些信息，影响人们的嗜好，从而增强对该服务的需求。

## （三）消费者的收入

一般来说，在其他条件给定不变情况下，人们的收入越高，对服务的消费需求越多。因此，从市场需求来看，一个市场上消费者的人数和国民收入分配情况，显然是影响需求的重要因素。

### （四）其他服务价格

人们对于一种服务的需求量，除了取决于该服务本身的价格以外，还受到与该服务有某种联系的其他服务的价格的影响，区别替代服务品和互补服务品而有所不同。替代服务前面已经介绍过，这里重点解释互补服务。互补服务是指在消费中需要相互补充才可以满足消费者某种欲望的服务。例如，飞机票和相关的人身意外保险服务是互补服务，机票价格提高将会减少对飞机的消费需求量从而降低人身意外保险需求，而机票价格下降会吸引更多的人乘坐飞机从而提高人身险需求。因此，如果 B 服务是 A 服务的互补服务，那么 A 服务的需求将与 B 服务的价格反向变化，即 B 服务价格提商会降低对 A 服务的需求，而 B 服务降价则会增加对 A 服务的消费量。替代服务正好相反，A 服务的需求和 B 服务的价格同向变动。

### （五）人们对未来的预期

如果人们估计某些影响需求的因素未来将发生变化，如收入将增加、价格会上升等，就会及时调整消费，从而影响当期的服务消费。例如，如果你预期以后会赚到更多收入，就可能愿意用你现在的一些储蓄来多进行一些消费，如多看几场电影、多听几次音乐会等。

伴随着我国经济结构的调整和人民生活水平的日益提高，我国居民的服务消费支出持续增加，在这一过程中，产生了新的影响服务需求的因素。

### （六）数字普惠金融

数字普惠金融满足人民群众和实体经济多样化的金融需求。传统金融服务多以产品为中心，产品设计好后，再寻找合适的服务对象；数字普惠金融则更加追求以客户需求为中心，通过大数据等数字化手段为客户进行精准画像，进而为客户提供适合的金融产品或服务。

## （七）平台经济

平台经济对服务需求的发展和普及发挥了重要的作用。[①]　一方面，平台成为对接服务消费供需的关键基础设施。目前，我国消费市场围绕到店消费的信息服务已经形成完整闭环，服务类数字化平台对于消费者而言，不再只是承载优惠、团购的消费工具，更是品质生活与理性购买决策的载体。另一方面，平台经济降低了服务的搜寻成本。信息技术极大地改变了市场，数字化平台通过增进买卖双方之间的匹配扩大了贸易范围。服务平台拓展了服务消费的时间和半径，促进了供需时空高效匹配，帮助消费者定位在线下不易被发现的服务。

应该指出，我们设计上述诸因素都是影响服务需求量的因素，并不意味着他们等量。因为上述因素中，一些是主要因素，另一些是次要因素。在不同的范围或不同的时期内，主次因素的区分也是在变化的。

### 知识拓展 4 −1

宁波市普惠金融信用信息服务平台设计了信息查询、线上对接、精准获客、风险防控四大核心功能，对于获客、授信、风控的全流程融资都有体系化的服务，覆盖了该市 129 万户经营主体，已有 2.33 万家企业通过平台线上审贷渠道获取贷款 983.7 亿元。在此基础上正在建设"甬金通"数智金融大脑，搭建金融服务云和风险服务云，汇集28 个部门、118 个数据目录、2386 个数据项，为金融服务提供数据支撑。台州市从 2014 年就开始建立了金融服务信用信息共享平台，重点采集了金融、法院、公安等 15 个部门 81 大类 1100 多项信用信息，覆盖了 60 万家经营主体。以服务小微企业著称的台州当地银行也普遍反

---

① 刘奕、夏杰长：《平台经济助力畅通服务消费内循环：作用机理与政策设计》，载于《改革》2021 年第 11 期。

映，借助平台可一次性掌握大量信息，使得贷前调查的成本几乎可以忽略不计。

资料来源：人行市中心支行：《宁波市普惠金融信用信息服务平台建设成效初显》，中国宁波网，2021 年 6 月 17 日，http：//jrb. ningbo. gov. cn/art/2021/6/17/art122902433058895701. html。

## 二、服务需求函数与服务需求曲线

### （一）服务需求函数

据上所述可见，一个市场一定时期对于某一服务的需求量，根据传统理论，取决于消费者的嗜好、消费者的收入、服务的价格、其他有关服务的价格，以及人们对未来的预期五个因素，并随着这五个因素的变化而变化。对于服务的需求量与影响需求量的因素之间的这种依存关系，用函数表示为：

$$Q_d = (T, Y, P, P_x, P_e)$$

其中，$Q_d$ 代表对服务的需求数量；T 表示消费者嗜好；Y 表示消费者收入（它代表既定收入分配条件下每个消费者的收入）；P 表示服务的价格；$P_x$ 表示其他有关服务的价格；$P_e$ 表示人们预期的服务和其他服务会有的价格。上列方程表示 $Q_d$ 这个变量与 T，Y，P，$P_x$ 和 $P_e$ 五个变量之间存在着函数关系，其中 $Q_d$ 称为因变量，T，Y，P，$P_x$ 和 $P_e$ 称为决定因变量的自变量。就是说，$Q_d$ 数值的大小，是由 T，Y，P，$P_x$ 和 $P_e$ 的数值决定的，并且随着后者的变化而变化。

该式表明，对生活服务产品的需求量取决于等式右边括号内的所有变量。这就要求人们必须用全面的、联系的和发展的而不是片面的、孤立的和静止的观点来分析服务需求。

鉴于影响一种服务的市场需求的因素十分复杂，所以，服务经济学在需求分析中采用经济分析中常用的科学抽象法，即假定影响服务需求量的因素，除服务自身价格以外，其余因素都是给定不变的（当

然，我们也可以假定除消费者收入这个因素发生变化以外，其余因素
给定不变，从而考察收入变化与需求量之间的关系）。这样，可以认为
服务需求量发生变化的唯一原因在于价格的变化，于是服务的需求函
数可记为：

$$Q_d = f(p)$$

## （二）服务需求曲线

服务需求曲线是以几何图形来表示服务的价格和需求量之间的函
数关系的。表 4 - 1 是某服务的需求表。服务需求曲线是根据需求表中
不同的服务价格——需求量的组合在平面坐标图上所绘制的一条曲线
（见图 4 - 1）。

表 4 - 1　　　　　　　　　　某服务的需求

| 价格一数量组合 | A | B | C | D | E | F | G |
|---|---|---|---|---|---|---|---|
| 价格（元） | 1 | 2 | 3 | 4 | 5 | 6 | 7 |
| 需求量（单位数） | 70 | 60 | 50 | 40 | 30 | 20 | 10 |

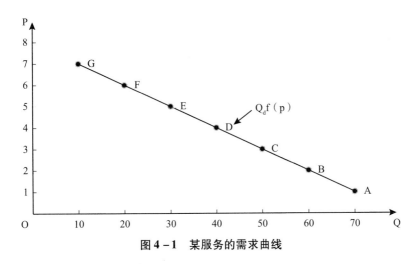

图 4 - 1　某服务的需求曲线

在图 4 - 1 中，横轴 OQ 表示服务需求数量，纵轴 OP 表示服务价格。

应该指出的是,与数学上的习惯相反,在服务经济学分析中运用需求曲线和供给曲线时,通常以纵轴表示自变量 P,以横轴表示因变量 Q。

图 4-1 中的需求曲线是这样得到的:根据每一个服务价格——需求量的组合,在平面坐标图中描绘相应的点 A、B、C、D、E、F、G,然后依次连接这些点,便得到需求曲线 $Q_d = f(p)$。它表示在不同的价格水平下消费者愿意而且能够购买的服务数量。

服务经济学在论述需求函数时,一般都假定服务价格和相应的需求量的变化具有无限分割性。正是由于这一假定,在图 4-1 中才可以将服务的各个价格——需求量的组合点 A、B、C……连接起来,从而构成一条光滑的连续的需求曲线。

图 4-1 中的需求曲线是一条曲线,实际上,需求曲线可以是曲线型的,也可以是直线型。当需求函数为线性函数时,相应的需求曲线是一条直线,直线上各点的斜率是相等的。当需求函数为非线性函数时,相应的需求曲线是条曲线,曲线上各点的斜率是不相等的。

建立在需求函数基础上的需求表和需求曲线都反映了服务的价格变动和需求量变动二者之间的关系。从表 4-1 中可以看出,服务的需求量随着服务价格的上升而减少。相应地,在图 4-1 中的需求曲线具有一个明显的特征,它是向右下方倾斜的,即它的斜率为负值。它们都表示服务的价格和需求量之间呈反方向变动的关系,这种现象普遍存在,被称为需求定理。需求定理的基本内容是:在其他条件不变的情况下,某服务的需求量与价格呈反方向变动,即需求量随着服务本身价格的上升而减少,随服务本身价格的下降而增加。需求定理作为一种经济理论也是以一定的假设条件为前提的。这个假设条件就是"其他条件不变"。所谓"其他条件不变"是指除了服务本身的价格外,其他影响需求的因素都是不变的,离开了这一前提,需求定理就无法成立。

## 三、服务需求量的变动与服务需求的变动

在经济分析中特别要注意区分服务需求量的变动和服务需求的变

动这两个概念。在服务经济学中，服务需求量的变动和服务需求的变动都是服务需求数量的变动，它们的区别在于引起这两种变动的因素是不相同的，而且，这两种变动在几何图形中的表示也是不相同的。

（一）服务需求量的变动

服务需求量的变动是指在其他条件不变时，由某服务的价格变动所引起的该服务的需求数量的变动。在几何图形中，服务需求量的变动表现为服务价格——需求量组合点沿着同一条既定的需求曲线的运动。如图4-2所示，在其他条件不变情况下，价格由$P_2$下降到$P_1$，需求量沿需求曲线由$Q_2$上升至$Q_1$。需要指出的是，这种变动虽然表示需求量的变化，但是并不表示整个需求状态的变化，因为这些变动的点都在同一条需求曲线上。

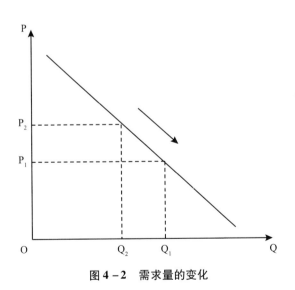

图4-2 需求量的变化

（二）服务需求的变动

服务需求的变动是指在某服务价格不变的条件下，由于其他因素的变动所引起的该服务的需求量的变动。这里的其他因素变动是指消费者的收入水平变动、相关商品的价格变动、消费者偏好的变化和消费者对服务的价格预期的变动等。在几何图形中，服务需求的变动表现为服务需求曲线的位置发生移动。以图 4 – 3 加以说明。

图 4 – 3 中原有的曲线为 $D_1$。在商品价格不变的前提下，如果其他因素的变化使得需求增加，则需求曲线向右平移，如由图中的 $D_1$ 曲线向右平移到 $D_2$ 曲线的位置。如果其他因素的变化使得需求减少，则需求曲线向左平移到 $D_3$ 曲线的位置。由需求变动所引起的这种需求曲线位置的移动，表示在每一个既定的价格水平需求量都增加或减少了。例如，在既定的价格水平 $P_1$，原来的需求量为 $D_1$ 曲线上的 $Q_1$，需求增加后的需求量为 $D_2$ 曲线上的 $Q_2$，需求减少后的需求量为 $D_3$ 曲线上的 $Q_3$。而且，这种在原有价格水平上所发生的需求增加量 $Q_1Q_2$ 和需求减少量 $Q_3Q_1$ 都是由其他因素的变动所引起的。例如，它们分别是由消费者收入水平的提高和下降所引起的。需求的变动所引起的需求曲线的位置的移动，表示整个需求状态的变化。

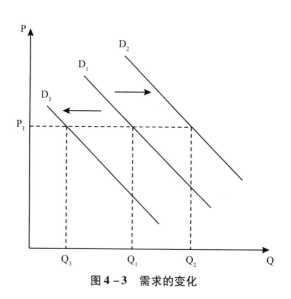

图 4 – 3　需求的变化

# 第二节　服务供给

服务产品的供给，是影响服务供求平衡的另一方面的因素，研究服务供给也很重要。目前，大量传统服务的需求正在增长，不少新兴服务的需求迅速形成，但一些服务产品的供给量却增长不大。市场对服务供给理论缺乏研究，不了解影响服务供给的因素及服务供给形成与发展的机制，以致未能采取有效措施促使这些因素向着刺激服务供给增大的方向发展，是很重要的原因。下面就对决定服务供给的诸种重要因素、服务供给函数和供给曲线、服务供给量的变动和服务供给的变动进行研究。

服务供给是指厂商在一定时期和一定价格水平下愿意并且能够提高的某种服务的服务数量，它包括两层含义：第一，服务经济学中所述的供给，必须同时具备出售的价格和可提供的服务两个方面；第二，供给这个概念涉及两个变量即服务价格和与价格对应的消费量。所以，供给实际上反映了服务厂商的供给量与服务价格这两个变量之间的关系。在影响供给的其他因素（如生产技术、生产成本等）给定不变条件下，服务供给和价格之间是增函数关系，即价格上涨供给量增加，价格下降供给量减少。厂商愿意供应的服务数量随价格同方向变化，供给量沿着既定的一条供给曲线自下向右上方变动。

和服务需求一样，服务供给分为个体供给和市场供给。个体供给是指单个厂商对某种服务的供给；市场供给是指在某一特定时期，在各种可能价格下，提供某种服务的所有厂商愿意并且能够提供的数量，它是单个厂商供给的总价。

理解这一概念，强调以下三个要点：

（1）服务供给量是个预期概念，不是指实际售卖量，是服务提供者预计、愿意或打算供给的数量。

（2）服务供给量是指有效供给量，即有现实服务能力的供给。现实的服务能力指拥有足够的服务条件来支持。

（3）供给总是涉及两个变量，即价格（price）和供给量（quantity）。没有相应的价格，就谈不上供给。

## 一、影响服务供给的因素

一种服务的供给数量取决于多种因素的影响，其中主要的因素有：服务自身的价格、提供服务的成本、技术水平和管理水平、其他服务的价格和政府的租税政策。它们各自对商品的供给量的影响如下。

### （一）服务供给自身的价格

由于厂商的目标是追求利润最大化，在影响某种服务的供给的其他因素（如其他有关服务的价格和生产要素的价格）既定不变条件下，服务价格越高，厂商就会投入更多的资源用于增加该服务的供给；相反，厂商就会把资源转用于其他价格较高的服务的供给，从而减少该服务的供给。

### （二）提供服务的成本

在服务自身价格不变的情况下，生产成本上升会减少利润，从而使得服务的供给数量减少；相反地，生产成本下降会增加利润，从而增加服务供给。

### （三）技术水平和管理水平

一般情况下，技术进步或管理改善将由于单位服务的成本下降而增加利润，从而使得与任一价格对应的供给量增加。

### （四）其他服务的价格

在一种服务价格不变，而其他服务价格发生变化时，该服务的供给量会发生变化。这是因为相关服务价格变化引起提供不同服务的机会成本发生了变化。

## （五）政府的租税政策

对一种服务的课税使卖价提高，在一定条件下会通过需求的减少而使供给减少。反之，降低服务租税负担或政府给予补贴，会通过降低卖价刺激需求，从而引起供给增加。

在上述众多的因素中，服务产品本身的价格和成本是决定服务供给的主要因素。就价格来说，社会的发展使服务的需求增长较快，较大的需求强度就有可能使服务产品的价格坚挺；实物生产率的增长率大大超过服务生产率的增长率，使服务产品的相对价值量以及相对价格有上升趋势。这两个因素作用于服务价格上，使服务产品的社会供给量及其比重必须趋于增长，形成服务供给比重上升率，它适应了服务需求比重上升率的要求。二者共同作用的结果，就使第三产业比重趋于增大。

随着时代的发展，除了上述提到的传统影响因素外，最新的研究发现，数字普惠金融、社会组织等都影响着一个地区的服务供给水平。

## （六）地方数字普惠金融

伴随数字普惠金融在社会经济体系中地位持续提振，地方数字普惠金融呈现出规模化、集聚化发展态势，不仅对区域内城乡协调发展带来利好，还有利于推动土地、资本、劳动力、数据、信息等生产要素高效融通，最终影响区域公共服务供给与城乡协调发展。有学者研究显示[1]，数字普惠金融显著优化了公共服务供给。

## （七）平台经济

平台经济对服务供给的发展和普及也发挥了重要的作用。从本质上看，平台经济利用互联网技术条件，促进产销体制变革与创新，打

---

[1] 张海燕：《数字普惠金融、公共服务供给与城乡协调发展》，载于《云南民族大学学报（哲学社会科学版）》2023 年第 2 期。

造更有效率的服务集成平台。平台经济将产业需求端和供给端连接在同一平台上，让供给和需求更加有效地匹配，实现生产的快速响应与协同，从而促进制造转型、消费升级、服务创新、扩大就业等。

**知识拓展 4 – 2**

京东是我国最早开展平台经济的企业之一，自 1998 年创办至今，经历与见证了我国互联网技术从最初的萌芽状态到高速成长后的成熟状态，真实呈现了我国平台经济的不同发展阶段，如表 4 – 2 所示。该案例在平台经济的发展过程中具有较高的完整性、典型性与代表性。

表 4 – 2 我国平台经济发展阶段

| 阶段 | 年份 | 名称 | 动因 | 关键时间 | 商业模式 |
|---|---|---|---|---|---|
| 1 | 1998 ~ 2004 | 积累起步期 | 外部疫情的封闭市场环境催生线上营销业务 | 1998 年在中关村开始创业，2004 年上线京东电商网站 | 线下零售（主）+ 线上营销（辅） |
| 2 | 2005 ~ 2010 | 稳定发展期 | 企业经营业务扩大需要，延伸营销、交易、仓储、配送、售后等多领域 | 2007 年获得融资，扩大到全品类电商综合平台，创办自营物流 | 线上零售 + 自营物流 |
| 3 | 2011 ~ 2015 | 电商黄金期 | 企业为提升组织效率、适应外部互联网经济环境以及快速发展的电商业务 | 2013 年成立京东金融；2014 年京东集团在美国上市 | 线上零售 + 自营物流 + 金融服务 |
| 4 | 2016 ~ 2019 | 创新开放期 | 企业交易总额增速逐年下降明显，数字技术快速发展 | 2016 年建设新零售，2018 年创建自有品牌京造，同年 9 月数字经济产业园落地，京东金融更名京东数科，2019 年组建京东健康、京喜 | 线上零售 + 自营物流 + 数字科技 + 下沉市场 |

| 阶段 | 年份 | 名称 | 动因 | 关键时间 | 商业模式 |
|---|---|---|---|---|---|
| 5 | 2020~2022 | 转型适应期 | 互联网政策红利和人口红利消失，平台经济出台系列监管政策 | 2021年京东科技成立，2022年初财报显示上年亏损36亿元，3月开始大规模裁员，4月创始人卸任CEO | 线上零售+自营物流+数字科技 |

作为平台型企业，未来在底层技术、发展模式、用户属性等方面均将有所变化。随着互联网技术向数字技术的更新迭代，以物联网、大数据、云计算、人工智能、移动终端等软硬件设施为底层技术的平台经济不断创新发展，成为数字时代下市场竞争的典型模式，也由此衍生出许多新经济、新业态、新模式。与传统企业或厂商的发展模式不同，传统企业是以商品和服务为核心，而平台企业则是以用户为核心，平台企业商业模式创新的初始阶段为了扩大网络的规模效应和锁定效应，常常以牺牲用户的长远利益为价值导向，形成平台与用户间的流量寻租或信用交易。

资料来源：由雷：《数字时代平台经济创新模式与演化路径——基于京东的纵向案例分析》，载于《企业经济》2022年第12期。

## 二、服务供给函数与供给曲线

### （一）服务供给函数

综上所述，一个市场一定时期对于某一服务的供给量，根据传统理论，取决于服务自身的价格、提供服务的成本、技术水平和管理水平、其他服务的价格、政府的租税政策五个因素，并随着这五个因素的变化而变化。对于服务的供给量与影响供给量的因素之间的这种依存关系，用函数表示为：

$$Q_s = (C, P, P_x, A, T)$$

其中，$Q_s$ 代表对服务的供给数量；C 表示生产成本；A 表示技术水平和管理技能；P 表示服务的价格；$P_x$ 表示其他服务的价格；T 表示政府的税收政策。上列方程表示 $Q_s$ 这个变量与 T、C、P、$P_x$ 和 A 这五个变量之间存在着函数关系，其中 $Q_s$ 称为因变量，T、C、P、$P_x$ 和 A 称为决定因变量的自变量。就是说，$Q_s$ 数值的大小，是由 T、C、P、$P_x$ 和 A 的数值决定的，并且随着后者的变化而变化。

鉴于影响一种服务的市场供给的因素十分复杂，所以服务经济学在供给分析时采用经济分析中常用的科学抽象法，即假定影响服务供给量的因素，除服务自身价格以外，其余因素都是给定不变的。这样，可以认为，服务供给量发生变化的唯一原因在于价格的变化，于是服务的供给函数可记为：

$$Q_s = f(p)$$

### （二）服务供给曲线

服务供给函数 $Q_s = f(p)$ 表示服务供给量和服务价格之间存在着一一对应的关系。表 4-3 是一张某服务的供给表。

服务供给曲线可以由几何图形表示服务的价格和供给量之间的函数关系，此处供给曲线是根据表 4-3 中服务价格—供给量组合在平面坐标图上所绘制的一条曲线（见图 4-4）。

图 4-4 中的横轴 OQ 表示服务数量，纵轴 OP 表示服务价格。在平面坐标图上，把根据表 4-3 中服务价格—供给量组合所得到的相应的坐标点 A、B、C、D、E 连接起来的线，就是该服务的供给曲线。它表示在不同的价格水平下服务者愿意而且能够提供出售的服务数量。和服务需求曲线一样，服务供给曲线也是十条光滑的连续曲线，它是建立在服务价格和相应的供给量的变化具有无限分割性的假设基础上的。

表 4 - 3                                        某服务的供给

| 价格—数量组合 | A | B | C | D | E |
|---|---|---|---|---|---|
| 价格（元） | 2 | 3 | 4 | 5 | 6 |
| 需求量（单位数） | 0 | 20 | 40 | 60 | 80 |

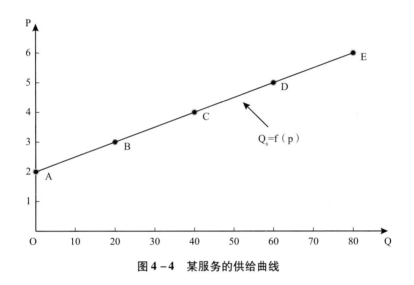

图 4 - 4　某服务的供给曲线

　　如同服务需求曲线一样，服务供给曲线可以是直线型，也可以是曲线型。

　　如果供给函数是一元一次的线性函数，则相应的供给曲线为直线型。如图 4 - 4 中的供给曲线。如果供给函数是非线性函数，则相应的供给曲线就是曲线型。直线型的供给曲线上的每点的斜率是相等的，曲线型的供给曲线上的每点的斜率则不相等。

　　以供给函数为基础的供给表和供给曲线都反映了服务价格变动和供给量变动二者之间的规律。从表 4 - 2 可以看出，服务的供给量随着服务价格的上升而增加。相应地，在图 4 - 4 中的服务供给曲线表现出向右上方倾斜的特征，即供给曲线的斜率为正值。它们都表示在其他条件不变的情况下，服务的价格和供给量同方向变动的关系，这种现象被称为服务供给定理。

## 三、服务供给量的变动与服务供给的变动

服务供给量的变动和服务供给的变动都体现为服务供给数量的变动，它们的区别在于引起这两种变动的因素是不相同的，而且，这两种变动在几何图形中的表示也是不相同的。

### （一）服务供给量的变动

供给量的变动是指在其他条件不变时，由某服务的价格变动所引起的该服务供给数量的变动。在几何图形中，这种变动表现为服务价格—服务供给数量组合点沿着同一条既定的供给曲线的运动，如图 4 - 5 所示。

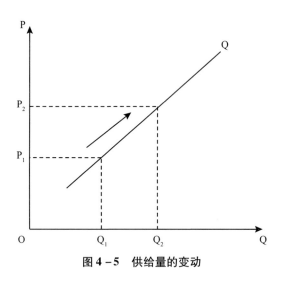

图 4 - 5　供给量的变动

### （二）服务供给的变动

服务供给的变动是指在服务价格不变的条件下，由于其他因素变

动所引起的该服务供给数量的变动。这里的其他因素变动可以指生产成本的变动、生产技术水平的变动、相关服务价格的变动和生产者对未来的预期的变化，等等。在几何图形中，供给的变动表现为供给曲线的位置发生移动。

图 4－6 表示的是服务供给的变动。在图 4－6 中原来的服务供给曲线为 $S_1$，在除服务价格以外的其他因素变动的影响下，服务供给增加，则使供给曲线由 $S_1$ 曲线向右平移到 $S_2$ 曲线的位置；服务供给减少，则使供给曲线由 $S_1$ 曲线向左平移到 $S_3$ 曲线的位置。由服务供给的变化所引起的服务供给曲线位置的移动，表示在每一个既定的价格水平供给数量都增加或都减少了。例如，在既定的价格水平 P，服务供给增加，使服务供给数量由 $S_1$ 曲线上的 $Q_1$ 上升到 $S_2$ 曲线上的 $Q_2$；相反地，服务供给减少，使服务供给数量由 $S_1$ 曲线上的 $Q_1$ 下降到 $S_3$ 曲线上的 $Q_3$。这种在原有服务价格水平上所发生的服务供给增加量 $Q_1Q_2$ 和减少量 $Q_3Q_1$，都是由其他因素变化所带来的。例如，它们分别是由生产成本下降或上升所引起的。因此，服务供给的变动所引起的供给曲线位置的移动，表示整个服务供给状态的变化。

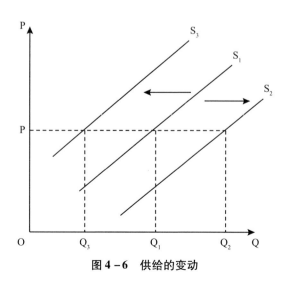

图 4－6　供给的变动

# 第三节　服务均衡价格的决定

服务需求曲线说明了消费者对某种服务在每一价格下的需求量是多少，服务供给曲线说明了服务者对某种服务在每一价格下的供给量是多少。但是，它们都没说明这种服务本身的价格究竟是如何决定的。那么，服务价格是如何决定的呢？服务经济学中的服务价格是指服务的均衡价格。服务均衡价格是在商品的市场需求和市场供给这两种相反力量的相互作用下形成的。下面，将需求曲线和供给曲线结合在一起，运用经济模型与均衡分析说明服务均衡价格的形成。

## 一、服务均衡价格与服务均衡量的决定

### （一）基本概念

均衡：均衡的最一般的意义是指经济事物中有关的变量在一定条件的相互作用下所达到的一种相对静止的状态。经济事物之所以能够处于这样一种静止状态，是由于在这样的状态中有关该经济事物的各参与者的力量能够相互制约和相互抵消，也由于在这样的状态中有关该经济事物的各方面的愿望都能得到满足。正因如此，经济学家认为，服务经济学是经济学的分支之一，其研究也在于寻找在一定条件下经济事物的变化最终趋于静止之点的均衡状态。

均衡价格：一种服务的均衡价格是指该服务的市场需求量和市场供给量相等时的价格。

均衡数量：是指在均衡价格水平下的相等的供求数量。

### （二）均衡值的决定

从几何意义上说，一种服务的市场均衡出现在该服务的市场需求

曲线和市场供给曲线相交的交点上，该交点被称为均衡点。均衡点上的价格和相等的供求量分别被称为均衡价格和均衡数量。

现在把图 4-1 中的需求曲线和图 4-4 中的供给曲线结合在一起，用图 4-7 说明一种服务的均衡价格是如何决定的。

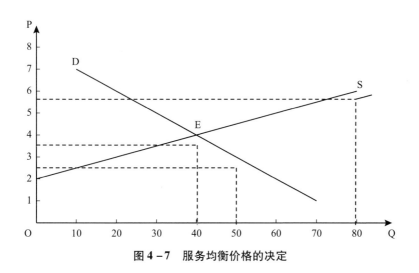

图 4-7　服务均衡价格的决定

服务的均衡价格 $P_e$ 表现为服务市场上需求和供给这两种相反的力量共同作用的结果，它是在市场的供求力量的自发调节下形成的，E 为均衡点，$P_e$ 为均衡价格，$Q_e$ 为均衡数量。当市场价格偏离均衡价格时，市场上会出现需求量和供给量不相等的非均衡状态。一般说来，在市场机制的作用下，这种供求不相等的非均衡状态会逐步消失，市场价格会自动地回复到均衡价格水平。

当市场价格高于均衡价格时，市场出现供大于求的服务过剩或超额供给的状况。在市场自发调节下，一方面需求者会通过压低价格来得到所要购买的服务量；另一方面供给者会减少服务的供给量。这样，该服务的价格必然下降，一直下降到均衡价格的水平。当市场价格低于均衡价格时，市场出现供不应求的服务短缺或超额需求的状况，同样在市场自发调节下，一方面需求者会提高价格来得到所需要购买的服务量；另一方面供给者会增加服务的供给量。这样，该服务的价格必然上升，一直上升到均衡价格的水平。由此可见，当市场价格偏离时，市场上总存在着变化的力量，最终达到市场的均衡或市场出清。

## 二、均衡值的变动

服务的均衡价格是由该服务市场的需求曲线和供给曲线的交点所决定的。因此，需求曲线或供给曲线的位置移动都会使均衡价格发生变动。下面说明三种移动对均衡价格以及均衡数量的影响。

### （一）服务需求变动对均衡价格的影响

服务供给不变，需求发生变动。假设供给状况不变，但由于（比如说）人们对该服务的嗜好加强了，或者收入提高了，或者与之互为替代的其他服务价格的提高，以致人们对于该服务的任意价格下的需求量较之前增加，这就是说，需求状况发生了变化，这表现为需求曲线 D 向右上移动。这说明，服务需求增加会使需求曲线向右平移，从而使得服务均衡价格和服务均衡数量都增加，服务需求减少会使服务需求曲线向左平移，从而使得服务均衡价格和服务均衡数量都减少，如图 4 - 8 所示。

### （二）服务供给变动对均衡价格的影响

需求不变，供给发生变动。假定服务的需求状况不变，但由于技术水平的提高，或者生产要素的价格降低，而使得供给状况发生了变化，这表现为供给曲线向右下方移动。这说明，供给增加会使供给曲线向右平移，从而使得均衡价格下降，均衡数量增加；供给减少会使供给曲线向左平移，从而使得均衡价格上升，均衡数量减少，如图 4 - 9 所示。

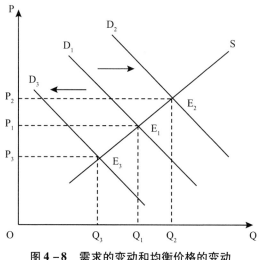

图 4 - 8 需求的变动和均衡价格的变动

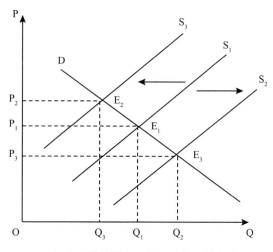

图 4 - 9 供给的变动和均衡价格的变动

## （三）需求和供给同时发生变动

需求和供给同时发生变动，商品的均衡价格和均衡数量的变化是难以肯定的。因为两者存在变动方向相同、变动方向不同，变动程度相同、变动程度不同，以及需求变动的比例大于还是小于供给变动的比例等多种情况，而不同情况均可能对均衡价格产生不同影响，这要结合需求和供给变化的具体情况来决定。以图4-10为例进行分析。

在需求与供给同时增长的情况下：

若需求增长的幅度大于供给增加的幅度，最终的均衡价格上升。

若需求增长的幅度小于供给增加的幅度，最终的均衡价格下降。

若需求增长的幅度等于供给增加的幅度，最终的均衡价格不变。

在需求与供给同时减少的情况下：

若需求减少的幅度大于供给减少的幅度，最终的均衡价格下降。

若需求减少的幅度小于供给减少的幅度，最终的均衡价格上升。

若需求减少的幅度等于供给减少的幅度，最终的均衡价格不变。

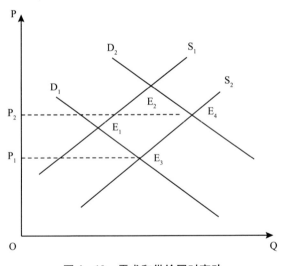

图4-10　需求和供给同时变动

综上所述，可以得出供求定理：在其他条件不变的情况下，需求变动分别引起均衡价格和均衡数量的同方向的变动；供给变动分别引起均衡价格的反方向的变动和均衡数量的同方向的变动。需求和供给同时发生变动，则商品的均衡价格和均衡数量的变化是难以确定的。这要结合需求和供给变化的具体情况来决定。

## 思考题

1. 什么是服务需求、服务供给？

2. 影响服务需求和服务供给的因素有哪些？

3. 什么是服务的供给曲线？影响服务需求和服务供给的因素分别是如何影响服务需求曲线和服务供给曲线的？

# 第五章　生产性服务业与消费性服务业

　　服务业是一个门类复杂、性质各异的综合产业部门。按照服务产出使用者的性质，可以将其划分为生产性服务业、消费性服务业以及社会公共服务业三大门类。其中，生产性服务业是现代服务业最积极、最重要的组成部分。与生产性服务业作为中间投入不同，消费者服务业属于最终需求性服务业。消费者服务业也是民生服务业，它所提供的服务产品的丰富性和高质性直接影响居民的幸福指数的高低，也反映了国民经济的发展水平。我们将通过区分服务业发展门类，重点分析生产性服务业与消费性服务业，这一分析将有助于我们找到推动服务业发展的进步空间。

## 第一节　生产性服务业

### 一、生产性服务业界定与特征

#### （一）生产性服务业的界定

　　生产性服务业即主要为满足商品和服务生产提供中间投入的服务行业，是指从企业内部生产服务部门分离和独立发展起来的，主要为生产经营主体而非直接消费者提供的服务。

　　生产性服务业的界定是基于对服务业或服务部门的"功能性分

类"，后经过布朗宁（Browning，1975）等经济学家的发展而得到深化。如果服务能够像有形商品那样被区分为资本品和消费品，则生产性服务无疑是作为资本品的服务，而消费性服务则是作为最终消费品服务。OECD 对生产性服务有明确的界定，即主要包括商业与专业服务、金融服务、保险服务以及房地产行业。

上海市统计局在《国民经济行业分类与代码》（GB/T 4754—2011）的基础上，2013 年首次对生产性服务业进行了分类，结合企业从事经济活动的特点，将生产性服务业划分为农业服务、制造维修服务、建筑工程服务、环保服务、物流服务、信息服务、批发服务、金融服务、租赁服务、商务服务、科技服务及教育服务共 12 个类别，涉及 32 个大类、104 个中类及 199 个小类，将原来归入第一产业的"农林牧渔服务业"和归入第二产业的"金属制品、机械和设备修理业""建筑安装业""污水处理及其再生利用"等都列入了生产性服务的范畴。根据国家统计局发布的《生产性服务业统计分类 (2019)》，生产性服务业包括为生产活动提供的研发设计与其他技术服务，货物运输、通用航空生产、仓储和邮政快递服务，信息服务，金融服务，节能与环保服务，生产性租赁服务，商务服务，人力资源管理与职业教育培训服务，批发与贸易经纪代理服务，生产性支持服务十大领域。生产性服务业统计分类采用线分类法和分层次编码方法，将生产性服务业划分为三层，分别用阿拉伯数字编码表示。第一层为大类，用 2 位数字表示，共有 10 个大类；第二层为中类，用 3 位数字表示，共有 35 个中类；第三层为小类，用 4 位数字表示，共有 171 个小类。

事实上，要将生产性服务与其他类型的服务业完全区分开来是非常困难的。因为从行业层面来看，有些服务业是同时作为中间投入和最终消费的，我们无法在行业层面上将两者完全区分。例如，金融服务业，有部分是作为消费性服务面对最终消费者的，而有部分则是为其他行业提供中间服务。再如交通运输服务，既可以看作是生产性服务业（因为企业需要），也可以看作是消费性服务业（因为一般消费者也需要），只不过不同服务行业的侧重点有所不同而已。这也意味着生产性服务业的行业划分与界定在实际统计中是个难点。①

程大中（2008）进行的国际比较中，考察了生产性服务到底是哪些部门提供的，以此确定生产性服务的类别。在整个服务业提供的生产性服务中，房地产、租赁和其他商务活动所占比重最高，平均达30.82%，而美国的这一比重又是最高的，达40.3%。接下来依次为批发零售贸易与修理、金融保险业、运输与仓储、邮政与电信等。就中国而言，商业饮食业所占比重最高（35%），其次是运输邮电业（27.3%）、公用事业及居民服务业为19.3%，金融保险业仅占12.6%，包含专业服务、综合科技服务等的未分类的其他服务业占5.9%。这说明当前中国的生产性服务投入大多是由劳动密集型产业部门提供的，而带有较高技术、知识与人力资本含量的生产性服务投入规模则相对较小。但在OECD经济体，资金、技术和人力资本含量较高的生产性服务投入（如房地产、租赁和其他商务活动，计算机及其相关活动等）所占比重最高。

程大中（2008）还利用服务业资本品比率衡量服务部门的生产性服务特质。他认为，服务部门总产出中的一部分是作为其他部门的中间服务投入而重新进入生产过程的，这一作为中间投入的服务产出占服务部门总产出的比重称为服务资本品比率，反映服务部门的生产资料特性。比较资本品比率有助于辨别服务部门的生产性服务性质，即资本品比率越高则该服务部门就越具有生产性服务的性质；相反则越具有消费性服务的性质。13个OECD经济体的生产性服务平均比重超过50%的部门从高到低依次为金融保险业、邮政与电信、计算机及其相关活动、运输与仓储、房地产、租赁和其他商务活动。中国的生产性服务比重超过50%的部门从高到低依次为运输邮电业、金融保险业、商业饮食业、公用事业及居民服务业。

① 刘志彪等：《现代服务经济学》，中国人民大学出版社2015年版。

## （二）生产性服务业的特征

刘志彪（2006）指出，现代生产性服务业是指那些依靠高技术和现代管理方法，经营方式及组织形式发展起来的，主要为生产者提供中间投入的知识、技术的信息密集型服务部门。其核心是高级生产性服务，如金融服务、商务服务、信息技术与通信服务、教育培训服务、物流服务、旅游服务、外贸服务以及一部分被新技术改造过的传统服务等。简单来说，现代生产性服务业就是指那些包括服务企业在内的其他企业提供服务投入品的生产部门，该部门具有以下显著特征：

（1）中间投入性。在投入产出的产业链上，该部门的产出是其他企业的中间投入，它的营业收入就是其他企业的投入成本，计入被服务企业的会计成本的服务投入，就是生产性服务业。

（2）产出的无形性。与制造业不同，在产出的形态上，该部门的产出为无形的服务产品。必须注意的是，说它无形也是相对的，如科研劳动要消耗实验材料、仪器设备、电脑、电力等，产出的知识以图书、论文、磁盘、软件、专利等形态存在，它们也具有特定的物质性。

（3）知识技术密集性。在产业活动的内容上，由于该部门的生产活动需要消耗或投入巨大的脑力劳动，因此其产出中含有丰富、密集的人力资本，该部门是把知识、技术、技能和人力资本带入商品部门生产的"飞轮"。

（4）报酬递增性。从成本收益看，该部门具有高固定成本、低边际成本的投入性质，因此属于报酬递增的产业部门。最典型的是软件生产活动。第一张软盘的生产成本几乎是前期投入的全部固定成本，但是后续批量化生产的软盘的边际成本几乎趋于零，由此其生产随规模增大而出现报酬递增。

（5）高度的差异性。在生产同服务的同类厂商中，其产品品质因人力资本投入水平的差异，会表现出巨大的差异，这是生产性服务业的重要特性之一。产出之间的差异不是用物理性质衡量，而是由使用该服务的厂商心理感觉和主观评价所决定。心理感受和主观评价影响服务需求，品牌在这个产业的生存发展中起决定性作用。

（6）高进入壁垒性。对服务的理解以及服务文化的差异，构成现代生产性服务业最大的进入壁垒和障碍。中国服务企业想进入国外的服务市场，如果对当地居民和企业的文化没有深刻地了解和理解，要"走出去、走上去、走进去"，是根本不可能的。同理，外国服务企业进入中国服务市场也往往要通过本地化雇佣等手段，来适应复杂的中国企业文化。

## 二、生产性服务业发展趋势

### （一）生产服务比重逐渐上升

配第、克拉克、库兹涅茨等早期学者曾提出了三次产业演化规律，其中的重要结论是，在经济发展到一定阶段之后，第三产业所创造的国民收入所占比重和吸纳劳动力所占比重都会呈上升态势。但由于受其所处经济发展阶段的局限，他们并没有涉及在服务业内部的进一步演化规律，而"生产服务比重上升规律"正是三次产业演化规律的拓展与深化。

统计研究发现，在服务业当中，生产服务的比重则呈明显上升态势。分析生产性服务比重的明显上升，有两个方面原因：一方面，社会专业化分工的不断深化与泛化，必然引发生产性服务从制造业当中逐渐外部化（或垂直分离）出来，从而实现社会化、市场化与专业化发展；另一方面，经济服务化趋势的日益显著与知识经济的日趋增强，必然会引致出对人力资本、知识资本密集的生产性服务的越来越大的市场需求。在需求导向型的市场经济条件下，需求的增长自然会引发生产性服务的发展。若从微观机理上进一步剖析，则是由于消费者对商品和服务种类的更多需求，触发了生产性服务业的快速发展与地位的日益凸显。[①]

---

①  韩朝亮、韩平：《服务经济学：现代观点》，经济管理出版社 2018 年版。

## （二） 生产要素逐渐演变与升级

生产性服务业的发展是一种渐进的、不断深入的过程，其依托的生产要素也在不断地演化和提升。在早期，生产性服务的内容相对简单，通常只要具有简单劳动能力的人员就能完成，如清洁、保安等简单的生产性服务。在当今这个时代，更多的是以高技术和高技能为基础的服务。这就决定了它在生产过程中蕴含了丰富的人力资本与知识资本。

由于生产服务的要素依赖性由简单的劳动力逐渐转移到了劳动技能、人力资本、知识资本，所以，生产性服务业的成长和发展是一个资本深化的过程。只不过这里的资本不只是物质资本，还包括更多的人力资本知识资本这样的新型资本。大量的人力资本和知识资本的投入才会有更多的知识资本和人力资本的产出。只有这样，经营效率、经营规模以及其他要素的生产效率才能得以提升，因此整体生产效率也会随之提高。按照奥地利经济学派的理论，资本深化进程的一个显著特点就是与其相联系的产品转移与专业分工的强化。而生产性服务业的增长和发展，则是这种观念的当代版本，其自身既包含了强化生产迁移性，也包含了专业分工的深刻内涵，并伴随着新资本、知识资本的不断深化，呈现出更强的专业化特征。

## （三） 生产性服务业呈现地理集中与集聚规律

世界城市理论假设在经济全球化背景下，世界性城市已成为全球经济运行中的指挥和控制中心。一个世界性城市的经济结构由该城市在世界城市体系中的功能所决定。其中一个特别重要的现象是生产性服务业的增长，它已经成为带动世界性城市经济发展的主导产业部门。研究显示，生产性服务，特别是 APS，在地理上越来越表现出集中与集聚的发展趋势，且集中的地点大都是大城市的某一区域。如很多发达国家的大城市中心区都已成为跨国公司总部和银行、保险、营销、法律与管理咨询等生产性服务业高度集中的地区，成为协调全国乃至全球生产的指挥和控制中心。同时，在过去 20 年中，包括银行、信托、保险、会计、法律和管理咨询、广告等市场营销在内的生产性服务业，也已成为发达国家城市发展最迅速的行业，形成了所谓的 CBD地区。这种 CBD 地区的形成对提升城市价值和增强现代城市的功能无疑具有不可替代的作用。

从理论上分析，生产性服务业集聚的动力不仅包括共享基础设施、节约运输成本等静态集聚效应，更多的还包括获取有利于技术和知识的创新、传播等动态集聚经济效应。具体来说，原因主要包括四个方面：第一，出于关键性投入要素（人才）的可获得性和信息、知识获取、更新与交流的便捷性考虑。大中城市是科研院所云集、高中级人才最为集中也是最为向往的地方，同时也是各种知识和信息的交会中心。由于生产性服务是人力资本、知识资本高度密集型行业，因此，为了保证其关键性生产要素的可获得性与便捷性，在空间布局上必然会选择人才较为集中的大中城市作为其主要的落脚地。而且，生产性服务很多都是强调创新与创意的行业，因此，前沿信息的及时跟踪以及与同行企业或关联企业间的沟通与交流，对行业发展也是至关重要的，而向城市集聚显然有助于达到这样的目的。第二，为了更方便地接近目标客户降低需求双方的交易成本。大中城市是公司总部较为集中的区域，也是决策权相对集中的地方。生产性服务在区位上选择大中城市，既可以极为便利地接近自己的目标客户，同时也可以通过提供百货商场式的生产性服务降低被服务需求方的搜寻时间与成本，从而通过外部规模经济而达到降低交易费用之目的。第三，政府的事后调节与政策引导也是重要原因。虽然生产性服务的集聚起初具有相当的偶然性，但是，政府适应这种需求而进行的事后调节与政策引导，又会进一步促使其在特定区域的集聚。第四，制造业的集聚式发展也是生产服务业集聚的重要原因，因为制造业是生产服务的重要需求对象。

### （四）生产性服务业呈现外包趋势

外包就是指企事业单位或政府部门把原来由内部提供的生产性服

务转化为从外部专业市场购买，来满足其需求的过程。这一过程在产业组织理论当中也叫垂直分离，实质上这也是社会专业化分工深化与泛化的一个表现。究其原因，主要存在如下一些激发生产性服务外化的因素：第一，从成本和效率的角度出发，企业从外部专业市场购买生产性服务，往往比内部直接提供具有更低的成本、更高的效率。企业可以减少工资、福利和资本方面的支出。第二，外包化可能是由知识资源的缺乏所激发的。毕竟，生产性服务的功能随其劳动中所包含知识的专业化程度而不同，有的服务，如法律、工程技术或者投资银行业都涉及高度专业化的知识。如果企业内部并不具备足够的生产能力，那么外部化便是可行选择。这里的外部对外包企业的内部生产能力起到了一种增加或者补充的作用。第三，规制因素。把政府的规章条例应用于企业活动的各个层面也增加了对生产性服务的需求，如会计、法律服务和保险等。在有些情况下，政府规制可能要求一定的生产性服务，例如财务审计，由独立的企业来提供。在其他情形下，法律规制则通过上面提到的一个或者几个因素，对外部化起到了刺激作用。

### （五）生产性服务业出现垄断竞争的趋势

生产性服务业兼具垄断和竞争行业的双重特质。一方面，生产性服务本身是同类但又不同质的差别化产品。虽然不同企业可以提供相同类型的生产性服务，相互间构成近似替代品，但是，服务本身的产业特性，又决定了它们不可能是完全替代品。首先，服务这种特殊产品在购买之前很难辨别其质量高低；其次，生产性服务的供给本身是一种个性化生产，而不像很多工业产品那样，是一种大规模大批量的标准化生产。它们多是针对特定客户的个性化需求而专门提供的，有的甚至直接就是"量体就衣"式的定制化生产。因此，差异化是生产性服务的基本属性。最后，生产性服务企业所面对的并不是完全竞争条件下的水平需求曲线，而是一条向右下方倾斜的需求曲线。也就是说，当一个企业提高其产品价格时，固然会失去些顾客，但绝不会失去全部顾客。这便意味着生产性服务企业像垄断行业的企业一样，对自己产品的定价具有一定的控制能力，只不过它的市场势力是相对有限的，而不像完全垄断厂商那么强大。

另一方面，除了原先一些国家垄断性的服务行业，如金融、电信等之外，生产性服务业在很多方面又非常类似于完全竞争行业。第一，生产性服务行业中有大量"小"企业在竞争。其中，每一个企业的市场份额都还没有占到支配地位，因而对市场价格的影响力十分有限，所以，各企业都把其他企业的价格视为既定；同时，企业也只需要对平均的市场价格保持敏感性，而不用特别注意每一个个别竞争对手的价格行为。此外，由于企业数量较多，因此勾结往往也是不太可能的。第二，由于同类产品的产品差异不是根本性的，因此，企业之间仍然是可以竞争的。第三，企业进入与退出虽然存在一定的壁垒，但还是比较自由的，因此，不能获得长期的经济利润的原因是：当企业获得经济利润时，新企业就会进入该行业，从而降低价格，并最终消除经济利润；当出现经济亏损时，一些企业便会离开该行业，因而提高价格、增加利润，并最终消除经济亏损。所以，在长期均衡时，企业既不进入也不离开该行业，该行业中企业获得零经济利润。

**知识拓展 5-1**

## 美国硅谷高新技术产业集群服务体系

美国硅谷地区是目前世界上最具创新能力的高技术产业集群，其全球领先的技术包括生物技术、网络信息化、半导体、通信等，集聚了一大批如微软、英特尔、雅虎等世界知名企业。这个产业集群的成功，与为其提供各种专业化服务的生产性服务业发展密不可分。

大学和研究机构提供人力和智力支持。硅谷中有斯坦福大学、加州大学伯克利分校等大学及相关研究机构，其中斯坦福大学发挥着重要作用。斯坦福大学与产业界合作开展大量的科研项目，为硅谷的技术创新提供了大力支持：向硅谷输送高水平的毕业生，为硅谷高科技创新活动提供了强大的人力资源；为已参加工作的工程师提供在职研究生培训课程；斯坦福大学的教授和学生直接参与创办企业等商业活动，如做兼职咨询顾问等。风险投资产生资金"放大器"和企业"孵化器"效应。硅谷是美国风险资本活动的主要中心，这里孕育和催生了一大批如今赫赫有名的高科技公司，如亚马逊、英特尔、思科和美国 DEC 公司等。

风险投资在硅谷高科技成长的过程中发挥了三方面作用：一是具有投资放大器的功能，为硅谷科技成果转化和产业化提供急需资金；二是具有企业孵化器的功能，利用自身的经验、专门知识和社会关系网络帮助高新技术企业提高管理水平和开拓市场，提供增值服务；三是具有市场筛选的功能，经过严格的项目评估选取优质商业计划书，培育了硅谷的整个高技术产业群。

资料来源：摘编于中国社会科学院工业经济研究所：http：//gjs. cass. cn/kydt/kydt－kycg/201905/t20190529_4908698. shtml。

### 三、生产性服务业与制造业融合发展

生产性服务业与制造业之间有着密切的关系，主要表现为：

第一，生产性服务业与制造业之间有着紧密联系且不断从制造业中分离出来。制造业是生产性服务业的"生身父母"，后者独立出来以后，在市场需求的驱动下，其服务业坏节进一步分化，细化为独立的服务行业，并不断呈现规模化发展趋势。需要指出的是，生产性服务业以制造业为基础，并不意味着一个国家（尤其是大国经济）的某个地区一定要先发展起强大的制造业，然后才能发展服务业。一个国家可以以地区间的专业化协作和分工解决这种生产力配置的问题。众所周知，苏州是举世闻名的世界最大制造业基地之一，2022 年规上工业总产值已达 4. 36 万亿元。然而"鲜为人知"的是，苏州也是一座朝气蓬勃的服务业重镇。在 2022 年苏州创造的 2. 4 万亿元 GDP 中，服务业

独占 1.22 万亿元，已然覆盖城市新增财富的一半以上。苏州正不断推动生产性服务业和制造业融合发展，召开数字经济时代产业创新集群融合发展大会，明确了要全力推动现代服务业同先进制造业的深度融合——苏州要把制造业和服务业作为产业创新集群发展的重要方向，以 C 端和终端为重点，大力引育生态主导型企业；与此同时，全力推动龙头企业牵头组建创新联合体，培育更多"专精特新"和"小巨人"企业，不断激发产业创新集群发展的内在动力。另外，为了满足市场需求和提高生产效率，许多企业开始设立独立的专业化服务公司。这些公司提供从产品设计、生产工艺咨询到物流和售后服务等一系列服务。除此以外，值得一提的是，现代服务业作为使用信息技术的服务部门，可以向社会和市场提供附加值更高的服务业，而且更环保、能耗也更小，属于资金密集型和智慧密集型产业。[①]

第二，作为知识性投入，生产性服务业规定着制造业技术水平、竞争力和效率，在"微笑曲线"中，生产性服务业作为高端的知识性投入，规定着生产过程的技术水平和国际竞争力，以全球价值链高端治理者的角色，控制加工制造装配生产过程，并由此决定价值链贸易的收益分配，获取高端收益。因此，所谓的产业升级或攀升价值链高峰，就是要向其两端不断地升级。当下，随着数字经济的不断发展，物联网、数字化、通信技术和制造业融合的步伐不断加快，推动构建数字化定义、数据驱动、平台支撑、服务增值、智能主导的新型制造体系。数字化制造体系，跟以往最大的不同是数据驱动，人、产品、系统、资产、设备、机器建立了实时、端到端、多向的通信和数据共享。而物联网产生的各类感知数据，使企业能够为客户提供动态、个性化的智能服务。这些服务与传统售后服务的本质区别在于其通过物联网收集到的数据，以更加动态的方式实时、持续地分析并预测客户需求，根据分析结果自动对服务进行优化和调整，甚至能自动地适应环境，自主决策，为客户带来高度的个性化体验。制造业采用"物联

---

① 刘志彪等：《现代服务经济学》，中国人民大学出版社 2015 年版。

网＋"向智能服务转型的过程中，企业根据实际需求，在不断地尝试应用—数据反馈—优化迭代的进程中探索物联网融合制造业的价值。

第三，在空间上，生产性服务业与制造业具有协同定位的趋势。制造业中心往往有大城市集聚的服务业作为支撑。生产性服务业的中间投入特性、面对面服务的质量要求、降低服务成本等因素，驱动企业选择协同定位。引力模型可以作为描述两者协同定位的方法之一。随着制造业的发展，生产性服务业也随之蓬勃发展。例如，制造业中心城市成为了大型物流和货运企业的总部所在地，提供物流配送、仓储和供应链管理等服务。此外，各类技术服务公司、市场营销机构、金融和法律咨询公司也纷纷进驻这些城市，为制造业企业提供支持和专业服务。这种协同定位的模式使得制造业企业能够更加便捷地获取所需的服务支持，从而提高生产效率和产品质量。同时，生产性服务企业也能够利用制造业的需求，发展壮大自己的业务，并提供与制造业相互融合的解决方案。这种双向互动促进了整个地区经济的发展。

第四，高级生产性服务业（APS）的外商直接投资（FDI）具有追随本国下游制造业 FDI 的倾向。APS 需要频繁地与所服务的客户交流，难以直接出口，所以服务贸易往往是通过 FDI 实现的。服务业跨国企业很难在初始阶段就吸引到东道国本地客户，而本国的制造业 FDI 企业可能已经熟悉其服务，信息、文化等障碍的存在，使外国客户在购买服务前很难评估其服务质量，即生产性服务业是经验产品而不是观察性产品，容易发生道德风险。故本地客户一般倾向于购买他们所熟悉的服务提供商所提供的服务。反之，从 FDI 投资国出来的制造商，也会倾向于选择来自本国服务业 FDI 企业的服务。

第五，制造业在生产性服务业集聚的带动下在全球价值链治理体系下向中高端跃升，对于中国制造业由生产型制造向服务型制造转型具有重要意义。学者刘奕等（2017）从产业空间协同视角切入，通过对成本剩余和收益剩余的分析，提出了一个外部因素通过生产性服务业集聚作用于制造业升级的理论分析框架，创新性地使用基于偏最小二乘估计的结构方程模型（PLS - SEM），并利用 2005 ~ 2013 年中国地级及以上城市样本数据，对生产性服务业集聚与制造业耦合过程中外部因素的链条联系和传导路径进行了实证检验。研究结果证实了生产性服务业集聚特别是支持性服务业集聚与制造业升级之间高度关联、融合促进的内在联系；社会创新体系、综合交易成本、需求规模通过生产性服务业集聚间接作用于制造业升级，要素禀赋与政策环境也会对制造业升级产生正向的直接影响。依托生产性服务业集聚推进制造业升级，应积极推动支持性生产性服务业集聚，引导制造企业剥离生产性服务业；鼓励区域中心城市生产性服务业发展；促进生产性服务业集聚同制造企业的紧密联系以及同第一知识基础的有效对接，减少行政管制、降低准入门槛。

我们重点考察制造业对生产性服务业的影响问题。严格来说，这种影响是通过需求拉动来实现的。制造业发展增加了对生产性服务业的市场需求，从而拉动生产性服务业发展。这主要可以从生产性服务业规模的扩大以及服务质量和效率的提高这两方面来体现。

一方面，制造业发展带来的需求扩大了生产性服务业发展的规模。在工业化早期，由于制造业本身规模较小，因此无法形成对生产性服务业较大的需求，外部服务提供商缺乏生存空间。因此，在这种情况下，大多数企业都倾向于自我服务，即普遍追寻"大而全、小而全"的发展模式，尤其是一些市场经济不发达的国家，通过构建企业集团来实现管理总部为其内部企业提供所需要的服务，如融资、管理咨询、法律等。因此，生产性服务往往隐含在制造企业内部。在这种情况下，不仅生产性服务业被明显低估，而且也会使外部小规模服务提供商缺乏市场和竞争力，从而无法形成专业化的服务市场。随着制造业发展水平的提高，生产性服务业的市场空间越来越大，市场容量的扩大使专业化分工进一步加剧，并逐步脱离制造业而形成独立的产业。巴格瓦蒂（Bhagwati, 1984）发现，生产过程在国内和国际都在不断地分化，因此原来在制造业内部的生产性服务业现在正逐渐分离出来，从而导致生产性服务业比重不断增加。更重要的原因是制造业的结构转型，使得生产过程中对中间性服务性投入的需求也越来越多。他进一步指出，信息技术和通信业的发展在这种分化中起着重要的作用。此后更多的研究者佛朗索瓦、罗森和拉马斯瓦米（Francois，1990；Rowthorn and Ramaswamy，1999）也支持了他们的结论，认为制造业作为生产性服务业发展的中间需求对生产性服务业发展起着非常重要的作用。

另一方面，制造业产业特性差异以及竞争力提升的内在要求也有助于提高服务质量和服务效率。格雷里里和梅利恰尼（Guerrieri and Meliciani，2005）指出，不同的制造业特性对生产性服务业的要求也具有较大的差异性。他们的研究认为，一些技术密集和知识密集型的制造业企业，如计算机通信、电子设备、化学工业和医药制造业等，对生产性服务业的需求更多，尤其是金融保险和商务服务等；而另外一些劳动密集型制造业，则对服务的需求相对较少。这也就意味着，随着制造业技术水平的不断提高，对于高端服务的需求也日益增加，从而为高端服务提供了更多的市场，因而有助于服务提供企业提高其服务质量和水平；而一些劳动密集型企业，随着市场竞争程度的增加，也需要在全球价值链中提升其国际竞争力，因而也需要增加高级要素投入来提高其生产率，这也促进了生产性服务业整体水平的提高。整个经济的运行也为服务产品质量提高和效率提升奠定了基础。制造业的发展使社会专业化分工更细，使规模经济变得可能。可编码的、标准化的服务活动随着规模扩大成本不断降低，因此生产性服务业自身的效率也得到了极大的提高。

**知识拓展 5-2**

### 一鸣食品股份有限公司推动"两业融合"实现高质量发展

浙江一鸣食品股份有限公司创办于 1991 年，自创办以来不断整合和延伸产业链条，推进乳业全产业链现代服务业和先进制造业深度融合，实施"三产接二连一"发展战略，已成为一家集奶牛养殖、乳制品与烘焙食品生产、冷链物流、连锁经营、牧场旅游于一体的全产业链融合发展企业，于 2020 年上交所主板挂牌上市，获"省新零售示范企业""省物流创新发展试点""省科学进步奖"等荣誉。

1. 深度推进智能制造，打造"未来工厂"

一鸣根据乳品深加工和烘焙食品加工特点，打造健康卫生和全自动化的生产工艺系统，引进世界先进的设计理念和加工设备，实现整线全自动控制，乳品车间基本实现无人化，产品实现全密闭高效生产，乳品生产自动化程度、设备集成水平、生产效率水平、物料利用率水平行业领先。一鸣在智能工厂建设基础上，进一步对自动控制、智能感知、人机交互、大数据决策执行和全供应链协同等技术进行深度融会贯通，构建精益柔性的生产智能管控平台、高效协同的经营管理平台，完善产品质量追溯系统，深化供应链、客户关系管理，构建基于大数据的服务新模式，精准洞察市场需求。

2. 整合供应链体系，建设工业互联网平台

为了打通"产品研发—原料采购—生产制造—质量管控—物流配送—终端销售"等各个环节之间的链路，实现从牧场管理、奶源控制、生产加工、冷链运输到销售服务全过程的数字化、网络化，达到全产业链的智能化升级目标，一鸣与 IBM 合作实施"智慧一鸣"信息化项目，通过整合公司全产业链中的奶源基地、供应商、集团及分子公司、物流公司、销售公司、分销商、连锁门店、自动售货机等各类信息，充分挖掘产品研发设计、生产制造、运营管理、营销网络体系等数据资源，打通全产业链数据通道，建设"一鸣全产业链工业互联网平台"，推动产业链资源要素优化配置和高效运转协同，大大提升企业上下游产业链协同能力，实现产品从源头到终端的全过程追溯管控。

3. 线上线下融合，建立全景覆盖营销体系

公司结合"连锁门店""现场制作"模式的优势，在全国首创乳品、烘焙、米类等食品相结合的"一鸣真鲜奶吧"商业模式，将食品制造企业传统的"中央工厂＋批发经销"经营模式发展为新型的"中

央工厂＋连锁门店"零售模式，实现了短保质期新鲜食品的兼营销售，建立了独具特色、可复制推广的奶吧标准化服务商业模式，目前全国门店达 2000 余家。2017 年推出新零售模式"牛奶盒子"，无人值守的自动售卖机替代了传统的奶箱订奶模式，为消费者提供更加方便快捷的服务。一鸣积极拥抱电商平台，通过微信小程序、抖音电商、美团、饿了么、淘宝直播等数字化营销手段，提升产品的终端销售表现力，形成全场景全覆盖的销售体系。

资料来源：温州市发改委：《两业融合 | 典型案例之十：一鸣食品股份有限公司打造全产业链融合发展模式助力企业全领域发展》，温州市发展和改革委员会的官方订阅号，https：//mp. weixin. qq. com/s? __biz = MzI1NDIzMzAxNA = = &mid = 2 247502433&idx = 2&sn = 0a0ad197fe867f34283519001b864de8&chksm = e9cadab8debd5 3ae24d085704dd09cc17d04e828d910e72dbfdf316fa415d836c41406c01bf6&scene = 27。

# 第二节　消费性服务业

## 一、消费性服务业界定与特征

### (一) 消费性服务业定义

消费性服务业是指为最终消费者提供服务的各种企业、机构、组织等。消费性服务作为国民经济的重要行业，在社会经济生活中正日益发挥越来越重要的作用。中国在"十一五"规划中首次提出消费性服务的概念。"十一五"规划指出，为适应居民消费结构升级趋势，继续发展主要面向消费者的服务业，扩大短缺服务产品供给，满足多样化的服务需求，重点发展商贸服务业、房地产业、旅游业、市政公用事业、社区服务业和体育产业。"十二五"规划中改成"生活性服务"的提法。"十二五"规划中指出，要"大力发展生活性服务业，面向城乡居民生活，丰富服务产品类型，扩大服务业供给，提高服务质量，满足多样化的需求"，要重点发展商贸服务业、旅游业、家庭服务业、体育事业和体育产业等。"十三五"规划建议提出扩大服务消费，带动消费结构升级。"十四五"规划中明确建议，发展服务消费，放宽服务消费领域市场准入。[①]

### （二）消费性服务业的特征

根据 2015 年《中国统计年鉴》的"指标解释"，消费性服务支出指的是用于支付社会提供的各种文化和生活方面的非商品性服务的费用。现有的研究在分析服务性消费时，通常计算了医疗保健、交通和通信、教育文化娱乐和其他服务这四大类别。研究发现，在其他物质产品消费中的细分类别中，也有非物质的消费性服务支出，例如食品消费中的有店加工服务费，衣着消费中的衣着加工服务费，以及家庭设备用品及服务中的家庭服务等。因此我们对此进行了整理，并考虑到统计数据的可获得性，将消费性服务支出定义为如下八大类：食品加工服务费、衣着加工服务费、居住服务、家庭服务、医疗保健、交通通信、文化娱乐与教育服务、其他服务费。

消费性服务业的特征在于提供服务而非物质产品，如餐饮、旅游、娱乐等。消费性服务业的特点在于它的核心是服务体验。服务提供者需要关注各个环节，从接待客户到提供个性化建议，从提供舒适的环境到解决客户问题，以确保客户享受到良好的服务体验。服务质量、服务态度和及时响应都对顾客满意度和忠诚度产生重要影响。服务性质的特点也要求服务提供者具备一定的专业知识和技能。他们需要了解行业趋势、掌握服务技巧，并与客户建立良好的沟通和互动。通过不断提升服务质量和不断适应客户需求的变化，服务提供者可以建立良好的声誉和品牌形象，从而促进业务的增长和发展。

消费性服务行业的特征包括：

---

① 刘志彪等：《现代服务经济学》，中国人民大学出版社 2015 年版。

（1）服务个性化。消费性服务业的服务对象多为个人，因此服务更需要针对个体需求进行个性化定制。消费性服务业之所以需要个性化定制服务，是因为消费者往往具有不同的喜好、需求和习惯。服务提供者需要根据消费者的个体差异提供量身定制的服务，例如，在餐饮业中，顾客可能有特殊的膳食要求，需要提供特别的餐点；在旅游业中，顾客可能希望定制特定行程，体验独特的旅行方式。通过提供个性化服务，服务提供者可以增强顾客的满意度和忠诚度。

（2）行业门槛低。相对于制造业及其他行业，消费性服务业的门槛较低，容易进入。虽然创业者需要考虑到一些法律和行业规定，但相对来说，建立一个餐馆、旅行社或娱乐场所等消费性服务业企业相对容易。这就意味着市场上存在着大量的服务提供者，竞争较为激烈，创业者需要找到差异化的竞争优势来脱颖而出。

（3）竞争激烈。由于行业门槛低，消费性服务业内竞争较为激烈。服务提供者需要不断提升服务质量、创新服务模式以及营销手段来吸引和留住客户。在激烈的竞争环境下，服务提供者还需不断关注市场变化，了解消费者需求的变化，灵活调整经营策略，以保持竞争优势。

（4）劳动密集型。消费性服务业为劳动密集型行业，其生产过程需要大量的人工参与。例如，在餐饮业，厨师需要准备食材并进行烹饪，服务员需要提供优质的餐饮服务；在旅游业，导游需要提供专业的解说和服务，接待员需要处理游客的需求；在娱乐业，演员、工作人员需要为观众呈现精彩的表演。由于服务质量和体验直接依赖于人工参与，消费性服务业需要招聘、培训和管理大量的员工。这意味着服务提供者需要投入资源来确保员工素质和技能，以提供高质量的服务。同时，劳动密集型也带来了劳动力成本的考量，服务提供者需要合理规划人力资源，确保员工工作环境和薪酬福利的合理性，以保持员工稳定性和工作效率。劳动密集型特征使得消费性服务业对人才的需求很高，也给就业市场提供了大量的就业机会。

（5）季节性强。消费性服务业由于受到节假日、天气等因素的影响，季节性较为强烈。例如，餐饮业可能在节假日和周末有更多的人流量，旅游业在旅游旺季会有较高的客流量，娱乐业可能在夏季和寒假期间会更为繁忙。因此，服务提供者需要根据季节性需求的变化及时调整运营策略，合理安排人力资源、管理库存和推出季节性促销活动，以应对市场需求的波动。

（6）口碑营销。相比于传统广告宣传方式，消费性服务业更注重口碑营销，通过提供优质服务赢得客户口碑。满足顾客需求，提供专业而友好的服务态度，解决问题并及时回应客户反馈，这些都是建立良好口碑所必需的。积极响应客户评价、利用社交媒体平台收集顾客反馈，并积极回应和处理负面评论等方式也是口碑营销的重要手段。通过良好的口碑传播，服务提供者可以吸引更多潜在客户，提升品牌形象和竞争力。

消费性服务业的发展也面临一些问题。冯建林（2004）认为，长期以来，消费领域中存在的重大认识缺陷就是"重物质性消费轻服务性消费"。夏杰长、毛中根（2012）指出，消费性服务业在居民总消费中的占比将会逐年提高，其优化消费结构和拉动内需的作用也日益显现。

生产性服务的发展主要依赖产业互动中制造业对其市场的支撑，而消费性服务因为直接面向广大消费者而更依赖于居民的国内消费需求。因此，提升国内消费需求是发展消费性服务业的关键。

市场需求对产业发展的影响主要是用来分析制造业竞争力和产业升级问题。格里利切斯（Griliches，1957）以美国杂交玉米为例，分析不同的市场需求条件对企业创新活动的影响。施穆克勒（Schmookler，1966）在此基础上提出了著名的施穆克勒—格里利切斯假说，即在市场化国家，某种商品所隐含的创新技术与该国的市场需求密切相关。帕维特（Pavitt，1984）指出，在新产品的市场推广阶段，消费者的需求、政府的公共采购以及其他企业和专家的需求是至关重要的。波特（Porter，1985）在进行行业分析时，提出了著名的五力模型（five forces model），其中重要的一个力量就是来自"购买者的力量"。波特指出，所有的公司都要密切关注顾客的需求，因为需求市场的差异性会导致在购买者力量、他们压低价格的能力以及影响产品质量水平方面都存在较大的差别。波特（1990）研究的每个产业中都能看到本国市场的影响力，他认为内需市场凭借其规模经济的影响力而提高效率。可见，需求对一个产业的发展有着非常重要的影响，内行而挑剔的消费者就是实际上的产品开发者。顾客不挑剔，产业升级的动力不足，企业往往缺乏创新动力。某些制造业产业，如纺织业、印刷业、电子及通信制造业、仪器仪表业等，都非常注重消费者的需求，尤其是消费者的潜在需求，这些行业中的超前的内行而挑剔的消费者（lead users）是产业创新的直接推动力，也是产业主动创新的方向。

目前对于市场需求与产业发展关系的研究，大多聚焦于制造产业，对服务业的研究相对较少，尤其是缺乏对消费性服务的研究。程大中和汪蕊（2006）表明，提高消费者的消费性服务支出会带来未来收益的稳定预期，能够促进服务业健康发展并实现整体经济的长期增长。

## 二、消费性服务业发展趋势

进入 21 世纪，随着国民经济的持续快速增长和人民生活水平的不断提高，消费性服务业也获得了快速的发展，主要呈下述发展趋势。

### （一）消费性服务业在消费结构中所占比重日趋上升

消费性服务业在消费结构中所占的比例与我国城乡居民恩格尔系数下降的趋势相一致，人们用于基本物质消费的比重呈下降的趋势，而用于消费性服务业的比重呈上升的趋势。根据联合国粮农组织提出的恩格尔系数标准，恩格尔系数在 60% 以上为贫困，50% ~ 59% 为温饱，40% ~ 49% 为小康，30% ~ 39% 为富裕，30% 以下为最富裕[①]。近

---

① 刑丽娟等：《服务经济学》，南开大学出版社 2014 年版；魏翔、王莹：《新中国消费性服务业研究 70 年：演进历程与趋势展望——基于中国知网文献的分析》，载于《北京工商大学学报（社会科学版）》2019 年第 6 版。

年来，我国城乡居民收入不断提高，恩格尔系数不断下降。根据国家统计局数据2020年我国城乡居民家庭恩格尔系数分别下降到30.2%和32.7%，这表明我国城乡居民平均生活水平达到富裕水平，实物消费占总消费的比重不断降低，消费性服务业规模不断扩大。就普通家庭而言，日常的消费性服务业包括种类众多：手机电脑等通信消费，理发美容等消费性服务业，保姆或钟点工等消费性服务业，为孩子请家教的消费性服务业。此外还有诸如休闲、娱乐、旅游、保健等支出都属于消费性服务业。由此可看出，作为发展型、享受型的消费性服务业逐渐被越来越多的人所接受。2020年中国居民人均GDP已经达到7.18万元，这为进一步扩大消费性服务业提供了有利条件，中国消费性服务业比重将继续上升。

### （二） 消费性服务业领域不断拓宽

消费性服务业已经不再仅仅局限于购买产品的过程或之后所享受的各种利益，也不再停留在传统服务业所提供的消费，而是扩大到社会的各个领域和个人生活的各个方面，包括社会文化教育、文化娱乐、人际交往、社会组织系统、高新科技领域等，非商品性消费在家庭消费总支出中所占的比例大幅上升。比如传统的理发服务行业如今针对消费者对美的更高追求，陆续加入美容、按摩等附加服务，更好地满足消费者的需求。

### （三） 消费性服务业层次不断上升

科学技术的飞速发展促进了社会的发展和进步，居民生活更加丰富，对消费性服务业的水平也有了更高的要求。例如传统的组团旅游已经不能满足人们的休闲需求，自由行、深度游、探索游逐渐成为新选择。乘坐一般的火车出行已经不能满足消费者对时间、舒适度等方面的需求，动车、高铁等高速且豪华的出行方式越来越为消费者所接受。

### (四) 消费性服务业产品不断创新

发展消费性服务业，对于解决就业、促进改革、维护社会稳定具有特别重大的意义。如同实物消费品生产需要不断开发新产品一样，消费性服务业产品也需要不断创新。创新的源泉来自消费者的需求，随着需求的不断变化和增多，消费性服务业产品也在不断地推陈出新。这样才能满足消费者，才能在激烈的市场竞争中求得生存。随着我国农村经济的持续发展，城乡融合的不断提升，农村居民服务性消费在消费结构中所占比例越来越大。在吃、穿、用等商品需求趋向刚性的情况下，服务性消费的异军突起有利于推动农村居民消费层次升级，成为拉动消费需求增长的新引擎。如今，医疗服务费、交通和通信服务费、文体娱乐服务费等各项服务性消费都有了快速增长。"花钱买健康"这一消费理念已成为农村居民的共识，一方面是吃得更好更健康，让饮食消费性服务业有了大幅度的攀升；另一方面随着社会医疗保障制度的推进，农村居民医疗保健服务费用支出也出现了较快的增长。此外，旅游休闲也成为农村居民生活的新时尚。随着物质生活水平的提高，农村居民越来越追求生活质量，注重提高个人品味，文体娱乐费支出也随之大幅上升。

### (五) 消费性服务业因国民经济增长和网络信息技术拓展而全面发展

国民经济的增长和互联网技术的发展催生了居民消费不断从物质性消费到精神享乐性消费转变的需求，多样化、细分化、高定化的消费需求也使得消费升级和转变成为学者纷纷探索的研究主题。同时，拉动经济发展的三驾马车中，消费增长对经济发展的贡献也是最大的，消费对不同地区的经济推动作用也亟须研究者进行实证研究的证明。新经济形态和网络技术的发展，使得"互联网＋"和"云消费"背景下消费性服务业新业态的研究涌现，特别是与电商消费、团购点评、O2O、应用软件、拼单等进行结合的研究。

### （六）消费性服务业的研究内容有了新的拓展

首先是政府的角色定位研究。有些消费领域如教育医疗等政府干预和公共支出的重要领域，不能完全依靠市场来配置资源，在这些领域政府既是主要的服务提供者，又是服务的出资人，并且政府在平台监管中的职能也需要做出与时俱进的变化。现有的研究成果较少聚焦于政府在消费服务业领域内的作用，因此，政府在消费服务业中的角色定位和新时代所承担责任的特殊性需要更多学者进行研究。其次是"云时代"的新型消费服务业模式研究。大数据、移动互联网、人工智能等现代信息技术的发展催生了数字经济，势必会为消费服务业带来更多新的变化态势，充分释放消费者的个性需求，使得消费空间得以延伸，移动支付、网络约车、远程教育、在线医疗、智慧社区、分享经济等新服务模式不断涌现，智慧零售、无人零售、机器人餐厅等商业模式开始进入市场。未来可以借助大数据、云计算、人工智能、虚拟现实等技术手段，对消费性服务新业态、新领域、新模式以及数字经济服务平台发展与治理的新思路进行探索研究。

## 三、消费性服务业与制造业发展

消费性服务业和制造业是现代经济的两个重要支柱，它们之间的关系密不可分。近年来，随着我国经济的发展，消费性服务业得到了广泛的关注和迅猛的发展，但这并不代表着制造业的衰退。相反，制造业依然是中国经济的主力军之一，而且随着消费结构和需求的变化，消费性服务业和制造业之间的关系也在不断深化。下面将从三个方面阐述消费性服务业和制造业之间的关系及其发展。

### （一）需求互促

消费性服务业和制造业的关系在需求方面密切相关。而这种互相促进在我国经济市场化的过程中得到了进一步的体现。随着制造业的发展，市场上涌现了众多独具特色的商品，为人们带来了丰富多彩的消费体验。例如，在手机行业里，品牌不断更新换代，同时技术也越来越先进，满足人们对品牌及技术的需求，也带动了消费性服务业的发展。

同时，消费性服务行业也带来了不同的需求变化，制造业需要根据市场需求及时调整商品结构和产品种类。例如，人们在使用智能化电子产品时需要更多的技术维护和咨询服务，这为金融、咨询和技术服务等消费性服务业带来了市场机会。当然，这种需求互促有时也会出现一定的互相排斥情况，例如在复印机这种办公设备市场，厂商们逐渐从简单售卖复印机，转变到提供复印设备用户的技术支持。

因此，消费性服务业和制造业在需求方面是互相促进的，而这种互相促进是在经济市场化的过程中得到了充分体现的。

## （二）支持互补

消费性服务业和制造业在经济发展中扮演着各自不可替代的角色，相互支持，增强彼此的竞争力和市场影响力。在国家大力发展服务业的过程中，制造业获得了相应的支持，这种支持形式表现为两者合作协同、相互促进。例如，在普及电动汽车的进程中，制造行业需要提供优质的电动汽车，但也需要服务行业提供其他技术或后期的维护和充电等服务，这种支持和合作形式是构建现代服务业供应链中不可或缺的组成部分。

另外，消费性服务业也需要依赖制造业为其提供有质量和可靠的产品。随着社会和经济的发展，不断有新型产品呈现崭新服务技术；消费性服务行业其中一个功能就是提供服务的专业化和定制化，这就需要制造业提供更为智能化和高质量化的设备和产品，并且服务行业依托制造业不断改进和升级技术，完善服务内容，吸引更多的消费者。

同时，制造业也需要消费性服务业提供支持，帮助其向高品质、智能化方向发展，提高其市场竞争力和市场占有率。例如，在电视行业，原本只要能提供高清晰度的电视机销售就能占据一定市场份额，但现在消费者对于智能电视和电视互联的需求越来越高，这就需要制造业有更完善的产品规划和技术研发，消费性服务行业则可以为其提供优质的社交、娱乐和媒体资源服务，共同构建现代服务业供应链。

## （三）促进经济的转型和升级

消费性服务业的发展有助于经济转型和升级，制造业也需要利用技术获得更多高品质、创新性的制造技术和高质量的产品。服务业需要提供新颖的服务体验和高质量的服务，这就需要制造业有创新力，不断更新其产品和制造技术。例如，在餐饮行业，制造业需要不断研发有特色和创新的餐饮设备，而消费性服务业则需要根据市场需求推出更为个性化、生态化、品质化、技术化的餐饮服务。

服务业发展有助于推动制造业经济结构从技术劳动密集型向工艺设计、研发创新转型和结构升级。如制造业对机器人及物联网的应用和推广，服务业需要更加熟练使用新机器和新设备，提供相应的服务和咨询。在这样的过程中，消费者也能享受到更为智能、便捷和高品质的具有个性化特色的产品和服务。

总体来讲，消费性服务业和制造业在经济发展中相互依存、互相促进，在需求、支持和转型升级等方面紧密合作和融合发展。消费性服务业和制造业之间的这种关系在中国经济市场化的过程中迅速崛起，在现代服务业供应链建设中发挥着不可或缺的重要作用。未来，消费性服务业和制造业的密集互动和深度融合有望为中国经济的高质量发展注入新的源头活水。

**知识拓展 5 - 3**

## 海尔向服务型制造企业转型

传统制造企业向服务型制造企业转型的过程中，实现企业主导的大批量生产向用户驱动的大规模定制转变就是转型服务型制造的一种典型形式。

在国内制造企业对于大规模定制还处于观望摸索阶段时，海尔已给出了自己的解决方案。海尔打造的工业互联网平台 COSMOPlat，就是实现大规模定制的平台。COSMOPlat 的出现，颠覆了传统制造业中由企业主导的产品生产，形成了以用户需求为主导的全新生产模式，实现了用户在交互、定制、设计、采购、生产、物流、服务等环节的全流程参与，在整个过程中，用户既是消费者，也是设计者、生产者，把"产消合一"做到了实处。

在众创汇、海达源等模块的对接下，用户只需一部智能手机或一个平板电脑就可以轻松定义自己所需要的产品，在形成一定规模的需求后，COSMOPlat 就可以通过所连接的八大互联工厂实现产品研发制造，从而产出符合用户需求的个性化产品。

用户的个性化需求对应了高精度，大规模标准化制造代表了高效率。COSMOPlat 的成功之处在于，它将高精度和高效率两个看似矛盾的存在实现了无缝衔接。COSMOPlat 凭借精准抓取用户需求的能力，让工业领域的大规模定制成为可能，抢先进入了大规模定制的"专场"。这种用户需求驱动下的生产模式革新是震撼的，也是制造业前所未有的，最大限度契合了未来消费需求的大趋势。

资料来源：福建智能制造：《服务型制造之供应链管理：海尔 COSMOPlat 模式》，搜狐网，2017-09-04，https：//www. sohu. com/a/169465715_99899527。

## 思考题

1. 中国城镇居民生产性服务业和消费性服务业的发展现状是什么？
2. 生产性服务业在可持续发展方面有哪些挑战和机遇？
3. 生产性服务业如何平衡提供高质量服务和控制成本之间的关系？
4. 消费性服务支出受哪些因素的影响？
5. 消费性服务业如何应对市场竞争和不断变化的消费趋势？

# 第六章  服务业发展的影响因素

　　服务业发展主要包括两方面内容：从数量上看，服务业发展体现为总量的增长，主要表现为服务业增加值占 GDP 的比重上升和服务业就业人员占全部劳动就业人员的比重提高；从质量上看，服务业发展还体现在结构优化和升级，主要表现为制造业与服务业的结构优化和服务经济内部结构的优化。发展服务业不仅要促进服务业总量的增长，服务业的结构也应得到优化和升级，解决好结构不合理、层次低和生产性服务业滞后等问题。然而，服务业的发展受到诸多方面的限制。莫尔得（Mulder，2002）研究美国服务业，提出影响服务业发展的因素有：人均收入与收入分配、人口与劳动力参与度的变化、城市化、政府角色的扩张和服务业中间需求的变化。从标准的经济学分析角度来看，服务业的发展可以从市场因素、政府因素和社会因素三方面来分析，本章将重点介绍影响服务业发展的市场因素、政府因素以及社会因素等。

## 第一节　影响服务业发展的市场因素

　　服务业发展是多方面因素综合作用的结果，其中市场因素是影响服务业规模和结构的重要因素，我们需要从经济学供给和需求两方面把握影响服务业发展的具体因素。同时，考虑到服务业发展存在自身循环的自我增强机制，我们也将介绍服务业发展的"自增强"假说。

## 一、影响服务业发展的需求因素

需求条件是影响服务业发展的首要因素，是服务业发展的基本动力。它是指本国市场对产业提供的产品或服务的需求且能够支付的部分。服务业可分为生产性服务业和消费性服务业。生产性服务业的服务对象是生产者、产品、生产过程等，这主要由制造业和服务业自身发展水平、专业化程度来决定，与之密切相关的便是城市化水平。消费性服务业的发展主要取决于居民的收入水平、消费习惯等，同时政府购买也是重要方面，可以直接关注到的便是收入水平的变化。

### （一）收入水平

绝对收入提升可以促进服务业发展。凯恩斯的绝对收入理论表明，消费需求是收入的函数。消费的数量和层级是依据收入提高而增长或提升的，收入水平通过影响最终需求水平和结构来影响服务业发展规模和结构的。一方面，随着个人收入的绝对增加，人们对于服务产品的消费需求自然也随之上涨，继而根据有效需求理论，服务需求引致服务供给，促进了服务业的发展。另一方面，随着经济的增长和收入的提升，服务业的最终需求也呈现多元化、个性化的需求趋势。这种多元化、个性化的需求趋势，极大地扩展了服务业的市场，提高了服务业的收入弹性，丰富了服务业的结构，促进了服务业的发展。

高收入弹性强化了收入水平提升对服务业发展的积极作用。恩格尔定律表明，随着经济发展和收入水平的提高，人们的消费结构与消费内容会发生变化。收入越高，在家庭支出中食品消费所占的比重逐渐下降，相应其他商品和服务的消费占比上升。这也同马斯洛的需求层次理论如出一辙。我们一般用人均 GDP 和人均可支配收入来表示一个国家或地区的收入水平状况，当人均可支配收入或人均 GDP 较低时，绝大部分消费支出只能是满足衣食等需求的基本生活资料；只有当收入水平较高时，其消费支出才能转向需求收入弹性较大的服务品。总体来看，随着人们收入水平的提高，对服务的消费将上升，这意味着对服务的需求收入弹性大于1。服务需求的高收入弹性意味着随着人均收入的提高，服务需求的增长会快于收入的增长，如此服务业在整个经济中所占的比重将会上升。

中国的实践可以很好地印证这一结论。首先，在时间维度上，改革开放以来，中国 GDP 总量快速增长，城乡居民人均可支配收入不断迈上新台阶，相对应的居民消费结构升级加速。消费类电子及通信设备、汽车、住宅、教育等需求热点稳固形成，这些消费热点中的服务含量也明显增加。住宅和教育本身就是服务业；电子及通信设备制造业和汽车制造业是对服务业带动系数较高的制造业，汽车成为消费热点，对服务业的带动作用比对制造业的带动作用更大；消费类电子与通信设备产品同样也是高度带动服务消费的产品。其次，分区域看，大城市的消费者由于有较高的收入水平，其服务业发展层次和服务业结构现代化程度要远高于居民收入水平较低的小城市和农村地区。收入水平的高低是造成城乡之间、大小城市之间服务业发展水平差异的重要原因。最后，从结构上分析，收入水平的提高不但会增加对服务的需求，而且会改变服务业结构。那些超出基本生活需要的服务产品，在较高收入水平时将会形成较大规模消费，如文化、高等教育、旅游、休闲等。

### （二）城市化水平

城乡二元结构对于不同产业均有重要影响，而城市化的过程也就是不同影响效果凸显的过程。经济学研究的城市化主要强调农村经济向城市经济转化过程，从产业结构的变化看，主要强调第二、第三产业不断发展的过程。一般而言，城市化是人口由农村向城市转移的过程，一个国家或地区的城市化水平，通常以城市人口占国家或地区总人口的比率即城市化率来表示。当然，也有不同的学者认为，衡量城市化的水平，不能只顾城镇人口数量及其所占比重，而忽视了城市化的质量。

　　城市化和服务业的发展密切相关。城市是服务业发展的重要载体，它在有限的空间内容纳了诸多生产和消费群体，形成庞大的市场，以其空前的密集性，创造了高度的运转节奏和劳动效率，形成了诸多的中心功能和集约优势。相对来说，这些都是农村所不具备的。城市化是推动服务业发展的重要动力，城市化水平的提高为服务业发展创造了需求基础，而需求又是任何一个产业发展的原动力。国内外的大量事实证明，在现代工业社会，城市是服务业发展的主要平台，服务业的规模和结构在很大程度上取决于城市化水平和城市规模。因为服务业要求它的生产和消费要在同地点进行，这就客观上决定了服务业的发展必须以城市为依托。另外，服务业的许多产业都具有规模经济，如批发、零售、贸易、餐饮业等传统服务业以及金融保险、会计法律和信息服务等现代服务业，只有在人口规模比较集中的大中城市才能盈利。而且，相对来讲，城市的制造业比较发达，居民收入水平也比较高，因而对生产性服务业和高端服务业的需求也比较大。因此，只有依托城市作为培育现代服务业的土壤，才能更好促进服务业发展，具体而言体现在：

　　第一，城市化促进服务业规模增长。一般而言，农村人口的人均收入水平较低，同时保留较多的自给自足的自给性消费，没有形成市场。所以，当农村人口居于主体地位时，服务业不会有很高的发展程度。只有在城市化水平较高的地区，居民的整体生活方式和消费结构发生改变，有更高的收入，且更加依赖市场提供的产品和服务，由此带动服务业规模的增长。

　　第二，城市化水平调整服务业结构。一般来说，各类企业在进行生产的过程中，不仅需要消费性服务，对生产性服务和公共服务也产生了更大的消费需求。并且生产性服务的主要需求不仅来源于制造业，而且大部分还来源于其他服务业。高附加值、专业化的新兴服务业往往和城市规模联系在一起。服务业中起点规模要求高、外部效应较大的金融、教育、科技服务、咨询等产业的发展规模受到城市发展规模的限制。国内外的经验都表明，城市规模越大，城市化水平越高，其服务业规模越大，服务业结构的现代化程度也越高。

## 二、影响服务业发展的供给因素

服务产品的生产者需要在一定的生产要素的基础上才能提供产品和服务，因此作为重要生产要素的技术、人力资本和知识积累以及外商直接投资等均会通过影响服务产品的供给影响服务业的发展水平。

### （一）技术进步

技术进步是服务业增长和结构变化的重要动力。服务业的技术进步导致服务业生产率的提高，扩大了服务业的生产规模。同样，在实现传统服务业向现代服务业的转变和升级的过程中，没有技术进步特别是信息技术的运用是不可能实现的。随着移动互联网、云计算、大数据等信息技术的广泛普及和深度应用，服务业在整个经济中的地位更为重要。一方面信息技术大规模渗入服务业内部，使得以信息服务为代表的服务业获得了长足的发展；另一方面信息技术与制造业的内部行业相结合促进了服务业所占比重的迅速提高。技术进步对服务业发展的促进作用可以概括为：

（1）高新技术的加速发展使现代服务业新行业、新业态不断涌现，并发挥着越来越重要的作用。比如，随着信息技术的发展和广泛运用，直接衍生出移动通信、互联网、电子商务和电子银行等现代服务业。而新一轮科技革命将继续深化服务业分工，塑造新型消费模式，颠覆传统产业发展。新技术的发展和运用使得现代服务业业态不断丰富，其不仅促进大批新兴服务业的崛起和发展，带动服务业生产效率的提升，为现代服务业的发展提供有力的支撑；还加速商业模式、运作方式以及管理方式上的更新迭代，促使产业价值链分解更多新的服务业态，拓展了现代服务业的外延发展空间。

（2）高新技术通过向传统服务业产业不断渗透，推动了传统服务业的升级，呈现出新的产业业态。比如，信息网络技术的运用，使得传统上的商贸流通产业演变为具有现代服务业特性的连锁商业、现代物流业，将传统媒体、娱乐、教育内容整合为数字传媒、数字娱乐和在线教育等。这对于提高现代服务业的知识含量和知识密集度、产业附加值，提高产业技术层次，促进服务业结构升级具有积极的推动作用。

（3）技术进步还有助于提高服务业标准化程度和劳动生产率。服务业强调个性化和差异化服务，但随着技术进步，服务业发展的标准化趋势越来越凸显。标准化是集成化和规模化的基础，也是提高服务业生产率的前提。标准是一种普遍遵循的规则，但这种规则建立与不断改善，是以技术进步，特别是信息化和互联网技术的普遍运用为前提的。目前，基于互联网的信息技术已经大量地在服务业中的商贸流通、物流配送、交通运输、金融保险、教育医疗、旅游休闲、广播电视等行业运用，通过信息技术对原来的销售渠道、销售模式、物流配送、银行结算等方面进行了信息化处理，改进了服务模式，改进了服务标准，有效地提高了行业生产率。

## （二）人力资本与知识积累

知识创造和应用促进服务业发展。从美国经济学家舒尔茨（Schultz，1961）系统提出人力资本以来，人力资源在经济发展中的作用更加受到重视，服务业的发展也是如此。从人力资本的直接形成来看，人力资本主要来源于学校教育，教育的发展显然会促进人力资本的形成。但是，教育在很大程度上是经济人选择的结果。现代人力资本部门所采用的大规模教育技术等，极大地降低了人力资本投资的成本，增加了人力资本投资的回报，促进了与人力资本投资相关部门的发展。在服务经济下，知识的创造和应用成为支撑经济不断成长的主要动力，其贡献远超出自然资源、资本和劳动力等传统生产要素。研究与开发等知识积累部门的快速扩张，形成了社会知识生产与扩散的网络，使各类知识均获得了良好的使用渠道，同样也会促进相关部门的扩张。

人力资本层次决定了服务业类型。具体地，服务业内部既包括传统的劳动密集型服务业，也包括新兴的资本、技术密集型部门。一国人力资源状况包括劳动力数量和质量，其对服务业发展的层次和结构有重要的影响。如果一个国家劳动力资源充足，劳动力价格相对低，必然要大力发展劳动密集型服务业，一是为了发挥其比较优势；二是只有通过竭力发展劳动密集型服务业，才能解决大量劳动力的就业压力。如果一个国家劳动力质量较高，受过良好的教育和培训，就有可能倾向于发展知识密集型服务业。现代服务业，尤其是知识密集型服务业的发展，需要大量的专门人才作后盾。如果高层次服务人才短缺的现象比较严重，这在很大程度上制约了国家的服务业结构优化和升级。

知识资源影响服务业发展质量。服务业还可以分为消费性服务业和生产性服务业，在很多生产性服务业中的行业，如咨询业、技术研发行业等，本身就是以经营知识为主，这些企业所掌握的知识资源丰富与否，直接关系到其企业服务产品的质量，也直接关系到自身的发展状况。而对于那些非知识经营性服务业来讲，由于知识的生产力扩大，生产要素之间的相对重要性发生改变，而这种改变会对厂商的经营策略、市场竞争的态势乃至政府的功能产生巨大的改变，而这些因素都是服务业发展的重要因素。

### （三）外商直接投资

在经济全球化背景下，外商直接投资（FDI）对于服务业有直接的影响。服务业的外商直接投资在促进服务业增长、推动服务业就业和优化服务业结构等方面发挥了重要的作用。FDI 对服务业发展的影响主要表现在以下几个方面：

（1）资本补缺效应：FDI 缓解服务业发展的融资约束。对普遍资金短缺的发展中国家或转型国家来说，FDI 增加了可用于投资的国外金融资源的流入，弥补国内储蓄缺口，从而能为东道国带来服务业发展急需的资金。

（2）技术外溢效应：FDI 促进了服务业的技术创新。大型跨国公司往往是技术创新的领导者，因此，FDI 很可能使跨国公司通过内部化的方式，将新技术转让给生产体系内部的企业，从而提高被收购的企业的硬技术和软技术以及相关能力。同时，这些新技术在被收购企业使用后，还会产生"技术外溢"现象，从被收购的企业广泛地扩散到产业内其他企业中去，从而提高整个服务业的技术水平。更为重要的是，在东道国具有一定的技术吸纳能力的条件下，服务业内企业通过"干中学"，可以逐步提高自身的技术创新能力。

（3）市场扩张效应：FDI 为服务业发展创造新需求。大型跨国公司在世界经济的总进出口中占有很大比重，所以他们引进的 FDI，就能为东道国提供国际营销渠道，从而为东道国的服务业发展创造新的需求，使大多数发展中国家和转型国家的比较静态优势转化为动态竞争优势，提高服务产品的出口竞争力。

（4）示范效应：FDI 有利于服务业参与国际市场。一旦跨国公司的外国子公司开始在当地筹措投入，出口导向产业中的 FDI 就间接地将当地供应商与国际市场联系起来。而且，随着这种当地关联的进一步强化，这些企业也许能够进一步利用这些关联而走向国际市场。因此，跨国并购的进入在通过转让技术、增加后续投资和生产能力、提供全球营销网络等提升东道国某一产业的竞争力的过程中，通过其"外部经济"效应，也会提升相关及辅助产业的生产能力，从而有利于东道国优化整个产业结构。

但需要注意的是，FDI 对东道国产业竞争力也可能会有消极影响。一旦条件不具备，FDI 将对东道国的产业发展带来消极影响。从母国或母公司筹资并不是 FDI 的唯一资金来源，除此之外，东道国或第三国、未分配的利润和折旧提成也是 FDI 的常用筹资渠道。如果 FDI 的金融资源是从东道国其他生产部门转移过来的，那么，对东道国产业发展将带来不利影响。即便有外部金融资源的净流入，这种外部金融资源流入的正效应，也是建立在国内储蓄不能满足产业发展需要的前提下，如果国内存在闲置的金融资源，外部金融资源的转移效应可能是负的。诚然，通过 FDI 引进技术或许意味着节省自己研发的投入成本，或许能使产业内某个企业或若干企业成功地进行扩张和结构优化，但绝不能据此认为跨国并购的技术流入肯定对发展东道国服务业有利。东道国，特别是发展中国家或转型国家能否最终通过 FDI 的技术流入发展服务业，取决于转让技术的条件、这种技术的适应性以及东道国的具体情况，比如东道国的劳动力素质、科技水平等技术吸纳能力，而发展中国家或转型国家最充裕的生产要素往往是非熟练的劳动力。FDI 对东道国市场结构的影响在很大程度上取决于 FDI 的方式（水平并购、垂直并购还是混合并购）和东道国自身原来的市场结构（市场的开放度、竞争强度、领先企业的现实行为和技术等）。规模经济和市场竞争永远是市场经济中的一对"二元矛盾"，跨国并购的竞争效应或反竞争效应对东道国的影响到底是正的还是负的，就发展东道国服务业这一中心任务而言，政府的目标趋向和政策操作可能是最终的决定因素。一般而言，服务业的对外贸易会改变服务业发展的需求条件，服务进口会减少国内市场需求，而服务出口会扩大需求。

## 三、服务业发展的"自增强"假说[①]

### （一）"自增强"假说的提出

在经历以农业为主要产业的前工业化时期和以工业为主要产业的工业化时期后，进入后工业化时期，农业在三次产业中的份额进一步下降，服务业逐渐超越第二产业成为主要产业。服务业在产业中的地位越发重要，服务经济占据了经济增加值的半壁江山。与此同时，服务业内部也经历着不断的发展，早期的服务业以交通运输、批发零售业、餐饮与住宿业等为主，更多满足日常生活需要的被称为传统服务业，主要属于资本与劳动密集型行业。其后，随着社会分工的深入发

---

① 此处服务业发展的"自增强"假说的相关理论与概念参考：韩朝亮、韩平：《服务经济学：现代观点》，经济管理出版社 2018 年版。

展和技术水平的进步，以金融、信息行业等为代表的现代服务业占据了更为重要的地位，这些行业主要由资本与技术密集型行业构成。相关学者的研究发现，服务产业内部结构的演进对其投入要素产生了不同的要求，现代服务业对金融资本、知识、技术等要素有了更高的要求，而这些要素的提供将更多地来自服务业自身。随着传统服务业比重的相对下降和现代服务业比重的相对上升，服务业将越来越依赖自身的发展，同时也促进自身的发展，形成自我促进的循环，目前有些研究将这种服务业依赖自身发展的效应称为"自增强"机制。

"自增强"假说的发展由浅入深，相关学者首先认识到服务业发展能够促进自身规模增长。在以往研究中，国外学者帕克（Park，1994）分析服务业增长驱动力时，首次提及服务业发展的"自增强"机制。他认为随着城市化和工业化的加速，服务部门区域快速增长，服务部门快速增长的源泉主要有三个：第一是来自制造业与服务业之间的交易增加，由此带动了生产性服务业的就业和产出份额增长；第二是来自收入水平的提高，随着收入增加，人们对于消费性服务和公共服务的需求水平自然提高；第三是来自服务业内部之间的自我增强效应。一方面，生产性服务需求的增加会引致消费性服务和公共服务的增加；另一方面，消费性服务和公共服务需求的增加也会相应提高对生产性服务的需求，从而形成服务业内部的自我增强良性循环效应。相关研究也表明，相对于制造业，服务业更加独立于其他非制造业部门，生产性服务所必需的大多数中间需求投入直接来自服务部门自身。在知识、技术密集型经济或者服务经济时代，服务部门在产出增长和就业机会创造方面已经成为一个关键部门，并且开始依靠自身力量在服务部门内部获得了长足的发展。

后来发展的"自增强"假说提出，服务业发展能够优化自身产业结构。曾世宏于2013年提出的关于服务业结构变迁的"自增强"假说认为，欧美日等工业化国家服务业内部的产业关联主要表现在两个方面：一方面，生产性服务业是生活消费类服务和公共性服务的重要中间投入；另一方面，生活消费类服务和公共性服务是生产性服务发展的重要保障①。生活消费类服务和公共性服务的效率提高需要生产性服务的中间投入，从而增加了生产性服务的需求，而生产性服务的需求增加也会要求增加消费者服务的需求，生产者和消费者服务需求的提高要求公共服务的增加，而公共服务的需求增加反过来又会引致生产性服务和消费性服务的需求增加。

### （二）"自增强"假说的内涵

"自增强"的概念，最早来自系统论，其本意是系统内部在没有或者很少有外部力量的作用下，凭借自身的某些力量可以完成某种状态的改变。服务业发展的"自增强"可以被定义为服务业发展过程中的一种自我服务、自我强化和自我实施的驱动力。在工业化早期，服务业规模相对较小，其发展主要依赖于和制造业等其他产业的外部关联需求，而在工业化后期，服务业自身规模达到一定程度，其发展可能更加依赖于自身的内部产业关联。服务业发展的"自增强"机制就是这样基于产业关联和要素流动耦合而形成的一种服务业自我服务、自我强化和自我实施的发展动力系统。

服务业的"自增强"机制能够自发促进服务业发展。国际经验表明，工业化国家的服务业发展，特别是生产性服务业的发展，是在现代先进制造业的分工细化和创新压力加大的基础上，产生了对生产性服务业产业需求的条件下出现的。也就是说，金融保险、技术咨询、风险投资、软件服务等生产性服务业的产生是由于现代制造业发展的外部产业关联和外部冲击。有了生产性服务业的发展的外部补充剂和外部产业关联需求条件，生产性服务必定会加大创新力度，提高生产性服务的供应数量和质量水平。生产性服务的大规模提供，又会主要以其他服务业作为它的中间投入，催生其他服务业的增长规模，而这些服务业为了提高服务供应的规模和质量，又会加大对生产性服务的

---

①　曾世宏：《基于产业关联视角的中国服务业结构变迁："自增强"假说及其检验》，经济科学出版社 2013 年版。

需求水平，这样服务业发展和产业发展会走上以生产性服务驱动的"自增强"的良性循环道路。由于服务业结构变迁或者"自增强"机制的实现一般由服务业的外部产业关联驱动，产生对生产性服务的引致需求，再通过生产性服务的创新产生生产性服务对其自身与其他服务业的中间投入需求，从而推动服务业的良性发展，所以服务业发展"自增强"机制的实现也能够促进服务业发展的合理化与高级化。

### （三）"自增强"的度量

一般而言，高经济增长的国家和地区，其经济活动由具有相对较高的前后向关联的产业部门占主导，如重工业部门；而低经济增长的国家或地区，其经济活动由具有相对较低的前后向产业关联部门占主导，如农业生产部门；中低经济增长的国家或地区，其经济活动具有较高后向关联和较低前向关联的部门，如最终制造部门，或者具有较低后向关联和较高前向关联的部门，如中间投入部门。世界主要工业化国家的服务业发展基本上呈现出一种自我强化的产业关联良性发展道路。对于这种服务业发展一般演化规律的产业关联自我强化机制，可以利用各国投入产出表和标准产业经济学教材里介绍的关于产业关联的若干测度公式进行实证分析。其中两个比较重要的概念就是服务资本品率和服务投入率。

服务资本品率：指作为中间投入的服务产出占服务部门总产出的比重，反映服务部门的生产资料特征；服务部门中间投入服务资本品率：具体指某一服务部门作为中间投入的那部分产出中，用于服务业投入的产出所占到的比重。该指标越大说明服务部门的产出中用作服务业资本品的中间投入占总的中间投入的比重越大，反映了该服务部门对服务行业的支撑作用，也就是该服务部门的发展能为服务产业的发展提供较好的支撑。

服务投入率：服务投入占总投入的比重，反映服务化程度；服务部门中间使用服务投入率：具体指某一服务部门中间使用中服务投入所占到的比重，即该服务部门每一单位的产出所需的服务业总产出。

该指标越大说明该服务部门对服务投入的需求越大，反映了该服务部门对服务行业的带动作用，该服务部门的发展会拉动服务产业的发展。

# 第二节　影响服务业发展的政府因素

政府是经济活动的重要参与者，在市场失灵中发挥了重要作用。在服务业发展过程中，政府通过"有形之手"调整服务业规模和结构。其主要通过为服务业发展提供政策支持以及塑造制度环境来促进服务业发展。接下来本节将重点对影响服务业发展的政府因素进行阐述和分析，并重点介绍政策支持以及制度环境因素。

## 一、服务业发展的政策支持

### （一）政策内容

政策主要是政府参与经济的重要手段，其目的就是弥补市场缺陷，实现资源的帕累托最优配置，促进经济的发展。市场机制是调整服务业规模和结构的主要手段，但政府政策支持的作用同样十分重要。即使在西方发达市场经济国家在特定时期也强调运用政策，通过有效政策来推动服务经济规模的增长和服务业结构的高级化、现代化，以提升服务业的国际竞争力。其中政策内容主要包括以下五个方面。

1. 产业政策

政府往往根据本国经济发展要求和一定经济时期内本国产业的现状以及发展趋势，为加快各产业协调发展和促进产业结构的优化升级，并达到提高本国产业竞争力和确保动态比较优势的目的而制定综合的政策措施。政府为支持服务业的发展，同样也会提供相应的促进服务业发展的产业政策支持。"十四五"规划强调促进服务业繁荣发展，一是要推动生产性服务业融合化发展；二是要加快生活性服务业品质化发展；三是要深化服务领域改革开放。具体的产业规划为我国服务业下一步发展指明了方向。

2. 财政政策

财政是支持服务业发展的重要手段，在市场经济条件下对于大多数服务业不可能主要由财政直接投资来支持其发展，更多的是发挥财政资金的"引导"作用，即通过设立服务业引导资金来推进其发展和成长。2020年以来，我国出台了一系列优惠政策应对新冠疫情的冲击，帮助服务业纾困解难，发挥了积极的效应。2022年国家发展改革委等14个部门印发《关于促进服务业领域困难行业恢复发展的若干政策》（以下简称《若干政策》）重点突出了财税政策的作用。针对以中小微企业作为切入点实施服务业普惠性优惠政策，《若干政策》强调扩大"六税两费"的减免覆盖范围，减免、返还社会保险费，延续服务业增值税加计抵减及缩短企业所得税资产折旧年限政策等；针对以特殊困难行业作为关注点实施服务业特定优惠政策，《若干政策》强调对于企业防疫、消杀支出给予补贴支持，延续增值税免税政策等。《若干政策》以具体财税政策多元组合产生科学协同效应，助力服务业发展。

3. 税收政策

税收和产业是国家存在的重要基础。以非物质产品为主要特征的服务业，是当今世界涵盖范围最为广泛的产业。服务业的发展为税收发挥筹集公共收入、调节经济的职能提供了重要条件。税种、税率等税收要素的设置，减税、免税等税收优惠，也必然动态地影响着服务业组织、结构、布局的变化和发展。可以说，服务业与税收之间具有天然的联系，两者既有相互影响的关系，也有共同发挥作用的关系。财政部发布的《2023年上半年中国财政政策执行情况报告》显示，2023年上半年对生产、生活性服务业纳税人分别实施5%、10%的增值税加计抵减政策，对小微企业和个体工商户减征所得税，两项政策分别新增减税822亿元和2148亿元，助力上半年服务业消费较快恢复。

#### 4. 科技政策

实施有效的科技政策，强调技术进步对服务业快速高质发展的推动作用，是促进服务业发展极为重要的战略选择。通过实施有效的科技政策，把技术进步作为发展服务业的出发点和立足点，以技术进步全面提速服务业的进程，提升服务业发展水平和质量，不断优化服务业结构，推动服务业结构升级，提高服务业生产率。在国家发展改革委发布的《服务业创新发展大纲（2017—2025年）》中强调，要以创新引领，增强服务业发展动能。一要积极发展新技术新工艺；二要鼓励发展新业态新模式；三要大力推动服务业信息化；四要丰富服务业文化内涵。

#### 5. 开放政策

服务业的对外开放可以通过资本补缺效应、技术溢出效应、市场扩张效应以及示范效应来促进服务经济规模的增长和服务业结构的高级化。在促进服务业发展的政策支持方面，扩大服务业开放；根据比较优势和资源禀赋特点发展重点服务产业；促进高新技术服务业参与国际分工；调整服务业结构；通过培育服务贸易出口主体，打造跨国经营的企业集团；建立完善的支持服务业出口的政策体系；吸引外国资本，鼓励国内服务业对外投资都非常重要。2020年9月，习近平总书记在服贸会上宣布，为更好发挥北京在中国服务业开放中的引领作用，支持北京打造国家服务业扩大开放综合示范区，加大先行先试力度，探索更多可复制、可推广经验[①]。为此，北京市聚焦科技、电信、文化等现代服务业，实施120余项高含金量的试点举措，兼顾内外资、准入与准营、企业投资和人才智力引进，为推进更大范围、更宽领域、更深层次的开放作出了良好示范。2020年9月至2023年9月，示范区累计吸收服务业外资457.5亿美元，占全国服务业吸引外资的11.2%；2023年上半年，服务业增加值占北京市地区生产总值比重

---

① 《国务院新闻办就深化国家服务业扩大开放综合示范区建设有关情况举行发布会》，中国政府网，2023年11月25日，https://www.gov.cn/zhengce/202311/content_6917488.htm。

达到 85.9%。[①]

## （二）我国服务业发展的政策目标

我国政府历来重视为产业发展提供政策支持。无论中央政府还是地方政府均为促进服务业发展出台各类政策。《中共中央关于制定国民经济和社会发展第十四个五年规划和二〇三五年远景目标的建议》更是明确指出我国服务业发展的方向："加快发展现代服务业。推动生产性服务业向专业化和价值链高端延伸，推动各类市场主体参与服务供给，加快发展研发设计、现代物流、法律服务等服务业，推动现代服务业同先进制造业、现代农业深度融合，加快推进服务业数字化。推动生活性服务业向高品质和多样化升级，加快发展健康、养老、育幼、文化、旅游、体育、家政、物业等服务业，加强公益性、基础性服务业供给。推进服务业标准化、品牌化建设。"有了总体的发展方向，各地方政府、各部门相应的政策支持也在逐渐落地。

## 二、服务业发展的制度环境[②]

新制度经济学认为，制度变迁是一个从制度均衡到不均衡、再到均衡的不断演变的历史过程，各种制度的交错变迁构成了一定时期的历史延绵。良好的制度环境是服务业快速有序发展的重要基石，服务业对制度具有高度的敏感性和依赖性，同时又是制度的载体。一个国家或一个地区的产权制度、公共服务、市场秩序、企业治理等，要么本身是服务业的构成部分、是制度供给的载体，要么是对制度依赖性很强和对制度极为敏感的产业。无论是现代企业的产权体系和治理结

---

① 迟瀚宁：《商务部：国家服务业扩大开放综合示范区累计吸收服务业外资 457.5 亿美元》，中国新闻网，2023 年 11 月 24 日，https://www.chinanews.com/cj/shipin/cns_d/2023/11-24/news976192.shtml。

② 此处服务业发展的制度环境的相关理论与概念参考：郭爱军：《服务经济发展对制度环境的要求》，载于《科学发展》2010 年第 7 期。

构，还是现代市场体系的秩序和运作规则，或者是政府公共服务职能的法治化和现代化，其本身都是服务业发展的重要体现。

服务经济是在市场经济基础上发展起来的，是对现代市场经济体制的进一步深化和发展。因此相对于工业经济来说，服务经济对制度环境的要求更高。总体来看，在市场经济制度下，服务业发展所要求的制度大致可分为三个层次。

### （一）市场经济基本制度

市场经济基本制度是在市场经济运行中最根本、最普遍的制度。主要包括以下六个方面。

1. 健全的现代企业制度

健全的现代企业制度是服务经济发展的微观基础。其主要特征是"产权清晰、权责明确、政企分开、管理科学"。主要内容包括：（1）产权清晰、流转方便的股权制度；（2）组织、结构合理的公司法人治理制度。

2. 完备的现代产权制度

完备的现代产权制度是市场经济发展中界定、确认和保护产权的基础性制度，也是服务经济发展的重要基础。相关制度包括：（1）严密和严格的产权制度。其核心是产权平等，充分尊重私有产权，即对所有的财产权利都应该公平对待、平等保护。主要内容包括：归属清晰、权责明确的物权界定制度；保护严格的物权保护制度；流转顺畅的物权流转制度。（2）完备的债权制度。其核心是合理处置特定对象之间的债权、债务关系。主要内容包括：债的发生、效力、保全、变更与移转、消灭等基本制度；平等、自愿的契约制度；责任公平、救济合理的侵权责任制度。（3）完善的知识产权保护制度。其核心是鼓励创新。主要内容包括：清晰透明的著作权、专利权、版权、商标权、商业秘密权等基本权利制度；保障有力的知识产权的执法监督制度；高效的知识产权的资本化制度。

### 3. 自由、有序的市场竞争制度

统一、开放、竞争、有序的市场是服务经济运转的关键。相关制度包括：（1）统一、开放、竞争、有序的市场交易制度。其核心是充分发挥市场机制的作用。主要内容包括：统一市场制度，即打破地方保护形成统一市场；公平竞争制度，即反对市场和行业垄断、鼓励和保护公平竞争；市场价格制度，即有效的、市场化的价格形成机制。（2）公开、透明的信息制度。其核心是减少交易成本、扩大交易规模、提高交易效率的保障。主要内容包括：政府信息公开；信息披露透明，保证市场上的利益相关者对于影响其利益的事项能够得到必要的信息；信息自由传播。（3）灵活并充满竞争力的劳动力制度。其核心是促进劳动力的自由流动。主要内容包括：城乡一体化的劳动力流动和户籍管理；合理的劳动者权益保护。

### 4. 高效的政府管理制度

高效的政府管理制度是服务经济发展的重要保障。相关制度包括：（1）精简、高效和规范运作的有限政府制度。其主要特征是"小政府大社会"。主要包括：精简高效的公共管理体制；行为规范的行政管理。（2）严密、完善的廉政建设制度。其主要特征是维护廉洁。主要包括：行政监察；行政审计；高薪养廉。（3）合理的政绩考核制度。其主要特征是改革以 GDP 总量和增速为主的政绩考核指标体系，建立与民众的和谐指数挂钩和民众的满意度挂钩的考核制度。

### 5. 有效的社会保障制度

相关制度包括：（1）全覆盖的社会保险制度。重点在保证物质及劳动力的再生产和社会的稳定。主要是指：养老保险制度；医疗保险制度；工伤保险制度。（2）完善的社会救济制度。重点在保障人民的基本生活。主要有：最低生活保障制度；扶贫制度；救灾制度；社会福利制度。

### 6. 合理的收入分配制度

主要包括：（1）公平的城乡分配机制。重点在破除城乡分割的二元分配体制，又分为：新型的现代城乡户籍管理制度；进城农民工的社保制度和公共服务制度；失地农民的补偿制度和社保体系。（2）合理的企业分配制度。重点是建立"三个机制"：职工工资的正常增长机制；工资支付的保障机制；工资的集体协商机制。（3）完善的居民再分配制度：国有企业经营性资本收益向居民转移机制；推进建立"第三次分配体系"，鼓励发展慈善事业，缓解收入差距的不断扩大。

### （二）基本管理制度

基本管理制度是国家管理经济运行中的基本制度。主要包括以下六个方面。

#### 1. 完善的法律制度

服务交易有赖于良好的外部契约执行环境。作为一种契约密集型产业，服务业发展更需要一个良好的外部法治环境提供保护。在其他条件相同时，当一国的法治环境质量越差时，交易双方潜在的机会主义行为就越可能发生。预期到这一点，涉及契约密集型服务产业的分工和交易越不可能发生，从而阻碍服务业发展。在财产保护制度和契约维护制度较弱时，主要以有形物为交易对象的工业部门可以找到其他替代的机制来促进交易；而对于以无形物为交易对象的服务业来说，替代的机制并不容易发现。由此有关服务业的交易以及合约能否得到有效的实施，必然会更多地依赖于正式契约维护制度的保护，也就是法律制度作用的体现。

#### 2. 合理的税收制度

税收制度是政府宏观调控的重要手段，对服务经济的发展起着重要的作用。其主要内容包括：税种设立；征税体制；税收管理。服务经济发展要求在税收活动中尽量避免对企业经营活动的影响，以维护税赋公平使资源要素得到有效的配置。

#### 3. 健全的社会信用制度

信用制度是降低交易风险、维护交易安全的有效机制。一个健全的社会信用体系至少应该包括以下四方面的内容：严密的信用立法；严格的信用执法制度；完善的全社会统一的资信记录、管理、评价和披露；合理的信用监管制度。

4. 公正、规范、透明、适度的监管制度

监管是政府调控管理市场的重要手段。其主要内容包括：贴近市场的金融监管；促进贸易便利化的海关监管；公正的市场监管。总而言之，服务经济要求建立贴近市场、标准统一的综合监管体制。

5. 充分竞争的市场准入制度

主要内容包括：更加开放的国内自然人和法人市场准入，宽严相济的国外自然人和法人市场准入以及有效的反垄断制度。

6. 科学的统计制度

服务业的统计直接影响到服务经济的行业指导、战略规划及资源配置等工作。而鉴于目前服务产业快速发展，功能内涵发生很大变化，且有相当多的新兴服务业不断出现，原有的产业分类标准和分类方法已难以适应，因此建立更加精确的统计制度以适应服务经济要求十分必要。即：形成总体分类统计和专项分类统计相结合的服务业分类统计制度；采用以基层单位为主的统计数据采集制度。

### (三) 各行业特有的制度

各行业特有的制度是各行业内部管理和运营的具体制度安排。以金融业为例，在金融监管方面，有对金融控股公司的主监管制度、金融法规年度审议制度、金融防火墙制度等；在风险管理方面，有风险自控制度、风险披露制度、存款保险制度等；在金融信用方面，有信用评价制度、失信惩戒制度等；在金融法律方面，有金融机构法、金融配套法、应急处理法等。

中国香港特别行政区历来奉行"大市场小政府"的理念，长期以来致力于人才、教育、市场制度和监管等商业环境的优化，降低政府公共服务、社会诚信等带来的社会交易成本，努力营造公开的商业环境和开明的制度环境，进行适度的监管，提供公正的法律制度，并从中介、码头、金融等领域退出，为民间资本提供发展空间。新加坡同样通过诱人的税收政策以及细致的法律体系赢得了不少金融行业、航运企业的青睐。这些国家（地区）为服务业发展提供的良好的制度环境，为我们建立完善的服务业法律法规和政策措施，进而以优越的制度环境优化市场环境，提供了不少可以借鉴的经验。

## 第三节　影响服务业发展的社会因素

经济发展总是依赖于一定的社会环境，良好的社会环境是经济增长的保障。文化环境和法治环境作为产业发展主要的外部环境，对于服务业发展的影响作用同样不可忽视，当然文化作为内含于服务业的特征，对于服务业的影响不仅体现为对消费者需求的影响，更重要地体现为服务业自身供给质量的提升。同样，良好的法治环境为社会塑造现代契约精神和契约维护制度，为服务业进一步发展提供了有效的法治保障。

### 一、影响服务业发展的文化环境[①]

服务业是劳动者与消费者在交往过程中提供服务产品的产业，文化是双方交往的基础，也是服务产品的基本内容。在文化成为人类社会活动的导向和前提的情况下，服务劳动者为消费者提供服务的交往过程自然是在一定文化环境下运行的。一般而言，生产者进行服务产品生产的主要内容有产品设计、服务营销、售后服务三个部分。而产品设计、服务营销属于准备阶段，售后服务属于生产阶段。

---

[①]　此处影响服务业发展的文化环境的相关理论与概念参考：白仲尧：《论服务经济的文化基础》，载于《财贸经济》2007 年第 12 期。

产品设计是对服务产品功能的具体规定。首先，它要体现对消费者的人文关怀。为消费者提供服务，无论是满足其文化需要还是便利需要，都具有人性性质。其次，产品的科学技术含量即知识含量是服务质量高低的决定因素。消费者放弃自我服务，根本原因是需要更专业、更效率、更节约的社会服务。因此，在一定的历史时期内，服务内含的技术水平是否超越自我服务能力是其生存、发展的基础。最后，服务产品生产和消费的同时性决定服务过程是在消费者和生产者的交往中完成的。一般地说，对服务劳动者文化素质的要求要高，既要求专业素质，也要求个人品质。特别是在一些个人品质对服务质量起决定作用的服务行业，他们的品德和学识直接影响产品质量和消费者的满意度。

服务营销是服务业或服务劳动者向消费者宣传服务产品的性能和从业者的品德。这是生产者同消费者之间的服务文化沟通，是一种文化活动，也是一种营销文化，借以"同消费者建立良好的交往关系"。营销文化的主要内容，一是产品文化，二是品牌文化，三是公关文化。产品文化是产品的文化内涵，就是产品的功能及其对消费者的人文关怀。品牌文化体现了产品和企业在市场或消费者购买选择中的地位。而品牌的根本是文化底蕴的深浅，品牌的文化底蕴越深，品牌的价值越高。公关文化是社会组织在处理公共关系中的道德风尚和行为方式。文化便成为处理公共关系的指导思想与沟通桥梁。企业建设先进的公关文化有助于形象塑造、品牌提升和商品营销，是营销文化的重要部分。

服务业商品生产过程和售后过程是文化交往过程。售后服务一般是指某种物品出售之后的服务，如汽车、家用电器等。而服务业的售后服务则不同，它在服务产品实际的生产过程。在消费者到来并购买之前，服务产品生产的一切活动均处于准备阶段；消费者到来并购买之后，服务劳动者才实际提供服务，进行服务生产，习惯上称呼为售后服务。由于服务生产和消费的同时性，服务产品的生产是在消费者同劳动者相互作用中完成的，他们相互作用的过程就是交往过程。任何交往都是一定文化的交往，所以，服务产品的生产过程或者售后服务过程，本质上是一种文化交往过程，是服务文化的表现、发扬与创新的过程。服务劳动者与消费者长期交往，唯有文化，特别是诚信文化，才是生生不息的情结。这里，人是决定因素，即服务业从业人员的文化素质起决定作用。员工只有对工作的勤恳敬业，对消费者的诚信礼貌、热情周到、耐心细致，温文尔雅地同社会各阶层人士交往，时时、事事展现出品德高尚、办事可靠的服务精神和服务情操，售后服务才能圆满，整个服务过程才能圆满。

当然，文化不仅对于生产者自身重要，对于消费需求同样有巨大的影响。文化环境为服务业的发展提供了外部保障。任何产业的发展离不开一定的文化环境，服务业同样依托于区域的文化环境。良好的文化环境将直接促进该区域文化产业的发展。一方面，拥有良好文化环境的区域一般会拥有较高的文化需求，居民对于音乐、美术、会展、休闲等文化产业的需求量相对较高，乐于在此方面形成一定的文化消费支出，这些需求会直接催生文化产业的供给，促进文化产业的发展。另一方面，消费者知识度提高，追求更高的生活层次，引导了消费服务产品的消费。消费者文化背景和价值标准的提高，促使服务产品的文化内涵丰富多彩，服务劳动者的文化素质提高，提升服务产品的质量，进一步促进了人们对服务产品的消费，更进一步推动服务业结构的优化升级，发展现代高质量服务业。由此，促进服务业发展需要从这两方面塑造良好的文化环境。

## 二、影响服务业发展的数字经济环境①

数字经济是指以数字化技术为基础、数字化平台为主要媒介、数字化赋权基础设施为重要支撑进行的一系列经济活动，其内容不仅包

---

① 此处影响服务业发展的数字经济环境的相关理论与概念参考：戴魁早、黄姿、王思曼：《数字经济促进了中国服务业结构升级吗?》，载于《数量经济技术经济研究》2023年第2期；陶爱萍、张珍：《数字经济对服务贸易发展的影响——基于国家层面面板数据的实证研究》，载于《华东经济管理》2022年第5期。

括数字化交易，还包括确保数字化交易正常开展的基础设施、数字化媒体以及数字化货物与服务，是一个全方位多维度的经济体系。理论上，数字经济借助新一代智能信息技术、海量的数据资源和爆炸式增长的用户规模，在发展动力、发展效率和发展质量上均具有显著的优越性，赋予了服务业规模经济、范围经济、长尾效应三个新的特点，对服务业壮大规模以及提升运行效率起到重要作用，进而有利于推动服务业结构优化升级。

### （一）供给侧视角下的数字经济

从供给侧视角来看，数字经济一方面促进了服务业结构升级，另一方面催生了新兴服务贸易业态。

#### 1. 资源配置效应

数字经济通过提高资本、劳动力和技术等要素配置效率间接地推动了服务业结构升级。一方面，数字经济能够提高资源配置效率。就资本效率而言，数字金融平台便于获取、识别处理各种融资信息，减轻传统金融机构资金的"错配"问题，缓解企业融资约束；就劳动效率而言，"机器换人"的快速推进使得更多的劳动者可以通过数字化技能提升向更高技能就业岗位和更具弹性的工作岗位转移，进而可以提高劳动力要素配置效率；就技术效率而言，依托互联网、大数据等技术和平台实现集成共享的信息资源，可以更好地通过企业内部学习溢出、行业内竞争溢出和跨行业供应链溢出，更有效地促进数字技术的扩散和溢出，进而提高先进技术的使用效率。另一方面，资源配置效率提高能够促进服务业结构升级。当更多要素资源向效率较高的知识密集型或技术密集型的现代服务业和生产性服务业转移时，其份额和重要程度持续上升，即服务业结构实现了优化升级。与此同时，在要素自由流动的情况下，随着数字经济发展带来的服务业要素效率提高，更多高端人才、资本和先进技术等要素资源流入服务业，进而实现服务业结构不断升级。

## 2. 业态创新效应

数字技术的广泛应用不仅带动服务贸易结构转型升级，而且促使服务产业及服务贸易发生突破性改变，产生诸多新业态、新模式或是在原有业态及模式基础上衍生出的新业态、新模式，使服务贸易在流程、技术、体验等各方面都发生根本性的变化。数字经济带来的知识密集型服务业发展。以数字技术为支撑的知识密集型服务新业态迅速发展，为构建结构优化的服务产业新体系注入新活力，进而实现现代服务业比重不断增加或服务业结构持续升级。理论上，数字技术创新应用是新业态发展的关键驱动力，以大数据、人工智能等为代表的数字技术应用能够促进数据融通、资源流动和价值共享，进而推动商业新形态、业务新环节以及产业新组织的形成。如此种种新业态、新模式不仅丰富了服务业的内容，而且拓宽了服务业领域和边界。

### （二）需求侧视角下的数字经济

从需求侧视角来看，数字经济一方面引致消费者对传统服务业需求的升级，另一方面创造对数字化服务产品的新需求。

#### 1. 需求引致效应

利用数字技术，消费者能够对难以标准化生产的传统服务进行量化分析，挖掘更契合实际的真实信息，筛选出更高质量的服务产品，并对服务产品质量及服务水平进行全程跟踪，从而提升对传统服务贸易的体验感与信任度。与此同时，数字经济时代，消费者之间共享信息的意愿增加，传统服务通过数字技术增强消费者之间的相互影响，扩大潜在消费群体，从而获得更多需求，以此减弱在市场竞争中的劣势。此外，数字经济发展带动跨国数字流动，消费者对服务的诉求不再仅满足于纵向历史比较，而是更倾向于国际市场中的横向对比，以满足自身的需求升级，从而带动传统服务业规模的提升。

#### 2. 需求创造效应

数字经济不仅提升对传统服务业的消费需求，而且拓展和创造出对数字化服务产品的新需求。随着数字经济逐步渗透，甚至颠覆了个人与社会的交互方式，数字技术普及程度的提高带来消费端数字化程度的不断加深，消费者逐渐形成数字化消费习惯和行为。因此，在选择服务时，更加便捷的数字化服务通常会被优先选择。在大量数据信息的刺激下，部分消费者容易产生冲动型消费，偏向于"场景触发式消费"，将即时的消费需求转化为实际的消费行为，刺激了体验式、互动式、一站式的数字化服务需求蓬勃兴起。此外，数字经济的发展使消费者观念向个性化、多元化转变，消费类型和消费方式向差异化、多样化转变，从而使数字化服务需求规模大量增加。数字经济的发展不仅促进消费性数字服务需求的增加，还促进生产性数字服务需求的增加。数字技术的广泛应用会推动一个国家的制造业数字化、智能化转型，增加生产环节中数字化服务要素的投入。作为制造业中间投入品的数字化服务产品的需求日趋明显。

### （三）产业融合效应

数字经济带来的"两业"融合发展，可以实现服务业结构升级。理论上，数字技术的广泛应用促进现代服务业与先进制造业的深度融合，进而实现现代服务业比重不断增加或服务业结构持续升级。首先，数字平台优化了市场供需匹配路径，虚拟交易空间使供需之间的生产、经销等传统价值链环节便捷化，这为现代服务业与先进制造业的融合发展提供了基础和条件。其次，数字技术引发的生产方式和组织方式变革不断渗透到各产业领域，可以降低现代服务业与先进制造业融合过程中的技术壁垒。最后，数字经济能激发生产服务一体化新需求，形成推动两者融合发展的驱动力。

**知识拓展 6 – 1**

## 2023 年中国国际服务贸易交易会：以科技创新赋能服务业

2023 年 9 月 2 ~ 6 日，以"开放引领发展　合作共赢未来"为主题的 2023 年中国国际服务贸易交易会（以下简称服贸会）在北京举行。从元宇宙、人工智能到虚拟现实装备、5G 应用，各种新技术、新成果集中发布，折射出全球服务业和服务贸易"科技含量"迅速提升，而服务业发展质量也越来越取决于科技进步及其应用转化。当前，新一轮科技革命和产业变革孕育兴起，科技已经成为服务业高质量发展的坚实底座和强劲引擎。

2023 年服贸会成就展，聚焦党的十八大以来我国服务业扩大开放和服务贸易创新发展取得的巨大成就，突出展示了航天航空、医疗服务、信息数据服务等领域的 40 余个先进成果及案例。展示内容突出创新引领，重点展示人工智能（AI）、芯片技术、清洁能源等服务领域的新技术、新应用。AI 大模型、量子测控、卫星遥感等专精特新成果竞相亮相。

在 2023 年服贸会上，75 家知名企业和机构发布成果 139 项。服贸会综合展及 9 个专题展重点展示芯片技术、量子测控、卫星遥感、人工智能、数字医疗等专精特新成果，66 家企业和机构首发 125 项人工智能、金融科技、医疗健康、文化创意等领域的新产品、新技术。规模更大，国际化、专业化水平更高的一届服贸会将为服务贸易绿色、数字化转型提供新机遇。

"数字化、智能化、绿色化"是如今服务贸易高速发展的重要特征。经过前三届服贸会的积累与发展，以数字技术为代表的科技创新在本届服贸会上更加亮眼。中国联通展示的算网服务能力，显示了运营商的云计算和算力能力；京东科技联合中国工商银行展出了基于数字人民币智能合约的可编程供应链金融解决方案，展现了数字人民币背后的数字科技；由三甲医院与科技企业合作研发的远像光屏系列产品，通过 AR 自由曲面技术，可以在不改变物理距离的情况下实现远距离高清成像……在 2023 年服贸会的各个展台上，几乎都能看到数字化、智能化、绿色化的特点。

2022 年我国服务进出口总额近 6 万亿元人民币，同比增长 12.9%，规模创历史新高，连续 9 年位居全球第二。2023 年上半年，我国服务贸易继续保持增长态势，服务进出口总额达 3.1 万亿元人民币，同比增长 8.5%。其中，知识密集型服务贸易占服务贸易总额的比重提升至43.5%，服务贸易发展的质量和竞争力进一步提升。这背后，正是科技进步促进了服务业提速换挡。

资料来源：国际在线 2023 年中国国际服务贸易交易会网站：https：//news. cri. cn/special/9c9e2910 - 20c6 - 4eac - b0e7 - 08111f172b70. html。

**知识拓展 6 - 2**

## 杭州：数字经济促进现代服务业发展

完善服务市场体系，需充分利用我国超大规模市场优势，以数字经济赋能现代服务业，促进服务业态、服务模式和管理模式创新，充分发挥数字技术对经济发展的放大、叠加、倍增作用。杭州市坚持党的正确领导，充分利用自身数字经济优势，加快服务业提质增效，促进现代服务业发展。

杭州市具有较强的数字经济发展优势，已形成具有全球影响力的电子商务、云计算、大数据、数字安防等产业集群，并提出争创全国数字经济第一城，将数字经济作为杭州发展主动力、主战场、主引擎。在数字经济环境不断改善的情况下，杭州市在电子商务、互联网金融、共享经济等领域不断涌现出新业态新模式，引领带动服务业发展。

作为国务院批准的首批国家级高新区之一，杭州高新区深耕数字产业，培育出海康威视、新华三、大华等众多数字经济领军企业，打造出产业链条完整、技术优势明显的产业集群发展样本，全社会研发投入占 GDP 比重和万人发明专利授权量位居全国前列。杭州人工智能、云计算、大数据、网络安全、区块链、工业互联网等重点领域发展迅速，以云计算为例，根据 2020 年 7 月数据，阿里云亚太市场占有率第一，份额是亚马逊和微软总和。同时，在阿里的引领下，包括海康威视在内的全球领先企业及其他杭州大小企业都被带动，形成了良好的云计算产业集群效应，共计为全国提供了超过 70% 的云计算能力。

拥有强大的云计算能力，杭州市以电商基础优势引领服务业数字化广泛转型。一方面，杭州正持续做强电商等优势产业。比如，随着全国首个跨境电商综试区的建设发展，杭州加快构建"天、铁、海、陆"一体智能物流体系，加速 eWTP 示范区等新电商重点项目建设，不断优化电商发展环境。另一方面，以培育在线教育、在线办公、在线医疗等新技术新产业新业态新平台为着眼点，杭州出台了一系列就业创业扶持政策，杭州企业也释放出更多相关岗位需求、人才需求，既帮助求职者开拓更多就业机会，也为新产业新业态发展提供人才支撑。与此同时，杭州在部分数字化领域不断引领全国发展。杭州是全国第一个实现无纸币城市，移动支付在普及率、覆盖广度、服务深度等各方面，均超过北上广深，排名全国第一。新冠疫情流行期间，首创于杭州的"健康码"在疫情防控中发挥了巨大作用，杭州"健康码"上线十余天就被全国 200 多个城市借鉴落地。

凭借数字经济发展优势，2023 年杭州市经济总量也跻身"2 万亿方阵"，城区人口突破 1000 万人，成为超大城市。从产业结构看，服务业是杭州迈入"2 万亿方阵"的重要推手。数据显示，2023 年，杭州市服务业增加值达 14045 亿元，比上年增长 7.2%，拉动 GDP 增长 4.9 个百分点，对经济增长的贡献率达 89.0%，成为经济回升的主要动力。其中，以信息软件业为主体的营利性服务业增加值增长 9.3%，比上年加快 7.7 个百分点。

资料来源：国际创意与可持续发展中心网站：https：//city.cri.cn/20210426/5adc379e-65a0-de14-62e6-9374c7dfd952.html。

## 思考题

1. 结合本章内容，梳理服务业发展的影响因素，包括市场因素、政府因素和社会因素。请思考是否存在其他对于服务业发展影响显著的潜在因素。

2. 区别于工业和农业，服务业存在明显的"自增强"机制。结合本章第一节的内容，请思考为什么会存在服务业发展的"自增强"假说。

3. 我国政府历来重视为产业发展提供积极的政策支持和完善的制度环境，请收集近来我国中央或地方政府为服务业发展提供的政策支持、规划目标和制度改进等。

4. 数字经济的迅速发展影响广泛，请结合自身实际谈谈你对数字经济影响服务业发展的认识与体验。

# 第七章　服务业的规制、政策及发展状况

## 第一节　服务业规制

### 一、规制的含义及特征

"规制"一词来源于英文"regulation"或"regulatory constraint"，含义是"有规定的管理，或有法规条例的制约"，强调政府通过实施法律和规章来约束和规范经济主体的行为。

#### （一）规制的概念

规制（regulation）又称政府规制（government regulation），泛指政府对经济的干预和控制，起源于交换出现时正式与非正式的规则。它最早的概念可以追溯到古罗马时期，是指政府官员指定法令允许受规制的工商企业提供产品和服务，但这些产品和服务须由政府制定一个"公平价格"，从而否定了起初由买卖双方协商的自然价格。比如，大约在公元300年，古罗马的戴克里先（Diocletian）皇帝就为好几百种商品指定了最高公平价格。这有一层隐藏含义，即政府拥有对微观主体经济行为进行干预的强制权。

现代意义上的规制，不同经济学家有不同解释。在《新帕尔格雷

夫经济学大辞典》中对规制的解释就有两种[①]：一种是指国家以经济管理的名义进行干预。在经济政策领域，按照凯恩斯（Keynes）主义的概念，规制是指经过一些反周期的预算或货币干预手段对宏观经济活动进行调节。另一种是指政府为控制企业的价格、销售和生产决策而采取的各种行动，其目的是要努力制止不充分重视"社会利益"的私人决策。规制的法律基础由允许政府授予或规定公司服务权利的各种法规所组成。

《社会科学纵览——经济学系列》对规制则给出一个更为详尽的解释：规制是公共政策的一种形式，即通过设立政府职能部门来管理（不是直接由政府所有）的经济活动。通过立法而非单纯依靠市场力量协调产生于现代产业经济中的经济冲突。规制是一种社会管理方式，介于极端政府所有制（government ownering）和自由放任的市场之间。

在长期的研究过程中，国内外的学者基本达成共识：所谓规制就是政府根据相应规则对微观经济主体行为实行的一种干预。规制也成为固定化、专门化的名词。本书认为"规制"更接近英文原义，即政府或规制机构等规制者利用国家强权依法对被规制者（主要为企业）进行直接或间接的经济、社会控制和干预，其目的是克服市场失灵，实现公共利益最大化。

## （二）规制的分类

根据不同的分类标准，规制可以分为不同的类型。

### 1. 按照目的划分

根据规制的目的可分为竞争性规制和保护性规制。竞争性规制，即指政府对特许权或者服务权的分配。保护性规制，即通过设立一系列条件以管理私人行为维护公共利益[②]。

---

①　《新帕尔格雷夫经济学大辞典》（第四卷）（中译本），经济科学出版社1996年版，第134、137、141页。

②　郑奇宝：《从垄断到竞争》，人民邮电出版社2005年版，第19页。

### 2. 按照政府干预对象的不同划分

丹尼尔·F. 史普博（Daniel F. Spulber）在其著作《管制与市场》[①]中将规制划分为三类：直接干预市场配置，如价格规制、产业规制、合同规制；通过影响消费者决策而影响市场均衡；通过干扰企业决策而影响市场均衡。

### 3. 按照规制属性划分

美国经济学家罗伯特·哈恩（Robert Hanh）和托马斯·霍普金斯（Thomas Hopkins）则把规制分为社会规制、经济规制和程序规制三类。[②]

目前，学术界一般采取日本经济学者植草益（1992）的规制分类法。植草益根据规制主体，把由司法机关、行政机关以及立法机关进行的对私人以及经济主体行为的规制称为公共规制。公共规制又可分为直接规制和间接规制。根据规制的内容又将直接规制分为经济性规制和社会性规制[③]。详见表 7 - 1。

表 7 - 1　　　　　　　　　公共规制的分类

| 规制类目 | | 规制目标 | 主要规制手段 |
| --- | --- | --- | --- |
| 间接规制 | | 防止不公平竞争 | 司法机关根据反垄断法、民法、商法等法律制度进行间接制约 |
| 直接规制 | 经济性规制 | 防止发生资源配置低效率，确保使用者公平使用 | 政府运用法律权限，通过许可和认可手段，对相关行为进行规制 |
| | 社会性规制 | 保障劳动者和消费者安全、健康、卫生，保护环境、防止灾害 | 对产品和服务的质量以及其他各种经济活动制定一定的标准 |

① ［美］丹尼尔 F. 史普博：《管制与市场》，余晖等译，上海三联书店 1999 年版，第 87 页。
② 马云泽：《规制经济学》，经济管理出版社 2008 年版，第 9 页。
③ 植草益：《微观规制经济学》，中国发展出版社 1992 年版，第 24 页。

### （三）规制的特征

1. 公共性

规制主体具有公共性，即规制政策的制定和实施是由政府公共部门进行的，政府公共部门的显著特点是对全体社会成员的普遍性和强制力负责，政府的超经济强制权力和行政权力使其在矫正市场失灵方面具有明显的优势。

2. 限制性

规制的本质是监管、管制和限制，这种限制有两种方式，即积极引导和消极限制。规制是政府为了维护公共利益，对阻碍市场机制发挥应有功能的现象或市场机制无法作用的领域实施限制，这是一种消极限制。

3. 动态性

规制是相对于市场失灵而作出的特殊回应，会随着市场竞争体制的变化、内容的变化、一定时期的国际政策导向的变化而变化。规制随着经济形势的变化、技术进步和产业结构状况进行动态调整。

4. 微观性

尽管规制对产业组织结构产生影响，而且对整个资源配置和利益分配进行调节，但其直接作用对象是企业微观经济行为。这也是产业规制和经济政策的区别。

## 二、规制的理论依据

20 世纪 70 年代是规制理论发展的分水岭。20 世纪 70 年代之前，经济学家对规制理论的研究兴趣主要集中在某些特殊产业的价格、准入等的控制和监管上。这些产业主要有电力、交通、通信以及银行、保险、证券等。他们的研究重点是投向规模技术递增收益情况下的定价问题，即如何选择能保证公用事业的资本投资有特殊回报率的价格，以及维持成本最低化的激励等相关问题上。对这些研究成果的集大成者是卡恩（Kahn，1970）教授。

自卡恩之后，规制理论研究的对象范围不断扩大。1979 年，谢帕德（Shepherd）和威尔科斯克（Wilcox）把"针对工商业的公共政策"划分为反托拉斯法、规制及公共企业三类。[1]

1981 年，施蒂格勒（Stigler）又将规制的范围扩展到所有的公共——私人关系中，包括政策、法律制度以及对市场的直接干预手段。乔斯科和诺尔进一步发展了这些规制研究，他们除了全面总结竞争与非竞争产业里的价格与准入规制外，对环境、健康、就业安全以及产品质量进行规制，这实际上已经属于社会性规制的范畴。社会性规制自 20 世纪 70 年代之后已经有了较快的发展，并渗透到各个产业。因此说，规制理论是 20 世纪 70 年代以后在产业组织理论中逐渐发展起来的。

具体来看，规制理论经历了以下三个阶段。

### （一）公共利益理论

公共利益理论起源于国家干预的经济思想，特别是产业组织理论哈佛学派的政策主张。这一理论把政府对市场的规制看作是政府对公共利益和公共需要的反应，它包含着这样一个理论假设，即市场是脆弱的，存在着市场失灵，如果放任，就会导致不公平和低效率。从理论上讲，公共利益规制有可能带来社会福利的提高。如果自由市场在有效配置资源和满足消费者需求方面不能产生良好绩效，则政府将规制市场以纠正这种情形。这暗示着政府是公众利益而不是某一特定部门利益的保护者，应该对任何出现市场失灵的地方进行规制。

很显然，公共利益理论存在三个潜在前提[2]：一是规制机构（作为

---

① 邢丽娟等：《服务经济学》，南开大学出版社 2014 年版，第 184 页。
② 马云泽：《规制经济学》，经济管理出版社 2008 年版，第 41 页。

政府的代表）拥有完全信息，规制中不存在信息不对称；二是规制机构是仁慈的，能够为社会谋福利而没有自己的私利；三是规制机构有完全的承诺能力。

传统公共利益理论的规范分析虽然得到了很多学者的认可和支持，并在规制经济学的理论体系中占据主流的地位，且一直影响并指导着政府监管的实践。但是，这种假设前提经常被事实破坏，即实践中的政府规制往往是政府既不是从社会福利最大化出发制定规制政策，也不是单纯为了保护市场效率而采取规制行动，而是表现为与公共规制需求者的一种讨价还价的过程。因此，其理论分析中的某些弱点已经为理论界所洞察。

### （二）俘虏理论

回顾19世纪末美国的规制历史，发现规制与市场失灵实际上并不太相关。相反，直到20世纪60年代，从规制的实践经验来看，规制是朝着有利于生产者的方向发展的，规制的目的是提高行业内厂商的利润。这一现象的存在导致了规制俘虏理论的产生。

早期的规制俘虏理论认为：政府对市场的规制是为了满足产业对市场规制利益的需要而产生的（即立法者被产业所俘虏），而市场规制机构最终会被产业所控制（即执法者被产业所俘虏）。

#### 1. 施蒂格勒模型

1971年，诺贝尔经济学奖得主施蒂格勒在早期产业俘虏理论的基础上，进行了开创性的研究。他运用经济学方法分析规制的产生，由此规制就成为经济系统的一个内生变量，其真正动机是政治家对规制的"供给"和产业部门对规制的"需求"相结合，各自谋求自身利益。他提出了一系列假设条件，并对这些假设条件的逻辑内涵、一些行业被规制以及规制应采取的形式等，作了独特的分析。他通过这些分析证实：规制的目标可能不是公共利益，但也不一定偏向支持生产者。

施蒂格勒分析有两个最初前提：（1）强制力是政府的根本资源，利益集团能够劝说政府为其利益而运用强制力改善该集团的福利；（2）各规制机构的行为选择是理性的，他们都追求效用最大化，如果规制能够与利益集团的收入最大化行为要求相适应，那么规制就能为规制机构和利益集团同时增加收入。

施蒂格勒认为："市场规制的中心任务是解释谁是规制的受益者和受害者，以及政府对市场规制采取什么形式和政府规制对资源分配的影响。"[①] 他通过研究指出：（1）规制立法机构起着重新分配社会财富的作用；（2）立法者行为受政府的愿望驱使，即立法设计追求政治支持最大化；（3）利益集团之间互相竞争向立法者提供政治支持以换取对自己有利的立法。他最后得出的结论是受规制产业并不比无规制产业具有更高的效率和更低的价格。

2. 佩尔兹曼模型

1976 年，佩尔兹曼（Sam Peltzman）（施蒂格勒在芝加哥大学的同事）进一步完善了施蒂格勒的理论，并将其进一步格式化、正式化，形成了施蒂格勒模型的扩展形式——佩尔兹曼模型。

佩尔兹曼模型的关键性假设是认为公共规制者行为受他们维持目前职位的欲望驱动，追求的效用是选择政治支持最大化的政策。以限价政策为例，价格过高将导致消费者的支持减少，价格过低将降低产业利润，从而减少生产者的政治支持，因此，规制者最终将在两者之间权衡，这一价格会位于市场价格与垄断价格之间。这也就是说，被规制产业往往是竞争程度较强或垄断程度较高的产业。

3. 贝克尔（Gary Becker）模型

盖利·贝克尔的规制模型与施蒂格勒和佩尔兹曼的不同，他不以立法者或规制者选择对自己的政治支持最大化的政策为基础，而是更加强调利益集团之间的竞争。他认为，容易发生市场失灵的产业将产

---

① George J. Stigler. Theory of Economic Regulation. *Bell Journal of Economics*，Vol. 2. 1971.

生相对较大的压力使规制主体进入规制，而决定规制活动的是利益集团的相对影响。这种影响不仅由规制的福利效应所决定，而且由利益集团向立法者和规制者动用压力的相对效率所决定，由此得出的结论是市场规制倾向于增加具有较大影响力的利益集团的福利。

规制俘虏理论与规制历史实践相对符合，比市场规制公共利益理论更具有说服力，但同样受到大家的批评，即理论并没有解释规制如何逐渐被产业所控制和俘虏，受规制影响的利益集团有很多，包括消费者、劳动者组织以及厂商，为何规制受厂商控制而不是受其他利益集团的影响？对此，该理论并没有作解释，它只是假设规制是偏向生产者的。此外，反对规制俘虏理论的有力证据还在于现实生活中存在许多先前不被规制的产业，产业利润水平反而因规制而下降[1]。

### （三）新兴规制理论

新兴规制理论结合近 30 年来西方国家的经济规制改革，把规制研究的理论背景扩展到了福利经济学、公共财政学、不确定条件下决策等经济学领域，吸收多门新兴经济学理论的最新研究成果，形成了包括寻租理论、政治企业家职能理论、可竞争市场理论、激励性规制理论、新制度经济学规制理论等新的规制理论。

## 三、规制的主要方法

规制是现代市场经济体制的重要组成部分，它产生在市场经济发展的较高阶段。其一般的发展路径为竞争—垄断等市场失灵现象—市场规制。规制产生的前提是自由竞争充分发展、市场体系较为健全，市场的基础性调节作用充分发挥，以致出现了垄断、外部性等市场失灵现象。规制的方法按照规制内容、规制对象、规制焦点、规制手段

---

① 王万山、伍世安、徐斌：《中国市场规制体系改革的经济学研究》，东北财经大学出版社 2010 年版，第 10 页。

及规制理念五个维度可分为经济性规制和社会性规制、整体规制和局部规制、结构性规制和行为性规制、传统规制和激励性规制以及加强规制和放松规制等不同方面。而不同的规制又对应着不同方式手段。

## （一）经济性规制和社会性规制

规制产生的初期，政府规制的内容主要关注被规制企业的市场进入与产品定价问题。这些都属于经济性规制的范畴。但是随着社会的发展规制机构越来越重视环境保护、产品质量安全等社会问题的规制。从规制内容的角度来看规制方式可以分为经济性规制和社会性规制。

### 1. 经济性规制

经济性规制是指政府机关利用法律权限，通过许可和认可等手段，对企业的进入和退出、价格、服务的数量和质量、投资、财务会计等有关行为加以限制[1]。就经济性规制的方式而言，主要包括：（1）价格规制。政府规制者要制定特定产业在一定时期内的最高限价（有时也要制定最低限价），规定价格调整的周期。（2）进入和退出市场规制。为了获得产业的规模经济性和成本弱增性，政府规制者需要限制新企业进入产业。同时，为保证供给的稳定性，还要限制企业任意退出产业。（3）投资规制。政府规制者既要鼓励企业投资，以满足不断增长的产品或服务需求，又要防止企业间过度竞争，重复投资。还要对投资品的最优组合进行规制，以保证投资效率和效益。（4）质量规制。许多产品或服务的质量具有综合性，并不容易简单定义和直观认定。因此，在一些被规制产业中，往往不单独实行质量规制，而是把质量和价格相联系，即在价格规制中包括质量规制，如果被规制企业没有达到质量标准，或者消费者对质量的投诉太多，政府规制者就要降低规制价格水平[2]。在上述四个方面中，价格规制和进入规制是最基本的

---

[1] 植草益：《微观规制经济学》，中国发展出版社 1992 年版，第 27 页。

[2] 植草益：《微观规制经济学》，中国发展出版社 1992 年版，第 28 – 31 页。

规制内容。

### 2. 社会性规制

所谓社会性规制，是政府针对环境保护、公民工作场所及日常生活的生命安全和健康所实施的一系列规范与措施。这一规制形式主要体现为对人们利用自然资源方式的干预、对企业生产模式、生产环境及产品质量的监管、对公民特定行为的引导，以及对市场主体（包括生产者与消费者）交易签约方式的规范。其目的在于预防并减少自然过程、社会生产过程、交易签约过程及特定行为可能带来的不安全、不健康的风险与危害[①]。有学者认为，社会性规制是政府控制生产过程中产生的污染，规定生产和工作场所的健康和安全标准，限制销售者通过广告或其他传媒给消费者提供产品信息的范围，建立法规以保护消费者免受销售者的欺诈、歧视或不合格的行为的危害[②]。日本学者植草益将社会性规制定义为："旨在确保劳动者与消费者的安全、健康、卫生，以及环境保护与灾害防治，通过设定物品与服务的质量标准，并对相关活动进行规范，进而禁止或限制特定行为的一种规制措施。"他进一步将社会性规制的对象细化为保障健康与卫生、确保安全、防止公害与环境保护等几个核心领域。植草益关于社会性规制的概念，在国内已获得了普遍的应用与认可。

从以上学者对社会性规制的定义来看，社会性规制并非聚焦于某一特定产业，而是旨在实现既定社会目标而实施的一系列规制措施。其涵盖范围极为广泛，主要可归纳为以下三个方面：（1）产品质量和安全。鉴于生产者与消费者之间普遍存在的信息不对称现象，单纯依赖市场机制难以有效解决这一问题。因此，政府需积极介入，强化对产品质量的监管力度，具体涵盖但不限于对产品、食品及药品的质量与安全性的全面规制，以确保市场交易的公平、公正与透明。（2）环

---

① 王亚丽、毕乐强：《公共规制经济学》，清华大学出版社 2011 年版，第 221 页。

② 马丁·费尔德斯坦主编：《20 世纪 80 年代美国经济政策》，王健等译，经济科学出版社 2000 年版，第 320 页。

境污染规制。环境污染是一种负外部性，给个人和社会带来严重伤害，需要政府采取直接或间接的规制措施，以有效应对并缓解这一问题。（3）工作场所的健康和安全。由于某个特定的产品的生产使劳动者面临着特定的危险，即受到伤害的风险。而雇主为了减少企业的成本，其没有动机去采取措施以减少风险，因此政府应该对其进行规制，以保证生产达到安全与健康标准。

## （二）结构性规制和行为性规制

### 1. 结构性规制

结构性规制是一种旨在调控产业集中程度，通过对产业集中状态的监管而实施的管理手段。此规制机制主要聚焦于大企业及其在产业结构中的影响力，设立规范以审慎评估垄断状态的存在，即考量企业是否实际占据了显著的市场份额，并因此构建了市场支配地位，从而致使其他企业难以与之抗衡，进而导致市场竞争显著不足。在应对此类情况时，结构性规制常采取分割、拆解、解散等强有力措施，旨在将大型垄断企业划分为若干小型企业或促其解体，以此从根本上重塑市场结构，恢复并维护市场竞争的公正与秩序。

结构主义规制方法的核心理念，可自正反两维度深入剖析。其一，阻遏策略，旨在遏制企业通过并购等手段重塑市场格局，以防范其攫取市场支配地位。其二，分割策略，即针对高市场占有率的企业实施拆解，旨在降低市场集中度，塑造分散型市场结构，从而削弱具备支配地位企业的市场影响力。在这两种理念指导下，各国政府开始形成了结构性规制。主要模式就是对各产业的垄断环节与竞争环节进行纵向分离，对竞争环节实行横向拆分，形成多家竞争企业。

在实际的产业结构重组过程中，主要有以下三种市场结构模式：（1）完全纵向分离的市场结构模式。这种市场结构的特点就是把自然垄断环节与竞争环节进行纵向分离。在竞争环节引入竞争，而在自然垄断环节仍采取垄断市场结构。在这种市场结构中自然垄断环节由独立的企业经营，并且严格受到国家的规制。（2）部分纵向分离的市场结构模式。这种市场结构的特点是处于自然垄断环节的企业在竞争性领域也参与竞争。这种类型的市场结构经常用在培育新的进入者的情况。原有企业仍保持纵向一体化的市场结构，在竞争领域引入竞争，新的竞争者必须接入原有企业的垄断环节。（3）横向拆分的市场结构模式。这种市场结构的特点是只对产业进行横向拆分，不进行纵向分离。这样每个企业既经营垄断领域也经营竞争领域。

2. 行为性规制

在规制实践持续深化的过程中，规制者认识到，仅对被规制企业实施单纯的结构性调整，如简单的结构分解，并不能从根本上解决竞争不足的问题。针对非自然垄断属性的可竞争领域实施纵向拆分，并将其独立出来，此举无疑是恰当的。然而，对于竞争性业务，若仅依据业务流程和环节进行"条块化"的拆解，且每项业务均仅形成一家独立企业，尽管能在一定程度上消除"交叉补贴"现象，但此类拆分后的企业实质上仍保留垄断地位，仅是从原先的"综合型垄断实体"转变为数个"专业型垄断实体"，未必能真正实现促进市场竞争的初衷[1]。

因此，针对规制企业的考量，核心并非聚焦于垄断企业市场结构的调整，而是聚焦于其行为的有效规制。具体而言，即预防并制止垄断企业利用其市场支配地位进行不当行为。这一理念促成了行为规制理论的诞生。行为规制理论主张，在规制企业的过程中，应着重规范那些占据市场支配地位的企业行为，而非过度关注产业的集中程度。行为规制的范畴涵盖了多个方面，包括但不限于：制定并实施防止市场支配企业实施反竞争行为的措施；实施价格监管；以及针对广告及其他可能影响市场竞争活动的行为进行规制。

---

[1]　戚聿东：《中国自然垄断产业改革的现状分析与政策建议》，载于《经济学动态》2004年第5期。

### （三）传统规制和激励性规制

1. 传统规制

传统最优规制理论实质上是研究规制者与被规制者信息完全的假设前提下的最优规制方式。传统的规制手段主要采用价格规制、进入和退出规制、投资规制等工具对微观经济主体进行规制①。

（1）价格规制就是政府对特定产业的竞争主体在一定时期内的价格进行规定，并根据经济原理规定、调整价格的周期。传统价格规制手段包括边际成本定价方法、平均成本定价方法、拉姆齐定价方法。（2）进入和退出规制就是为确保公共服务的稳定供应，避免出现重复建设、浪费资源或者垄断状况，需要对产业的企业数目进行调控以便形成相对竞争但是又能实现规模经济的市场结构。（3）投资规制就是政府通过经济主体对特定产业进行投资的鼓励或限制，控制产业主体的数量以及确定投资回报率。投资规制的一个重要手段就是规制垄断企业的投资回报率。该规制的实质是政府、企业及消费者就企业投资回报率达成共识而签订的一种合约。在投资回报率规制下，只要被规制企业的资本收益率不超过规定的公正报酬率，则企业的价格可以自由确定。在投资回报率规制下，被规制企业缺乏降低成本、提高生产效率的激励。并且被规制企业会选择更多地使用资本以提高产品或服务的价格进而增加企业总收入的策略。这样，在既定的产出下，只会导致被管制企业过度投资而缺乏降低成本、提高生产率的动力，产生了所谓的 A－J 效应②。

2. 激励性规制

传统规制普遍面临一个核心弊端，即其内在假设——政府规制机构与被规制企业在规制方案的制定和实施环节中掌握的信息量相当，

---

① 植草益：《微观规制经济学》，中国发展出版社 1992 年版，第 28 页。

② Averch，H.，and L. L. Johnson. Behavior of the firm under regulatory constraint. *The American Economic Review*，Vol 5. 1962.

呈现出一种对称信息博弈。然而，规制实践深刻揭示了这一假设的局限性：规制机构所掌握的企业信息，相较于企业自身所了解的，显得尤为匮乏。被规制企业往往会巧妙地利用其信息优势，采取一系列对规制机构和消费者不利的策略行动，进而导致规制效果偏离其既定目标①。

自 20 世纪 80 年代初以来，随着欧美等发达国家放松规制浪潮的兴起，众多杰出的经济学家开始将合同理论的最新研究成果及博弈论的分析方法融入规制分析之中，于非对称信息框架内对传统规制工具进行了深度拓展，为当代规制实践引入了全新的视角与工具。新型规制理论建立在规制机构与被规制企业间非对称信息及目标差异性的基础上，依托新兴的机制设计理论，综合考虑规制机构的信息限制以及企业的参与与激励约束条件，致力于探索最优规制机制的设计路径。该理论框架下，主要包括但不限于基于委托代理理论在非对称信息环境下的规制策略、价格上限规制、RPI－X 规制、特许投标制度以及标尺竞争等规制工具②。

### （四）加强规制和放松规制

从一定意义上说，西方经济学是资本主义市场经济运行经验的总结，其发展史是政府干预主义与自由主义斗争的缩影，规制经济学也受此影响，其变革反映了市场经济规制实践与理论的互动与同构。精炼而言，西方经济学与规制经济学均深刻反映了市场经济发展的思想历程与实践演进。

19 世纪末至 20 世纪初，资本主义市场经济处于自由竞争阶段，西方主要国家推行自由放任政策，新古典经济学盛行。此时，政府规制作用有限，被称为"市场模式的规制"。资本主义市场经济从自由竞争

---

① Stigler, G. J., Friedland, C., What Can Regulators Regulate? The Case of Electricity, *Journal of Law and Economics*, vol. 5. 1962.

② Laffont J J, Tirole J. *A theory of incentives in procurement and regulation* ［M］. Cambridge, MA: The MIT Press, 1993.

资本主义发展到垄断资本主义，垄断组织在经济领域占据统治地位。垄断组织的统治要求与国家力量相结合，国家垄断资本主义随之产生。第一次世界大战前，国家垄断资本主义有了较大发展，规制逐渐加强。大战结束后，各主要西方发达国家对经济的规制曾有所削弱。但20世纪30年代的大萧条，又推动了国家垄断资本主义的迅速发展。在大战期间，国家垄断资本主义主要是用规制来支持战争，即战时统制经济；而大萧条期间，国家垄断资本主义把规制作为反危机的措施，即通过颁布法律，建立规制机构，实施财政、金融和其他规制手段，全面干预经济。但此时居于正统地位的新古典经济学却仍将垄断及其规制视为"例外现象"，因而遭到质疑，凯恩斯主义经济学（政府干预主义）应运而生。从20世纪30年代直到20世纪70年代，凯恩斯主义占据西方主流经济学的绝对优势，政府干预经济的作用日益增强，政府规制范围不断扩大，大量新的政府干预经济形式出现。相应地，规制主义制度结构居于主导地位。受此影响，规制经济学家从公共利益角度，阐发规制缘由与方法，公共利益规制理论迅速发展起来。

20世纪70年代以来，美国、英国、日本等成熟的市场经济国家在电信、电力、铁路、航空、石油及天然气输送、煤气、自来水等自然垄断行业的规制出现了放松的趋势。放松规制的首要目的在于引入竞争机制、减少规制成本、促使企业提高效率、改进服务[①]。放松规制包括将行业禁入改为自由进入，取消价格规制等政策。即放宽自然垄断产业中竞争性业务领域的市场准入，允许具有相应规模的企业自由竞争，形成具有活力的竞争机制。以美国为例，美国民航从20世纪70年代末开始放松规制，1978年出台了《航线放松规制法》，1981年取消线路规制，1983年取消了价格规制。通过20年的实践，美国航空机票价格总体下降了33%，全行业的全要素生产率（FTP）提高了15%，安全系数也得到了很大的提高，服务质量也明显改进。在这样的形势

---

① 植草益：《微观规制经济学》，中国发展出版社1992年版，第166–168页。

下，各国政府对规制理论与实践的认识也不断转化，放松规制（Deregulation）的改革正在各国自然垄断产业中有条不紊地展开。

## 四、服务业规制与制造业规制的主要区别

### 1. 服务业的特点

服务业具有无形性、不可储存性、不可分离性、异质性和所有权不可转让性的特点，与制造业相比更加注重人与人之间的互动和体验，因此服务业的规制需要更加注重服务质量、从业人员素质和消费者权益保护等方面。

### 2. 监管方式的差异

制造业规制主要侧重于产品质量和生产过程的监管，通常采取事后监管的方式，即通过抽检、检验等手段对产品进行监督；而服务业规制更加注重服务过程和服务质量的监管，通常需要事前审批和事中监管，以确保服务的安全和质量。

### 3. 监管对象的不同

制造业规制主要针对生产企业和产品，监管对象相对集中；而服务业规制涉及范围广泛，涵盖了各类服务企业和从业人员，监管对象相对分散，需要建立完善的监管机制和体系。

综上所述，增加服务业规制需要制定明确的法律法规、建立监管机构、加强信息公开和消费者权益保护，同时需要注意与制造业规制的区别，注重服务质量、从业人员素质和消费者权益保护等方面的监管。

---

**知识拓展 7-1**

## 中国服务业规制的实践

铁路、电信和电力行业是国民经济的基础行业，在社会生活中起

着关键性作用。三大行业规制是服务业中规制的重点行业。因此本部分选取这三大行业规制实践案例进行介绍。

（一）中国铁路行业规制实践

1. 铁路运输业的经济特性

铁路行业的经济特性在于自然垄断与竞争并存、作为公共产品的公益性以及网络经济性。第一，铁路运输网所需投资巨大，具有明显的自然垄断特性，但经营项目、建设项目、线路等可进行公开招标，通过政府规制和投融资责任约束引入竞争。铁路与航空、公路等交通方式互相替代，同时具备自然垄断性和可竞争性。第二，铁路运输是公共产品，实现空间位移带来发展机会和正外部性，促进经济繁荣。虽然铁路拥挤，但其社会成本和效益远高于私人成本和效益，凸显公益特性。第三，铁路路网作为复杂的网络结构，体现规模经济、范围经济和密度经济，要求一定的组织边界和规模，以优化路网功能并充分发挥正外部性。

2. 铁路行业规制的主要内容

铁路行业规制的主要内容包括以下几个方面：

（1）建设规划和管理：铁路行业规制涉及铁路网络的建设规划和管理。政府制定铁路发展规划，确定铁路线路、站点和设施的建设布局，以及运输能力和服务水平的要求。同时，对铁路建设项目进行审批和监管，确保其符合安全、环保和质量标准。

（2）运营管理和安全监管：铁路行业规制涉及铁路运营管理和安全监管。政府制定运营管理规范和标准，包括列车运行时刻表、运输服务质量要求等。同时，加强铁路安全监管，制定安全管理制度和标准，确保铁路运营的安全性和可靠性。

（3）费率和票价管理：铁路行业规制涉及铁路运输费率和票价的管理。政府制定铁路运输费率和票价政策，确保其合理、公平和透明。同时，对铁路运输费率和票价进行监管，防止垄断行为和价格歧视。

（4）竞争和市场准入：铁路行业规制涉及铁路市场的竞争和准入管理。政府鼓励铁路市场的竞争，推动多家企业参与铁路运输市场。

同时，制定市场准入规则和条件，确保市场竞争的公平和有序。

（5）社会责任和服务质量：铁路行业规制涉及铁路企业的社会责任和服务质量管理。政府要求铁路企业履行社会责任，提供安全、便捷、高效的运输服务。同时，制定服务质量标准和监管措施，确保铁路服务的满意度和质量。

3. 我国铁路运输行业规制中存在的问题及改革方案

目前，我国铁路运输业仍存在独家垄断问题，主要涉及以下几个方面：第一，政企不分。例如，在运价形成方面，旅客票价和货物、包裹、行李的运价、货物运输杂费等收费项目由国家统一规定。第二，铁路主业运价水平偏低，铁路企业成本不透明，经营效率低下。第三，主业运价之外的乱收费现象严重。第四，目前仍按照全行业自然垄断性质进行规制，既实行市场保护和严格控制运价，又直接经营企业，抑制了市场经营活力。

我国铁路行业规制改革的总体思路是准入机制逐步放宽，引入竞争的运营机制，以"保本微利"为主的运价规制，体现社会效益，并通过竞争提高效率。具体措施如下：第一，铁路行业投融资体制改革：放宽铁路建设、运输等多元经营领域的投资准入，保护各类投资者的权益。第二，合理运用"网运合一"和"网运分离"原则：实行政企分开、政资分开，加强各专业公司的独立性，区分自然垄断和竞争性。第三，铁路运价规制改革：改变铁路运价统一的局面，确保各铁路局的利益平衡，实现管理、投资和经营的市场化。

（二）中国电信业的规制实践

由于市场需求扩大和电信技术的快速发展等原因，电信产业的自然垄断性减弱，而竞争性增强，所以改革电信业传统的规制体制在世界各国尤为迫切。在我国，电信业的规制改革也成为网络型基础产业规制改革中最引人瞩目的领域，其改革大体上经历了三个阶段：

1. 1980～1993 年：放松价格规制阶段

由于 1980 年之前，我国电信业主要由政府（原邮电部）直接经营，国家对电话资费实施严格规制，电信业基本不盈利甚至亏损，电信基础设施及服务短缺成为经济增长的"瓶颈"之一。为了解决这一问题，从 1980 年起，开始实施电信管理体制改革并放松价格规制。采取的措施有：一是对邮电业实行中央和地方双重领导，以改变仅仅依靠中央政府财政发展电信业的局面，采取"统筹规划、条块分割、分层管理、联合建设"的政策。二是政府于 1979 年 6 月批准邮电部门征收电话初装费等措施，在一定程度上放松了价格规制。三是采取财政支持，减免关税和加速折旧等措施。以上措施的执行，切实地促进了电信业的发展，但电信业"政企合一"体制下的行政性垄断矛盾日益突出，公众对电信服务高价低质很不满意。

2. 1993～1998 年：放松进入规制和竞争阶段

1994 年联通公司成立，它标志着政府开始放松进入规制，电信市场独家垄断局面开始被打破。双寡头的竞争使基本电信服务市场效率得到一定的改进。但此阶段电信管理机制和市场结构方面仍有突出矛盾：一是政企不分的管理体制。邮电部既是电信服务的经营者，又是电信产业的宏观管理者，在此格局下不可能存在真正意义上的公平竞争。二是非对称竞争。邮电部与联通公司实力相差悬殊，1998 年，联通公司的自有资产只有中国电信的 1/260，营业收入仅为中国电信的 1/112。这就意味着，在电信市场上并没有因联通公司的进入而形成有效的竞争。

3. 1998 年至今：机构改革和产业重组阶段

1998 年 3 月 11 日，政府在邮电部、电子工业部的基础上组建信息产业部，并将广播电视部等其他部门的通信管理职能并入信息产业部。随后邮政和电信进行分家，中国电信成为一个独立经营的电信运营商，至此初步形成了政企分开的体制架构。为进一步推动我国电信市场的公平竞争，1999 年 2 月，中国电信纵向拆分成新中国电信、中国移动和中国卫星通信 3 个公司。此外，政府主管部门又给网通、吉通和铁通公司颁发了电信运营许可证。由此国内电信市场有电信、移动、联通、网通、吉通、铁通和卫星通信共 7 家电信运营商，初步形成电信市场分层竞争格局。2001 年底，中国电信拆分成南北两大电信集团，南方依旧称中国电信，北方电信与网通、吉通组建为新网通。2002 年 5 月 16 日，中国电信南北正式分拆为中国电信集团以及中国网通集团。2004 年 1 月 29 日铁通公司由铁道部移交国资委，更名为"中国铁通"，作为国有独资基础电信运营企业运作。这样，我国电信市场形成中国移动、中国电信、中国网通、中国联通、中国铁通这五大运营企业加上中国卫星（称为 5 + 1）的格局。

（三）中国电力行业的规制实践

1. 1949 ~ 1985 年：政企合一、国家垄断经营

这一阶段的重要特征为，作为国务院的行政机构，中央政府的电力行业管理部门，既是电力行业相关政策的制定者和行业管理机构，行使行业管理和行政执法的职能；又是电力行业唯一的生产经营者；还是国有资产的经营管理者，负责投资建设电力项目并取得收益。在此期间，虽然电力行业主管部门多次调整和变更，但是并未脱离政企合一、国家垄断经营的体制框架。

2. 1985 ~ 1997 年：政企合一、发电市场逐步放开

这一阶段的特点是，政府的管制政策有所调整，在发电市场引入了许多投资者，结束了发电市场独家经营的局面，但原有的政企合一的管理体制、政府管理方式以及垂直一体化的经营方式并未得到改善。为调动地方、企业等各类经济主体办电的积极性，缓解日益严重的缺电局面，1985 年国务院颁布了《关于鼓励集资办电和实行多种电价的暂行规定》，提出了"政企分开，省为实体，联合电网，统一调度，集资办电"和"因地因网制宜"的方针，并实行了"新电新价"政策。这一时期的改革带来了积极的成果：一是极大地激发地方政府和外资的投资积极性，促进了电力工业的快速发展。到 1997 年，全国性的严重缺电局面基本得到缓解。二是打破了多年来国家垄断的市场结构。

3. 1998 年至今：政企分开、实施深层次体制改革

此阶段实施的改革开始涉及电力行业的深层次矛盾，重点解决政企不分的问题，适时在五省一市进行以"厂网分离，竞价上网"为主要内容的电力市场化改革试点。为了解决体制性弊端，1997 年我国成

立了国家电力公司，将原电力工业部行使的行政管理职能移交到经贸委，着重解决电力行业政企不分问题。管理体制改革后，国家电力公司仍保持着拥有全国 46% 的发电资产和 90% 的输电资产的垂直垄断格局。2002 年，国务院出台《电力改革方案》，根据方案要求，我国电力体制将实行"厂网分开竞价上网、打破垄断、引入竞争"的原则。理顺电价机制是这一轮电力体制改革的核心内容，新的电价体系划分为上网电价、输、配电价和终端销售电价。2002 年 12 月 29 日，国家电力公司重组，成立两家电网公司（国家电网公司和南方电网公司），5 家发电集团公司（华能、大唐、华电、国电、中国电力投资）和 4 家辅业集团公司。2003 年 3 月，国家电力监管委员会成立，标志着我国电力行业管理体制由传统的行政管理向适应市场经济要求的依法管理的转变。

资料来源：王雅丽、毕乐强：《公共规制经济学》（第 3 版），清华大学出版社 2011 年版，第 337 - 349 页。

# 第二节　服务业发展政策

政策与规制均为政府调控产业经济的手段，二者的主客体相同，实施主体均为政府相关部门或授权机构，调控客体是特定行业或部门。规制是公共政策的一种形式，强调的是政府的干预作用，其调节对象一般为产业内的企业及其他市场主体，着重从微观层面调控因市场机制引起的失灵及未能最优利用资源问题，而政策则一般从宏观层面进行调控。有鉴于此，在服务业规制的基础上进一步介绍服务业发展的政策，本节主要就服务业政策发展历程、产业政策、财政政策、税收政策、科技政策、开放政策等内容进行梳理。

## 一、我国服务业发展历程

新中国成立以来，中国的服务业经历了一个从无到有、从停滞不前到蓬勃发展的过程。具体来说，我国服务业发展经历了以下几个阶段。

## （一）严重抑制阶段（1949~1978 年）

中国是一个传统农业国家，长期以来国民经济的发展重心一直放在农业生产上，从思想上就不重视商业的发展。新中国成立初期，中国经济发展主要借鉴了苏联的集中计划模式。首先，国家高度管制体制严重制约了经济活力。1949 年 9 月通过的《中国人民政治协商会议共同纲领》规定："实行对外贸易的管制，并采取保护贸易政策"，实质上是在实行国家贸易统制管理。这种高度管制的外贸体制与高度集中的计划经济体制严重束缚了经济贸易的增长。其次，实体产业不发达导致服务业十分落后。当时中国的产业结构十分简单，工业生产水平十分低下。根据国家统计局数据，1949 年，中国社会总产值中农业产值比重达 58.5%。随着经济的发展、社会生产的扩大，中国的产业结构也发生了相应变化。1977 年，农业总产值在社会总产值中的比重降至 20.87%，同时工业和建筑业比重上升至 62.5% 和 7.7%。最后，理论与思想的偏执不利于服务业发展。当时中国注重发展重工业，忽视服务业的发展；同时受传统政治经济学价值观影响，当时经济指导思想认为服务是非生产性的，"服务不创造价值，只参与价值分配"，服务业被认为是一种"享受型产业"而受到轻视，导致服务业发展主要集中在生产和基本生活领域，而消费型、生产型、创新型等服务业态发展极其缓慢且弱小。当时中国的对外服务贸易规模很小，贸易范围也局限在旅游、货运等方面，有关服务贸易方面的统计资料几乎是一片空白。开展这些服务贸易的主要目的也是满足当时政治和外交的需要。例如，中国 1949 年 11 月开办的华侨服务社，主要就是为海外侨胞回国探亲访友、参观游览提供方便。据国家统计局统计，第三产业在国民经济中的比重由 1949 年的 19.6% 下降至 1977 年的 17.8%。

## （二）初步发展阶段（1978~2001 年）

1978 年，中国拉开了改革开放的序幕。中国服务业从封闭走向开放。为了方便海外华侨来华投资办厂、探亲旅行，航空运输和酒店行业成为中国首批对外开放的服务产业。然而，当时经济社会的主要矛盾是物资、技术、外汇和资金短缺，对外开放主要针对货物贸易的进出口，通过承接国际制造业转移解决这些缺口问题。在此阶段，中国服务业对外开放总体滞后于制造业，服务业和服务消费比重很低，服务业的产业基础比较弱，服务业开放度较低且受限较多，整体上处在服务业对外开放的初始阶段。20 世纪 80 年代，中国只有旅游设施、饮食服务等少数服务业领域对外资开放。由于服务业在对外开放中属于较敏感、难度较大且滞后的部门，因此中国在引进外资时十分谨慎，基本上采取的是合资或合作方式，某些部门对外资比例作了很大限制。但在旅游业、房地产业和餐饮服务业等领域对外资的限制相对宽松。在 1979 ~ 1990 年利用外资的总量中，服务业占比超过了 1/3。主要是因为改革开放之初由于外商来内地考察导致对宾馆建设、旅行服务等需求大增，使得外资较为密集地进入这些行业。总体上，由于此阶段历史任务所限及社会认知不足，中国服务贸易发展仍比较落后，呈现水平低、规模小的特点。

### （三）快速发展阶段（2001 ~ 2012 年）

经过 15 年的拉锯式谈判，中国于 2001 年正式加入 WTO。此举大大加速了中国改革开放的历史进程，也对服务贸易产生非常有力的推动。"入世"后，中国在服务贸易的境外消费和跨境提供方面大大降低限制，不断扩大服务业开放领域，服务业开放水平得到显著提高。这一时期中国服务业与服务贸易的开放发展步伐主要受到加入 WTO 的国际化压力而进一步加快，这是服务业开放的动力所在。在"入世"时，中国对《服务贸易总协定》规定的 12 大类中的 9 大类、近 100 个小类做出了渐进的开放承诺，其中金融、通信、旅游、运输和分销服务业成为对外开放重点，占服务部门总数的 62.5%，承诺的开放程度几乎接近发达国家水平。在"入世"效应的带动下，2003 年中国服务贸易总额首次突破 1000 亿美元。2002 ~ 2006 年是中国"入世"五年过渡期，这是 WTO 给中国的调整期，其间，中国大刀阔斧地推动全方位改革开放的步伐，在服务业开放方面建树颇多。2006 年之后，除少数个别特殊领域外，中国在加入 WTO 的谈判中所做出的服务业开放承诺已全部履行到位，服务业开放进一步扩大。涉及领域与范围进一步深入。根据《中国的对外贸易》白皮书，截至 2010 年，中国加入 WTO 的所有承诺全部履行完毕。随着服务业开放程度不断加深，外商直接投资逐步移向服务业，虽然制造业仍然是吸引外资直接投资的重点，但服务业的开放大大促进了服务业领域的外商直接投资，并由此带动服务贸易规模的快速增长。但与世界发达国家相比，在商业存在、自然人流动方面依然存在诸多限制。

## （四）赶超发展阶段（2013 年至今）

2012 年中国经济进入新常态，经济增长方式面临转变，服务业与服务贸易成为经济增长与对外贸易的重要领域，服务贸易得到政府政策的大力扶持。2013 年 11 月 12 日，中国共产党第十八届三中全会通过了《中共中央关于全面深化改革若干重大问题的决定》，标志着中国的改革开放进入新的历史时期。在对外开放方面，为顺应新阶段的发展要求，该决定提出要构建开放型经济新体制。党的十九大报告指出"推动形成全面开放新格局""推进贸易强国建设""扩大服务业对外开放"。中国积极推动形成全面开放新格局，中国服务业对外开放步伐进一步加快。2013 年 9 月 29 日，全国第一家自贸试验区——上海自贸试验区在浦东正式挂牌成立，预示着以服务业开放为主导的新征程的开启，服务业在国家对外开放大局中由"配角"正式变为"主角"，而且成为中国高水平对外开放的关键支点。2015 年 5 月，国务院发布《关于北京市服务业扩大开放综合试点总体方案的批复》，对北京市服务业扩大开放综合试点进行部署，在科学技术、文化教育、金融服务、商务旅游、健康医疗等领域分批次推出一系列扩大开放举措，努力形成可推广复制到全国的服务业扩大开放经验。为构建开放型经济新体制，2016 年 2 月，发布的《国务院关于同意开展服务贸易创新发展试点的批复》同意在天津、上海、海南等 15 个省市（区域）开展服务贸易创新发展试点，通过这些服务贸易发展较好的地区大胆探索以推动服务贸易发展模式上的创新，为后续全国发展服务贸易提供可复制经验。2018 年 6 月国务院发布《深化服务贸易创新发展试点总体方案》在原来 15 个城市基础上新增北京、雄安新区两个试点地区，使服务贸易创新发展试点地区达到 17 个，基本涵盖了中国服务贸易的主要贡献区域。2018 年 4 月习近平主席在博鳌亚洲论坛期间，宣传扩大金融业开放的一系列举措。[①] 同月，习近平总书记出席庆祝海南建省办经济特区 30 周年大会并发表重要讲话，宣布党中央支持海南稳步推进中国特色自由贸易港建设，其中发展现代服务业是重要产业指导方向。[②] 由此可见，目前中国的高水平开放基本上以服务业为主，服务贸易成为新时代中国对外开放的鲜明旗帜。

## 二、服务业发展的产业政策

产业政策是政府为了实现一定的经济和社会目标而对产业的形成和发展进行主动干预的各种政策的总和。它是由一国中央或地方政府制定的。产业政策的功能主要是弥补市场缺陷，有效配置资源；保护幼小民族产业的成长；熨平经济震荡；发挥后发优势，增强适应能力。产业政策的内容包括产业结构政策、布局政策和组织政策。

### （一）产业结构政策

加快产业结构调整，主要是鼓励和引导服务业加快发展，致力于提高服务业在经济总量中的比重，以及服务业内部结构的优化升级。

为了提高服务业在经济总量中的比重，促进我国服务业的发展，

---

① 张子扬：《习近平出席博鳌亚洲论坛 2018 年年会开幕式 宣布中国扩大开放新重大举措》，载于《中国新闻网》2018 年 4 月 10 日。

② 中国政府网：《习近平：在庆祝海南建省办经济特区 30 周年大会上的讲话》，中国政府网，2018 年 4 月 13 日，https：//www.gov.cn/xinwen/2018－04/13/content_5282321.htm。

《中华人民共和国国民经济和社会发展第十二个五年规划纲要》提出："要把推动服务业大发展作为产业结构优化升级的战略重点，营造有利于服务业发展的政策和体制环境，拓展新领域，发展新业态，培育新热点，推进服务业规模化、品牌化、网络化经营，不断提高服务业比重和水平。"同时，还提出到 2015 年服务业增加值占国内生产总值比重较 2010 年提高 4 个百分点的预期性目标。"十二五"重要任务包括优化服务业结构，加快发展生产性服务业，积极发展生活性服务业，营造服务业加快发展的良好环境。

对于服务业内部结构的发展优化，要双轮驱动，即推进传统服务业的现代化与加快新兴服务业发展。提升传统服务业，是服务业现代化转型升级的必由之路，是服务业提升核心竞争力的客观要求。中国是后起的发展中国家，必须运用现代经营方式和信息技术改造金融、物流、商业、旅游、教育、医疗等传统服务业，改善服务手段，丰富服务内容。要实现新型服务业的跨越，就要抓住信息技术步伐加快和新业务、新业态不断涌现的机遇，围绕互联网、移动通信、游戏动漫、信息服务、电子商务等新兴服务业发展，创新发展环境，凝聚发展人才，积累发展经验，壮大产业规模，从而实现新兴服务业的规模化、产业化。新兴服务业是支撑现代服务业跨越式发展的重要产业。中国与发达国家站在同一起跑线上，实现技术重大突破和产业跨越式发展的空间更大、机会更多，因此，应把新兴产业发展作为支持的重点领域。中国的产业结构政策总结如表 7 - 2 所示。

表 7 - 2　　　　　　　　　　　　中国的产业结构政策

| 政策 | 内容 |
| --- | --- |
| 优化产业布局 | 政府通过引导和支持产业的布局调整，推动产业的集聚和区域协同发展。重点发展战略性新兴产业和高技术产业，促进传统产业的转型升级 |
| 促进产业升级 | 政府通过加大对技术创新的支持力度，推动企业进行技术改造和创新，提升产业的技术水平和竞争力。鼓励企业加大研发投入，推动关键核心技术的突破和应用 |

续表

| 政策 | 内容 |
|------|------|
| 推动产业融合发展 | 政府鼓励不同行业之间的融合发展，推动产业链上下游的协同合作，实现资源共享和优势互补。促进产业组织的优化和协同，提高产业组织的集中度和规模效益 |
| 加强人才培养和引进 | 政府加大对人才培养的支持力度，推动产业人才的培养和引进，提升产业的创新能力和人才素质。鼓励企业与高校、科研机构合作，加强产学研结合 |
| 绿色发展 | 政府推动产业绿色化转型，鼓励企业采用清洁生产技术，提高资源利用效率和环境保护水平。加强环境监管和治理，推动产业的可持续发展 |

## （二）产业布局政策

调整服务业产业布局，有利于实现合理分工、协调发展和资源整合。对于产业布局理论的研究由来已久，主要有迈克尔·波特（Michael E. Porter）的竞争优势理论、产业集群理论，赫克歇尔（Heckscher）及其学生俄林（Ohlin）的资源禀赋理论，弗朗索瓦·佩鲁（Fransois Perroux）的增长极理论及萨伦巴和马力士由此延伸形成的点轴开发理论。对此，2019 年国家发展和改革委员会等 15 部门印发《关于推动先进制造业和现代服务业深度融合发展的实施意见》提出将引导产业组织进行布局优化，推动产业集聚和区域协同发展，提高产业组织的集中度和规模效益。同时国家发展改革委于 2021 年发布的《关于推动生活性服务业补短板上水平提高人民生活品质的若干意见》以及服务业扩大开放综合试点有关政策支持服务业产业布局向生活化倾斜，并在人才化、数字化、融合化、开放化等方面进行优化调整，具体政策内容如下。[①]

第一，支持生活性服务业标准化、品牌化发展。支持在养老、育幼、家政、物业服务等领域开展服务业标准化试点，推动各地开展生

---

① 国家发展改革委：《关于推动生活性服务业补短板上水平提高人民生活品质的若干意见》，中华人民共和国中央人民政府，2021 年 10 月 13 日，https://www.gov.cn/gongbao/content/2021/content_5651727.htm。

活性服务业"领跑者"企业建设，以养老、育幼、体育、家政、社区服务为重点，培育一批诚信经营、优质服务的示范性企业；推动各地在养老、育幼、文化、旅游、体育、家政等领域培育若干特色鲜明的服务品牌。

第二，人才支撑。政府将从完善产教融合人才培养模式、开展大规模职业技能培训、畅通从业人员职业发展通道几个方面加大人才培养支持力度。

第三，数字化赋能。政府将加大对创新创业的支持力度，鼓励企业进行技术创新和商业模式创新，推动产业组织的转型升级。比如引导各类市场主体积极拓展在线技能培训、数字健康、数字文化场馆、虚拟景区、虚拟养老院、在线健身、智慧社区等新型服务应用；引导支持各地加强政企合作，建设面向生活性服务业重点应用场景的数字化、智能化基础设施，打造城市社区智慧生活支撑平台。

第四，支持产业融合发展。政府将鼓励不同行业之间的融合发展，推动产业链上下游的协同合作，实现资源共享和优势互补。比如在生活性服务产业发展中，一是支持创新医养结合模式，健全医疗与养老机构深度合作、相互延伸机制；二是促进"体育+健康"服务发展，构建体医融合的疾病管理和健康服务模式；三是推进文化、体育、休闲与旅游深度融合，推动红色旅游、工业旅游、乡村旅游、健康旅游等业态高质量发展；四是支持"服务+制造"融合创新，发展健康设备、活动装备、健身器材、文创产品、康复辅助器械设计制造。

第五，支持服务产业开放化发展。早在2015年，北京市就启动了服务业扩大开放综合试点工作，2021年又在天津、上海、海南、重庆等地推动试点，2022年试点城市增加沈阳市、南京市、杭州市、武汉市、广州市、成都市六市。《关于推动生活性服务业补短板上水平提高人民生活品质的若干意见》也提出政府有序推进教育、医疗、文化等领域相关业务开放，支持粤港澳大湾区、海南自由贸易港、自由贸易试验区依法简化审批流程，更大力度吸引和利用外资。探索引入境外家政职业培训机构落户海南。

### （三）产业组织政策

调整产业组织结构政策即通过选择高效益的，能使资源有效使用、合理配置的产业组织形式，保证供给的有效增加，使供求总量的矛盾得以协调的政策。实施这一政策可以实现产业组织合理化，为形成有效公平的市场竞争创造条件。这一政策是产业结构政策必不可少的配套政策。我国服务业发展的产业组织政策集中在国有企业、中小服务企业、连锁型企业、产业组织与联盟四个方面：

第一，推进国有服务企业改制，引入竞争机制，大力培育市场主体，尤其对于自然垄断行业，如电信业、铁路业等，要增强企业活力。

第二，积极扶持中小服务企业发展，减少对现代服务业的准入限制，建立公平、合理、规范、透明的准入制度，消除不必要的障碍，鼓励和支持各类资本进入未禁的现代服务业领域，发挥其在自主创业、吸纳就业等方面的优势。

第三，政府鼓励企业规模化、网络化经营，对于连锁型企业，政府在简化手续方面作出了许多努力，比如，除有特殊规定外，现代服务企业设立连锁经营门店可持总部出具的连锁经营相关文件和登记材料，直接到门店所在地工商行政管理机关申请办理登记和核准经营范围手续。

第四，加强产业协会组织与产业联盟建设。2019 年国家发展和改革委员会等 15 部门印发《关于推动先进制造业和现代服务业深度融合发展的实施意见》中的有关政策，旨在推动不同行业之间的融合发展，促进产业组织的优化和协同，实现产业链的延伸和价值链的提升，为了实现这一目标，政府还积极支持产业协会组织的发展和产业联盟的建立。一方面，鼓励加强产业协会组织建设，政府将支持和加强产业协会组织的作用，促进行业间的交流合作和资源整合，提升产业组织的自律和服务能力。另一方面，支持建立产业联盟，政府将鼓励企业建立产业联盟，推动企业间的合作共赢，实现产业组织的协同发展和共同进步。

通过《关于推动先进制造业和现代服务业深度融合发展的实施意见》政策的实施，中国将加快产业组织的优化和协同，推动不同行业之间的融合发展，提升产业组织的竞争力和创新能力。

### 三、影响服务业发展的财政政策

从国际经验来看，财政政策的设计与实施在很大程度上影响着服务业的发展。对于我国这样服务业欠发达的国家来说，财政政策的支持尤为重要。

#### （一）我国财政支持服务业发展的四个特征

第一，基础性和公益性。应该重点支持那些在国民经济和相关创业中具有基础和公益作用的领域。提高政府公益服务的责任性、覆盖面和社会满意水平。这些领域主要是传统服务业，比如基础教育、通信交通、公共卫生、弱势群体保障、农业发展、农村和边远地区建设。这些行业大多是投资大、见效慢、收益低的公益性服务业。

第二，连带性。重点支持那些对其他行业具有较强的连带作用，能够带来相关行业迅速发展的行业，比如金融服务、现代物流业、旅游业、产业化经营的城市社区服务业以及农业支撑服务体系。

第三，透明性和可信性。优化决策程序，完善信息披露机制。公布财政重点支持服务业的领域和行业，公布财政支持的依据和标准。同时，对服务业企业的行政事业性收费，也要做好公示，畅通投诉渠道，接受社会监督。

第四，差异性。明确区分不同领域、不同对象的不同支持方式，避免"一刀切"。

#### （二）财政政策支持服务业发展的方式

##### 1. 设立现代服务业发展专项基金

加大国家财政和科技资金对现代服务业发展的支持力度，设立现代服务业发展基金和促进专项基金，支持现代服务业重点领域的发展和重大科技项目的开发。整合地方各类资金，加大对现代服务业发展的专项支持。

2. 建立适合现代服务业的多元化投入机制

大力支持风险投资和担保机构的发展，建立多层次的资本市场和多元化的投入机制。通过政府资金的导向性作用，引导包括风险资本在内的社会资金投入现代服务业，完善进入和退出渠道，探索政府出资（基金）与民间资本合作的新形式。鼓励各类担保基金向现代服务业倾斜，引导银行向符合条件的现代服务业发放贷款。加大对现代服务业骨干企业和中小企业的支持力度。

3. 政府采购政策

政府采购政策即对需要支持的服务业项目或企业加大对其政府采购的力度，保证其得到稳定的发展。

4. 特殊激励政策

特殊激励政策包括市场准入政策、就业促进政策、土地政策、用水用电政策，或者是奖金方式。奖金方式可以成为政府激励民间参与服务业发展、充分发挥企业主观能动性的一种有效方式。奖金的方式可以降低政府资助的风险。

5. 直接补助消费者

对一些需要扶持的服务产品实行购买补助，稳定或扩大需求，从而鼓励和支持服务业的发展。

**知识拓展 7-2**

## 中国养老服务体系变迁的财政制度

我国人口老龄化程度正在不断加深，养老服务事业的发展关乎社会稳定与经济可持续发展，也关乎人民生活福祉。党的二十大报告从

"增进民生福祉，提高人民生活品质"的角度阐述了养老事业和养老产业的发展方向，即"实施积极应对人口老龄化战略，发展养老事业和养老产业，优化孤寡老人服务，推动实现全体老年人享有基本养老服务"。但是养老服务的准公共物品性质决定其不能完全由市场提供，政府需要对其进行引导与监督。而财政政策是政府调控经济、调整资源配置的重要手段，在推进养老服务业发展的过程中也发挥着关键作用，因此研究推进养老服务业发展的财政政策尤为重要。

从2000年我国步入人口老龄化社会以后，陆续颁布实施了多部养老服务业政策法律，主要是围绕养老服务体系建设的不同时期而展开的。具体来说可以分为以下三个阶段：

1. 养老服务体系建设初期的财政制度

我国是在社会财富不够充裕的情况下进入人口老龄化社会的，财政资金不能充足地投入社会保障中，养老问题日益凸显。如何满足老年人的养老需求已经是摆在政府面前的重大课题。2000年，《中共中央、国务院关于加强老龄工作的决定》中提出了以家庭养老为基础、社区服务为依托、社会养老为补充的养老理念。政府、社会力量、家庭多元参与养老服务业发展，走社会化、市场化、产业化道路将是此时期的工作重点。加大对养老服务业发展的财政资金投入，用于解决老年人的社会保障、社会福利等问题。同时完善财政预算，将国家发行彩票的收益，划拨一定比例用于养老服务业发展。

2. 养老服务体系建设实践探索期的财政制度

2006~2012年，养老服务体系建设逐步从理念提出走向实践探索。2006年，国务院办公厅转发全国老龄委办公室和发展改革委等部门《关于加快发展养老服务业意见的通知》明确提出了养老服务业将作为老龄事业和产业发展建设的重心。要突出工作重点，明确政策措施，积极支持以政府补贴为主要方式等多种方式兴办养老服务业。2008年，全国老龄委办公室、发展改革委等10部门《关于全面推进居家养老服务工作的意见》中将养老服务体系建设的核心内容定位为居家养老服务，并在全国范围内全面推进居家养老服务工作，加强养老服务业为老年人服务的力度。为此，要加大政府财政投入力度，合理配置资源，统筹考虑居家养老服务建设中的运营管理和服务人员队伍建设等具体问题。全国各地区根据本区域情况可以有针对性地开设资助项目，成立发展基金，积极探索居家养老服务模式。经过几年的实践摸索，已经确定了养老服务业在养老事业和产业发展中的优先地位。政府、社会共同提供养老服务的模式正式形成。

3. 养老服务体系建设初步完成期的财政制度

2013 年，国务院出台了《关于加快发展养老服务业的若干意见》明确提出加快养老服务业发展的指导意见，一要转变政府职能，通过提高政府的服务质量和效率来推进养老服务的供给模式创新；二要加大财政政策支持力度，鼓励社会力量参与养老服务供给，不断满足广大老年人对于不同层次养老服务需求；三要在全国范围内，统筹居家社区养老和机构养老的多种养老服务提供模式，满足老年人的基本养老保障和高层次养老需求。同时指出，财政补贴制度要不断完善各地应加快制定财政补贴的老年人服务评估机制，尽快落实失能、高龄老年人的财政补贴制度。另外，根据养老服务业的实际需求推动民办公助模式的实施，并选择利用贷款补贴、运营补贴等方式引导、支持社会力量兴办养老服务机构。2017 年，国务院发布的《"十三五"国家老龄事业发展和养老体系建设规划》中明确"以居家养老为基础、社区养老为依托、机构养老为补充，医养结合的养老服务体系"。因此，我国的养老服务体系建设初步完成。2019 年，国务院办公厅《关于推进养老服务发展的意见》中提出。要提升政府投入精准化水平。中央和地方政府要加大财政支持力度，要将不低于 55% 的彩票公益金用于支持养老服务业发展，同时，对于接收失能、经济困难的高龄人的养老机构，将不再区分性质，同样享受财政补贴。

综上所述，我国养老服务业财政制度随着养老服务体系建设的深入正在逐步健全，对于促进养老服务业发展起到一定的引导和推动作用。

资料来源：杨根来：《新中国养老服务 70 年发展历史脉络》，中华人民共和国民政部，2019 年 9 月 30 日，https：//www.mca.gov.cn/zt/history/zl70/20190900020005.html。

## 四、影响服务业发展的税收政策

### (一) 我国服务业发展的税收政策

我国服务业发展的税收政策旨在减轻企业负担，促进服务业的发展和创新，提高服务业的竞争力。同时，税收政策也在不断调整和完善，以适应服务业发展的需求和变化。为此，我国从税收减免、税收优惠、税收征管简化等方面出发制定了相应的服务业税收政策。

税收减免政策：为促进服务业发展，我国实施了一系列减税优惠政策。例如，对小微企业和个体工商户提供增值税、所得税等方面的减免政策，降低了服务业企业的税负。

税收优惠政策：针对特定的服务业领域，我国实施了一些税收优惠政策。例如，对旅游、文化创意、科技服务等领域的企业给予税收优惠，鼓励其发展。为了适应不同服务业的特点和需求，我国对不同类型的服务业企业实行差异化的税收政策。例如，高新技术服务企业、研发机构等可以享受更多的税收优惠政策。

税收征管简化政策：为了方便服务业企业的纳税申报和缴纳，我国推行了电子税务、一站式服务等措施，简化了税收征管流程，提高了服务业企业的便利性。

### (二) 服务业税制政策改革方向

#### 1. 增值税改革

我国现代增值税改革始于改革开放之初，但是当时的增值税改革主要是为了大力发展现代工业。2008 年开始，我国全面实施增值税改革，逐步由生产型增值税迈入消费型增值税时代。针对第二产业与第三产业分别增收增值税、营业税造成的税制不统一问题，国务院自2011 年 10 月开始决定实行营改增试点，以扩大增值税征收范围，并于

2012 年 1 月在上海启动 "1 + 6" 行业营改增试点，试点行业包括交通运输业（不含铁路运输）和部分现代服务业。而后试点区域、试点行业范围不断扩大，2014 年 1 月 1 日开始，铁路运输和邮政服务业也纳入营改增范围，同年 6 月增加了电信业，2016 年进一步扩大到建筑业、房地产业、金融业、生活服务业。而后，又不断在增值税起征点、税率、抵扣处理等方面不断深化改革。

起征点改革：2013 年以前增值税起征点为月销售额 5000 ~ 20000 元（仅适用于个人），2013 年 8 月面向月销售额 2 万元（季度销售额 6 万元）以上的企业或非企业性单位征收增值税；2014 年 10 月起面向月销售额 3 万元（季度销售额 9 万元）以下的增值税小规模纳税人免收增值税；2019 年 1 月起，月销售额 10 万元（季度销售额 30 万元）以下的小规模纳税人免征增值税；2021 年 4 月起征点调整为月销售额 15 万元（季度 45 万元）。

税率改革：2017 年 7 月将 13% 税率归并到 11% 档，2018 年 5 月分别将 17% 档、11% 档税率下调至 16% 和 10%，2019 年 4 月将 16% 档和 10% 档税率下调至 13% 和 9%。

抵扣处理改革：增值税相关规定中允许增值税一般纳税人根据对应的发票按照一定的抵扣率进行抵扣，如运输费用（抵扣率为 7%）、外购农产品（抵扣率为 13%）以及废旧物资（抵扣率为 10%）。2013 年起纳税人购进增值税应税劳务与服务进项纳入抵扣范围，2018 年开始对现代服务业和电网企业实行留抵退税政策，2019 年 4 月对不同产品增值税进项税额实行一次性全额抵扣并将国内旅客运输服务纳入抵扣范围，2019 年 10 月起生活性服务业纳税人按当期可抵扣进项税额加计 15% 抵减税款，2013 年将生产性服务业加计抵减比例调整为 5%，将生活性服务业加计抵减比例调整为 10%。

2. 调整营业税

目前营业税调整的目标有两个。一是调整税目。从国际趋势来看，营业税范围逐步缩小，增值税范围逐渐扩大。这就要求我们对不合理、不规范的税目重新划分归类。并且，要将随着社会经济发展出现的一些新的营业税征税对象纳入征税范围中。并对行业按照设备档次、盈利水平进行不同税率调节。二是调整相关行业税率。如调高娱乐业税率上下限，限制不良消费行为的发展；降低国家鼓励发展的生产性服务业的税率，适当拉开生产性服务业和消费性服务业税率间的差异，鼓励生产性服务业的发展。

**知识拓展 7 – 3**

## 中国体育健康服务业的税收政策

体育是人类进步与社会发展的重要体现，更是国家软实力与一国综合国力的重要标志，体育要兴、要强，发展体育健康服务业为主要途径之一。体育健康服务业是体育服务业和健康服务业的结合，本质上是一种服务型经济，是体育服务产业的主要构成部分。党的十八大以来，党中央统揽全局，从党和国家事业全局出发，做出推进健康中国战略的一系列重大决策部署。可见，无论是从现实的迫切需要还是从国家政策的导向来看，体育健康服务业作为一个绿色朝阳产业，是未来体育产业的重点发展领域。

1. 我国体育健康服务业发展的税收政策

体育健康服务业的税收优惠政策主要集中在体育服务综合体、体育场馆与部分发达地区专项引导资金的规划方面，主要包括间接优惠和直接优惠两种主要的税收优惠方式。其中间接优惠包括税前扣除、固定资产加速折旧等方式，直接优惠主要包括降低税率、税收减免等方式。

第一，在体育健康服务业直接税收优惠方面。当前体育健康服务业方面相关的税收优惠政策主要体现在相关体育产业政策总编、体育服务产业财政扶持政策、国务院办公厅和国家体育总局联合颁布的各类政策文本中，如表 7 – 3 所示。直接优惠是当前主要的税收优惠方式。

表 7 – 3　　　　　体育健康服务业现行的直接税收优惠政策条款

| 税种 | 优惠涉及产业及税目 | 优惠方式 |
|---|---|---|
| 增值税 | 国家体育运动委员会所属的国家专业体育运动对进口的（包括国际体育组织赠送和国外厂商赞助的）特需体育器材和特种比赛专用服装免征增值税 | 税收减免 |
| 企业所得税 | 将体育服务、用品制造等内容及其支撑技术纳入国家重点支持的高新技术领域，对经认定为高新技术企业的体育企业，减按15%的税率征收企业所得税 | 降低税率 |
| 关税 | 以一般贸易方式进口，用于北京冬奥会的体育场馆建设所需设备中与体育场馆设施固定不可分离的设备以及直接用于北京冬奥会比赛用的消耗品，免征关税 | 税收减免 |
| 房产税和城镇土地使用税 | 国家机关、军队、人民团体、财政补助事业单位、居民委员会、村民委员会拥有的体育场馆，用于体育活动的房产、土地，免征房产税和城镇土地使用税 | 税收减免 |
| | 经费自理事业单位、体育社会团体、体育基金会、体育类民办非企业单位拥有并负责管理的体育场馆，且向社会开放，检查结论为"合格"的，免征房产税和城镇土地使用税 | 税收减免 |
| | 企业拥有并运营管理的大型体育场馆，其用于体育活动的房产、土地，减少征收房产税和城镇土地使用税 | 降低税率 |

第二，在体育健康服务业间接税收优惠方面。间接税收优惠主要集中在企业所得税上，主要内容有：（1）鼓励企业捐赠体育服装、器材装备，支持贫困和农村地区体育事业发展，对向体育事业捐赠符合规定的，按照相关规定在计算应纳税所得额时扣除；（2）体育企业的支出中属于研发支出的部分符合税法规定的，可以在缴纳企业所得税时享受加计扣除的优惠政策；（3）提供体育服务的社会组织，经认定取得非营利组织企业所得税免税优惠资格的，依法享受相关的优惠政策。

2. 我国体育健康服务业发展的税收政策存在的不足

（1）税收优惠政策法律层级较低，缺乏稳定性与持续性。

虽然当前我国的体育健康服务业税收优惠政策在相关部门规章和

规范性文件中均有明确的规定，基本形成了相互联结配套的税收优惠政策体系。但这些税收优惠政策大多比较散乱，衔接性不足，分别在各类政策、制度、规划、专项资金等方面提出，法律层级较低，未能有效形成合力。此外，相关政策的持续性和稳定性不足。比如，当组织大规模综合性赛事时，财税部门会发布针对赛事的临时性税收优惠政策，但当综合性赛事结束后，此类税收优惠政策随即失去效用。例如，在北京 2022 年冬奥会和冬残奥会即将举办之际，国家税务总局与财政部联合制定了一系列临时性的税收优惠政策，这些税收优惠政策在赛事结束后大多不再适用，缺乏稳定性和持续性。

（2）精准度与可操作性不足，政策执行效果欠佳。

相关财税政策不够明确、细化，可操作性不强。例如，部分省份在体育财税政策目标任务中往往以"深入挖掘体育消费潜力""着力提升体育健康服务业财税支持力度""培育一批体育健身休闲项目""扶持一批中小型有潜力的企业"等模糊的措辞进行阐述，具体的量化指标较少，不同时期的研发投入、产业规模、消费规模、发展速度等标准没有实现量化，导致相关财税政策在执行的时候难度较大。此外，相关财税政策虽然指出应充分利用税收优惠、财政补贴等方式来促进体育健康服务业的发展，但并未给出具体的操作细则，在实践中存在着税收优惠的条件不明确、财政支持范围不明晰等问题，可操作性不强，政策难以有效落地实施，执行效果自然欠佳。

资料来源：刘世奇、孔祥军：《促进我国体育健康服务业高质量发展的财税政策研究》，载于《税务研究》2021 年第 12 期。

## 五、影响服务业发展的科技政策

技术进步是推动经济社会发展的主导力量。实施有效的科技政策，强调技术对服务业快速高质发展的推动作用，是促进服务业发展的重要战略选择。

### (一) 搭建现代服务业发展的公共技术与服务平台

首先,要通过国家引导,以地方政府、开发区、企业、社会中介机构为中心,集中建设对服务业发展有利的基础性、公益性和示范性的公共技术与服务平台,包括科技信息平台、技术产权交易平台、测试认证平台、共性技术开发与应用平台,并促进平台间实现互通。其次,重点支持重点行业、领域的共性服务平台,比如电子支付支撑平台、征信系统支撑平台。最后,要创新公共技术与服务平台的运营模式,加强政府专项资金引导,通过公开招标方式,提供公共技术和服务支撑,并予以政策优惠。

### (二) 扶持支撑现代服务业发展的重大共性关键技术的科研开发

服务业共性支撑技术包括服务基础技术、整合集成支持技术、面向行业领域的重大关键技术等。同时,重点支持工程技术研究中心以及产业化示范基地建设,结合电子商务、现代物流、数字媒体与教育、公共医疗、数字旅游、电子金融等重大服务示范工程和其他课题建设的开展,进行针对性的核心关键技术开发和应用推广,促进现代服务业的发展壮大。

### (三) 加强标准体系建设和知识产权保护

加快推进现代服务业的标准化建设。制定和修订物流、金融、邮政、电信、运输、旅游、体育等行业服务标准,并充分考虑技术发展因素。加快制定现代服务业的统一标准,例如:统一结算、支付、物流配送等。建立满足现代服务业健康发展需要的知识产权保护制度,加强宣传,增强现代服务业知识产权保护意识。鼓励现代服务业到国外申请专利、著作权、商标权。此外,中央外贸发展基金对相应申请费、公告费给予一定的补贴。

## 六、影响服务业发展的开放政策

目前,全球贸易、投资和金融相互关联的程度之深、影响之大,远远超过 20 世纪末期，没有一个国家和产业能够脱离全球经济单靠自身实现崛起。服务业也同样遵循这个规律，必须奉行自由、开放的贸易理念，既要积极鼓励做大国内市场"蛋糕"，也要最大限度地参与国际分工，保持国际贸易渠道的便捷和畅通。

### （一）稳步实现服务业领域的对外开放

#### 1. 整体规划

制定落实服务贸易中长期发展规划，推动有条件地区和城市率先形成现代服务业外包中心。当前，我国已在北京、天津、上海、海南、重庆、沈阳、南京、杭州、武汉、广州、成都等地开展服务业扩大开放综合试点，以期在结构优化、质量提升的基础上扩大服务业利用外资的规模。

#### 2. 财政支持

中央外贸发展基金中要设立专项资金，重点发展服务外包基地城市公共平台建设和企业发展，金融机构也要对符合条件的现代服务贸易给予货物贸易同等便利；改进现代服务贸易企业外汇管理，保证合理用汇。

#### 3. 形成试点

加快上海、大连、天津等港口的建设，逐步建设成为国际航运中心，鼓励在保税港区进行现代服务业对外开放。

### （二）积极支持现代服务企业"走出去"

对于有条件的企业如金融企业，积极鼓励其跨国经营。对于软件和服务业外包的出口，开辟通关绿色通道，为文化、体育、对外承包工程的企业和人才"走出去"提供便利，简化手续，并纳入国家有关专项资金扶持范围。同时，鼓励贸易、法律咨询、知识产权服务、人力资源企业为现代服务业"走出去"提供一流的服务。

此外，国家还支持企业通过"一带一路"倡议"走出去"。比如北京市在深化国家服务业扩大开放综合示范区建设工作中，支持建设"一带一路"联合实验室，打造国家对外科技合作创新高级别平台，同时完善企业"走出去"综合服务，推动对外投资电子证照应用推广，不断优化"走出去"综合服务平台。

## 第三节　域外国家服务业开放政策的实践

服务业开放政策决定了本土企业"走出去"和域外国家企业"走进来"的状况。目前不同国家在服务业开放方面制定了不同政策，其中有许多实践经验值得借鉴，本节就发达国家和发展中国家服务业开放政策的实践状况进行论述。

### 一、发达国家服务业发展开放政策

美国作为全球最大的经济体，拥有发达的服务产业体系，在数字网络、专业服务等领域具有强大竞争力。因此本小节以美国为例对发达国家进行分析。

#### （一）近年来美国服务业开放的进展情况

美国在服务业开放发展过程中针对不同企业采取了不同限制措施，整体上呈现出高开放水平和稳定发展的态势，但在部分行业上表现出一定差异[①]。

第一，美国服务业整体开放水平较高，但是物流、金融等行业的开放度相对较低。在 OCED 2019 年评价的 22 个服务行业中，美国有 14 个服务行业的服务贸易限制指数（STRI）低于平均水平，服务业开放度整体水平较高，其中影视、批发零售行业是开放度最高的服务行业。

---

① 参见刘涛：《近年来美国服务业开放的新进展及政策启示》，光明学术，2021 年 3 月 30 日，https：//www.gmw.cn/xueshu/2021 - 03/30/content_34727292.htm。

美国服务行业的高开放度与其制度环境息息相关,现有制度整体上表现得较为开放和完备。比如美国对服务供应商入境后的居留限制条件较为宽松,最长的可以居留36个月;以政府所有形式对私人供应商的干预也较低,主要表现在统计的22个服务行业中仅有邮政运营为国有企业。美国高于STRI指数平均水平的8个行业是空运、邮政快递、海运、保险、物流货物装卸、物流货代、物流仓储、商业银行,这8个行业的整体开放水平较低。在全部22个行业中,空运行业的开放度最低,指数评分达到0.53。

整体来看,美国服务业开放水平整体较高,但是在部分行业领域仍然存在限制开放现象。

第二,美国服务业开放度整体呈稳定发展态势,但是对计算机服务业的限制日益加大。2014～2019年的22个主要服务行业STRI指数,美国有19个行业没有发生变化,整体上表现得较为稳定。从排名来看,公路货运、工程咨询、建筑设计、影视4个行业的排名进一步提升,电信、广播、物流仓储、保险、会计、建筑、法律7个行业的排名没有发生变化,铁路货运、录音、空运、海运、邮政快递、批发零售、物流货物装卸、物流货代、物流报关、商业银行10个行业的排名小幅降低,整体相对较为平稳。变化最大的是计算机服务行业,该行业的STRI指数有所提高,开放度大幅下滑,在全球排名中较之2018年度下降10位,说明美国对计算机服务业的限制程度提升。

## (二) 近年来美国服务业开放方面的政策措施

美国近年来在服务业开放整体朝着放宽行业限制、破除竞争壁垒的方向发展,并从不同行业性质出发采取了不同的放宽限制措施。

### 1. 针对影视和法律行业放宽限制

美国政策放宽了"执业需要执照或授权"的要求,这使得当地影视行业、法律行业的开放度提高。在2014年、2019年相继放宽法律行业、影视行业的限制之后,这两个行业的竞争壁垒限制相继被取消,只在外资准入、人员流动、监管透明度以及其他歧视性措施等方面有一定限制。

## 2. 放宽工程咨询、建筑设计行业的竞争壁垒

在全球排名中，美国公路货运、工程咨询、建筑设计行业的 2019 年开放度排名有所提升，这与其提高三个行业的监管透明度不无关联。目前，美国针对上述三个行业的竞争壁垒、监管透明度的限制较少，甚至完全没有限制，限制措施主要集中在外资准入、人员流动以及其他歧视性措施等方面。

## 3. 计算机服务行业限制与开放并行

美国在计算机服务行业的整体开放程度呈现出下滑趋势，但是在外资准入方面的开放度较高。美国的计算机服务行业发展水平在全球处于前列，因此美国对计算机服务行业的发展非常重视，并对该行业提出了较高的开放限制要求，但是从其发展实际状况来看，计算机服务行业的外资准入水平较高。美国在计算机服务行业方面的限制主要集中在人员流动、监管透明度以及其他歧视性措施等方面，这些方面的限制措施与其他行业有较多的相似之处，如人员流动从数量、劳动力市场测试等方面提出了限制要求。但是在外资准入和竞争壁垒方面的限制较低，其中针对外资准入仅有外资审查这一限制条件，而在竞争壁垒方面则未设置限制条件。

# 二、发展中国家服务业发展开放政策

在众多发展中国家中，由中国、巴西、俄罗斯、印度、南非组成的"金砖国家"在服务业开放政策方面的历程可谓典型。自金砖国家合作机制化以来，金砖各国通过重点降低运销供应链服务业、市场连接和支持服务业等外资准入限制和竞争壁垒，提高监管透明度，建立和强化金砖合作机制，有力促进了服务业扩大开放，服务贸易快速增长，并且全球的影响力不断扩大，服务贸易结构有所改善。此外，部

分服务行业竞争力明显增强,服务业发展基础不断夯实,对本国经济的贡献稳步提高。因此本小节以金砖国家为例对发展中国家进行分析。

## (一) 金砖国家服务业开放的历程及阶段性特征

在经济全球化不断深化的背景下,由中国、巴西、俄罗斯、印度、南非组成的"金砖国家",不仅是世界经济增长的主要动力源,而且提升了新兴市场和发展中国家的国际地位。从金砖国家服务业开放及服务贸易合作的历程看,大致可分为两个阶段。

1. 2001~2008 年:积极谋求区域合作,服务贸易快速增长

21 世纪以来,以中国、巴西、俄罗斯、印度为代表的新兴市场和发展中国家呈现经济充满活力、蓬勃发展等共同特点,服务贸易保持快速增长。2006 年,四个国家的外长举行首次金砖国家外长会晤,虽然金砖国家之间还没有实质性的合作关系,但已经开始积极主动谋求区域合作。从贸易政策看,作为 WTO 成员,四个国家逐步降低或取消服务贸易限制,推进了服务业开放和服务贸易发展。根据 WTO 数据,截至 2008 年,四个国家的服务贸易进口额、出口额以及进出口总额分别为 2067 亿美元、3557 亿美元和 5624 亿美元,是 2001 年的 3.6 倍、4.6 倍和 4.1 倍,占全球服务贸易的比重分别为 5.9%、9.5% 和7.8%,比 2001 年分别上升 2.2 个、4.3 个和 3.3 个百分点。

2. 2009 年至今:建立并强化区域合作机制,推进服务业开放和服务贸易自由化

受国际金融危机的冲击,金砖国家服务贸易在短期出现回落后,重新恢复较快增长。根据 WTO 数据,2019 年,金砖国家服务贸易进口额、出口额分别为 8199.4 亿美元和 5702.6 亿美元,进出口总额达到13902 亿美元,分别比 2009 年增长 1.4 倍、77% 和 1.1 倍,服务贸易总额占全球的比重达到 23%,比 2009 年上升 15 个百分点。这一阶段,金砖各国一方面越来越重视服务业开放,积极推进服务贸易自由化;另一方面加快建立和加强合作机制,推动服务业扩大开放。2009 年,

金砖国家领导人举行首次会晤，并发表《"金砖四国"领导人俄罗斯叶卡捷琳堡会晤联合声明》，实质性地开启了金砖国家合作的序幕。近年来，金砖国家合作机制不断完善，形成了以领导人会晤为引领，以安全事务高级代表会议、外长会晤等部长会议为支撑，在多层次、多领域开展务实合作的机制，2017 年制定了《金砖国家经济伙伴战略》《金砖国家投资便利化合作纲要》等，强化区域合作机制，有力推动了金砖国家的服务业开放。

### （二）近年来金砖国家服务业开放的政策措施

#### 1. 重点降低外资准入限制和竞争壁垒

近年来，金砖国家积极融入全球服务贸易市场，有选择地逐步降低服务贸易政策限制，特别是将放宽外资准入限制作为主要政策手段。

从国别来看，2014～2019 年中国、印度通过降低外资准入限制和竞争壁垒、提高监管透明度用以促进服务业开放方面的表现较为突出；巴西、俄罗斯也通过提高监管透明度促进了服务业开放。而在人员流动限制、其他歧视性措施方面，这一时期金砖各国并没有明显的扩大开放，甚至个别国家出现限制程度提高的情况。

从行业来看，近年来，金砖国家通过降低外资准入限制、减少歧视性政策，促进了空运、物流货运装卸、批发零售行业开放度的提高。例如，2016 年印度取消了机场服务、有线和卫星广播的外资股权限制，放宽了民用航空领域的外资股权限制。又如，2018 年巴西出台新的法律，允许外国投资者拥有和控制巴西一条经营国际和（或）国内交通路线的 100% 投票权股份，并取消了商店开店时间限制。再如，中国从 2018 年开始在全国推行了外资准入负面清单管理模式，相继公布了三版负面清单，特别是交通运输、批发零售等行业负面清单限制措施条目数量大幅缩减，提高了相关行业的开放度。

#### 2. 通过建立和强化金砖国家合作机制促进服务业开放

在服务业开放进程中，通过与相关国家和地区商签区域贸易协定，加强互惠合作，有利于促进服务业开放和服务贸易自由化，为服务贸易规模的扩大和竞争力的提高提供了发展动力。自金砖国家合作进入实体化以来，贸易投资合作一直是金砖国家经济合作机制的核心议题。近年来，在贸易保护主义抬头、全球贸易形势紧张的背景下，金砖国家间不断深化合作，完善合作机制，有效提升了金砖国家服务贸易的整体水平。目前，已经在合作机制与合作内容上取得了一定突破。在合作机制上，已经形成了高级别、多层次、多领域的务实合作机制；在合作内容上，正逐步朝着具体化的方向发展。2018 年，在《金砖国家领导人第十次会晤约翰内斯堡宣言》中，进一步强调金砖国家在支持开放包容的多边贸易体系方面的共同立场。此外，该宣言还支持全球贸易，加强成员国之间的合作，大力促进贸易自由化和投资便利化，并制定了《金砖国家投资便利化合作纲要》，明确提出投资政策框架透明、建立"一站式"服务，简化投资程序等。这些措施有利于营造开放、透明、便利的投资环境，也为金砖国家服务业开放和服务贸易的发展创造了条件。

# 第四节　我国服务业发展现状、问题及对策建议

规制、政策对服务业发展具有重要影响，我国服务业在规制、政策的规范和引导下已经取得了长足发展，但是其中存在的问题也不容忽视，本节主要就服务业发展的现状、问题进行分析，并对服务业发展提出对策建议。

## 一、我国服务业发展现状

我国服务业就业人数比例和市场化程度不断提高，服务业就业人数比例和市场化程度的分析如下：

（1）就业人数比例：随着我国经济的转型升级，服务业在国民经

济中的比重逐渐增加。根据国家统计局数据，2019 年我国服务业就业
人数占全部就业人数的比例为 52.6%，较 2010 年的 43.7% 有明显增
长。这表明服务业在就业中的重要性不断提升①。

（2）市场化程度：服务业的市场化程度是衡量其发展水平的重要
指标。市场化程度高意味着市场竞争充分，企业能够自主决策和运营。
我国服务业近年来市场化程度有所增加。然而，与发达国家相比，我
国服务业市场化程度仍有提升空间。

（3）影响因素：影响我国服务业就业人数比例和市场化程度的因
素有多个。首先，政府政策的支持和引导对服务业发展起到重要作用。
其次，市场竞争环境和市场准入条件的改善也能促进服务业市场化程
度的提高。最后，技术创新和人力资源培养也对服务业的发展和就业
产生重要影响。

（4）发展趋势：未来，我国服务业就业人数比例有望继续增加。
随着经济结构的进一步优化，服务业将继续扩大其在国民经济中的比
重。同时，随着市场化程度的提高，服务业将更加注重市场需求，提
供更多高质量的服务。政府将继续推动服务业的发展，加大对市场化
改革的支持力度，进一步提高服务业的市场化程度。

总之，我国服务业就业人数比例和市场化程度在不断提高，但与
发达国家相比仍有差距。未来，政府和企业应继续加大对服务业的支
持力度，推动服务业的发展和市场化程度的提高，以促进经济的可持
续发展和就业的增加。

## 二、我国服务业发展存在的主要问题

我国服务业发展存在以下主要问题：

（1）服务质量不高：部分服务行业存在服务质量不高、服务态度

---

① 杜希双：《服务业发展提质增效》，国家统计局，2020 年 1 月 19 日，https：//www.
stats. gov. cn/xxgk/jd/sjjd2020/202001/t20200119_1764892. html。

不好等问题，导致消费者不满意，影响服务业的发展。

（2）服务水平不均衡：服务业在不同地区和行业之间存在发展不平衡的问题，一些地区和行业的服务水平相对较低，难以满足消费者需求。

（3）人才短缺：服务业对高素质、专业化的人才需求较大，但目前人才供给不足，人才培养和引进方面存在问题，制约了服务业的发展。

（4）服务业与实体经济融合不足：服务业与实体经济之间的融合程度不高，服务业在支持实体经济发展方面还存在不足，制约了服务业的发展。

（5）服务业创新能力不强：服务业创新能力相对较弱，缺乏自主知识产权的核心技术和创新产品，制约了服务业的竞争力和发展潜力。

（6）监管不到位：一些服务行业监管不到位，存在乱收费、虚假宣传等问题，损害了消费者权益，影响了服务业的良性发展。

（7）服务业与环境保护矛盾：一些服务行业在发展过程中对环境造成了一定的污染和破坏，与环境保护的要求存在矛盾，需要加强环境保护意识和措施。

（8）服务业社会化程度低：过去，中国企事业单位兴办服务业的目的大多数是为了改善或增加职工福利、收入，因此第三产业几乎深入产业内的各个部门，并且有一定的规模，形成了自我服务、封闭运行状态。这样就缩小了服务市场，抑制了服务的社会化发展。近年来，服务业社会化发展取得了一定成果，社会化参与对服务业发展发挥了积极推动作用，但是社会化程度依然有很大的提升空间，有待进一步强化。

（9）服务产品商品化程度低：服务产品大多数作为企业福利发放给职工，或者信息、咨询、医疗保健、文化娱乐等都免费供应。这使得服务产品商品化程度低，资源配置不合理，浪费严重。这与国外许多国家第三产业服务设施生活化和商品化程度高、经济效益好的现象形成很大的反差。

## 三、我国服务业发展的对策与建议

随着经济全球化的深入发展，服务业在国民经济中的比重越来越大。作为一个发展中国家，我国服务业的发展潜力巨大，但也面临着一系列的挑战和问题。为了促进我国服务业的健康发展，提高服务业的质量和效益，以下是对我国服务业发展的一些建议和对策。

第一，加大对服务业的投入。服务业属于人力密集型的行业，需要大量的人力资源和技术支持。因此，政府应该加大对服务业的投入，提供更多的资金和政策支持，鼓励企业加大对服务业的投资。同时，政府还应该加强对服务业人才的培养和引进，提高服务业从业人员的素质和技能水平。

第二，加强服务业的创新能力。服务业的发展离不开创新，只有不断创新才能提高服务业的质量和效益。政府应该加大对服务业创新的支持力度，鼓励企业加强技术研发和创新能力的培养。同时，政府还应该加强知识产权保护，为企业提供良好的创新环境和法律保障。

第三，加强服务业的国际合作。服务业是一个具有较强国际竞争力的行业，需要与国际接轨，积极参与国际合作。政府应该加强与其他国家和地区的合作，推动服务业的国际化发展。同时，政府还应该加强对外贸易的支持，为服务业企业拓展国际市场提供便利。

第四，加强服务业的监管和规范。服务业是一个与人民生活密切相关的行业，需要加强对服务质量和安全的监管和规范。政府应该加大对服务业的监管力度，建立健全服务业的监管体系，加强对服务业从业人员的培训和管理。同时，政府还应该加强对服务业企业的信用管理，提高服务业的整体信誉度。

第五，加强服务业的品牌建设。服务业是一个与品牌密切相关的行业，需要加强对服务业品牌的建设和推广。政府应该加大对服务业品牌的支持力度，鼓励企业加强品牌建设和推广。同时，政府还应该加强对服务业品牌的保护，打击假冒伪劣产品和侵权行为，提高服务业品牌的知名度和美誉度。

第六，加强服务业的信息化建设。服务业是一个信息密集型的行业，需要加强对信息化建设的支持。政府应该加大对服务业信息化建设的投入，提供更多的资金和政策支持。同时，政府还应该加强对服务业信息安全的保护，建立健全服务业信息安全管理体系。

第七，加强服务业的绿色发展。服务业是一个与环境保护密切相关的行业，需要加强对环境保护的支持。政府应该加大对服务业绿色发展的支持力度，鼓励企业加强环境保护和资源节约。同时，政府还应该加强对服务业企业的环境监管，打击环境污染和违法行为，推动服务业的绿色发展。

综上所述，我国服务业发展面临着一系列的挑战和问题，但也有着巨大的发展潜力。为了促进我国服务业的健康发展，政府应该加大对服务业的投入，加强服务业的创新能力，拓宽服务业的国际合作，完善服务业的监管和规范，鼓励服务业的品牌建设，推动服务业的信息化建设，推进服务业的绿色发展。只有通过这些对策和建议的实施，才能够推动我国服务业的快速发展，提高服务业的质量和效益，为经济社会的可持续发展作出更大的贡献。

## 思考题

1. 什么是规制？规制如何分类？规制有哪些特征？

2. 规制的主要理论依据和主要方法有哪些？

3. 结合中国服务业发展历程，立足中国服务业特色和基础分析我国服务业未来发展方向。

4. 查找发达国家铁路、电信业和电力行业的规制实践相关资料，对比中外规制实践的异同，分析不同的原因以及不同的规制实践对后续国家服务业和经济发展产生的不同影响。

5. 针对我国服务业存在的问题，除了文中提出的对策建议，还有哪些可能有效的解决方法？

6. 发达国家的服务业发展政策有哪些值得我国借鉴的地方？政策是否存在可能影响经济发展的隐患？若有，针对隐患部分是否存在方法优化？

# 第八章　服务创新与生产率

## 第一节　服务业创新概述

### 一、服务创新的概念

#### （一）创 新 与 技 术 创 新

熊彼特 1928 年在《资本主义的非稳定性》中首次提出了创新是一个过程的概念。"创新"是经济发展的内在要素，是把一种从来没有过的生产要素和生产条件的"新组合"引入现有的生产体系。这种"新组合"包括：（1）开发新产品；（2）采用新技术，即新的生产方法；（3）开辟新市场；（4）控制原材料的新供应来源；（5）实现创业的新组织形式。[①] 索罗（Solow）对技术创新理论进行了较全面的研究，1951 年提出了技术创新成立的两个条件，即新思想来源和以后阶段的实现发展，这个"两步论"被认为是技术创新研究上的一个里程碑。曼斯费尔德（Mansfield）认为技术创新的定义主要旨在产品创新，并认为，创新是从企业对新产品的构思开始，以新产品的销售和交货为

---

① ［美］约瑟夫·阿罗斯·熊彼特：《经济发展理论》，哈佛大学出版社 1934 年版，转引自胡代光、厉以宁：《现代资产阶级经济学主要流派》，商务印书馆 1982 年版。

终结的探索性活动。厄特巴克（J. M. Utterback，1974）认为创新就是技术的实际采用或首次应用。弗里曼（Freeman，1982）认为，技术创新就是指新产品、新过程、新系统和新服务的首次商业性应用。笛德（Tidd，1997）认为："创新是一个存在于由组织提供的物品（产品或服务）当中的变化及其创造和传递的方式上发生的变化。"德鲁克（Drucker，1989）认为，创新是创业家独有的工具，是一种赋予资源以新的创造财富能力的行为，即任何使现有资源的财富创造潜力发生改变的行为都可以称为创新。

综上所述，随着技术发展和时代变迁，学者将创新狭义化，技术创新成为创新概念的全部，人们越来越重视创新的广义内涵。因此，创新是指创新的活动或过程以及结果。创新过程是在原有基础上的某种变化形式的引入，包括由全新的产品、生产过程、组织、资本或中介投入而引起的创新，是由企业进行的、有组织的系统性活动。

### （二）服务创新

欧盟于1995年开始实施的SI4S项目的研究表明，熊彼特的创新概念可以运用于服务业创新，但是服务创新有其特点。SI4S对欧洲国家的服务性企业进行调查后认为，服务创新是新的或提高的产品或服务，或是在服务中使用新的技术，或是在服务中对现存技术的新应用。服务创新是企业为了提高服务质量和创造新的市场价值而发生的服务要素变化，对服务系统进行有目的有组织的改变的动态过程，或者是把特定顾客特定问题的服务解决方案，运用到解决其他顾客或其他问题的部分。服务创新活动发生的范畴不只局限于服务业本身，其他产业和部门中同样也大量出现，服务创新发生的范畴可以划分为三个层次：服务业、制造工业、非营利性的公共部门，因此，可以从狭义和广义两个层面理解服务创新概念。从狭义上讲，服务创新是指发生在服务业中的创新行为与活动；从广义上讲，服务创新是指一切与服务相关或针对服务的创新行为与活动。

从经济角度看，服务创新是指通过非物质制造手段所进行的增加有形或无形"产品"的附加价值的经济活动。这种活动在信息产业表现得尤为突出。信息技术飞速发展，使得产品技术和功能的同质化水平越来越高，通过提高产品质量、降低产品生产成本来竞争的空间越来越狭窄，因而服务成为企业进行市场竞争的重要武器。例如，云计算是信息行业的一项重大创新，它改变了传统的 IT 服务模式，亚马逊的 AWS（Amazon Web Services）和微软的 Azure 都是云计算服务的领导者，这些服务允许用户通过互联网访问和使用存储在数据中心的应用程序和资源，从而大大提高了工作的效率和灵活性。

从技术角度看，服务创新是以满足人类需求为目的的软技术创新活动。这种活动可分为围绕物质生产部门的管理、组织、设计等软技术创新活动，围绕文化产业、社会产业的推动社会和生态进步，丰富精神生活的软技术创新活动以及围绕传统服务业和狭义智力服务业的软技术创新活动。例如，苹果的 Siri、亚马逊的 Alexa 和谷歌的 Google Assistant 等人工智能助手，可以通过语音识别和自然语言处理技术，为用户提供各种服务，如查询信息、设置提醒、控制智能家居等。

从社会角度看，服务创新是创造和开发人类自身价值，提高和完善生存质量，改善社会生态环境的活动。因此，服务创新通过满足物质需求、精神和心理需求，并提供解决问题的能力，保障人们的精神和心理上的健康，使人们得到满足感和成就感。传统的技术一直把"人心"排除在外，随着物质文明程度的提高，人们更在乎生活的感觉（视觉、听觉、味觉、嗅觉、触觉、直觉），更希望自己的心情、情绪、感情、伦理道德和人的尊严得到尊重。这就要求未来的技术不能单纯强调"效率第一""效益第一"，还要研究和发展那些牺牲一点效率而使我们的生活和工作环境变得更容易，更舒适和更方便，尊重人的情绪、感情和道德的技术，即重视人"心"的技术。反过来，人们对人类自身价值和能力的认识也远远不够。这些因素就是使很多硬技术"软化"的动力，也是制造业服务化的动力，以及提高软技术附加价值的重要内容，因而是服务创新重要课题。这在社会服务业和文化服务业的创新中体现得尤其明显。例如，随着互联网技术的发展，在线教育和培训已经成为社会、文化服务业的重要创新方向。通过在线平台，人们可以随时随地接受各种教育和培训服务，大大提高了学习的便利性和效率。

从方法论角度看，服务创新是指开发一切有利于创造附加价值的新方法、新途径的活动。即服务创新是指发明、创造或开发、应用新的服务方法、服务途径、服务对象、服务市场的活动。例如，随着网络技术的发展，远程 IT 支持服务变得越来越普及。例如，许多公司提供远程桌面支持服务，帮助用户解决电脑问题，而无须用户亲自到现场。这种服务模式大大提高了效率和便利性。

## 二、服务创新的特性

服务在本质上是一个过程，具有"无形性""生产和消费的同时性""易逝性""不可储存性"等特性，因而，服务创新也具有不同于技术创新的特性。

### （一）服务创新内涵的丰富性

服务创新可能是技术创新，但更多的是非技术性创新，技术只是其中的一个维度。服务创新可以是新服务产品的创造，也可以是新技术的引入，还可以是新知识和信息的产生，可以是新的市场开拓等，因此，对服务创新的理解需要更为广阔的角度。

### （二）服务创新过程的顾客参与性

在制造业的生产过程中，顾客只是最终产品的被动接受者或使用者，并不直接参与产品的生产和传递，也不与制造商发生交互作用，这是一种"独立生产"过程。与制造业的技术创新不同，服务创新是顾客积极参与的创新过程。服务企业不可能像制造业那样以一种"解码"和事先精确决定的形式生产出最终产品，许多服务创新产品是根据顾客需求生产的，是针对特定的非标准化问题产生的，因此服务创新是一种"特制"产品。在服务业的生产过程中，顾客积极参与到整个生产和传递过程，因此，这也是一种"合作生产"过程。顾客参与性是服务创新最重要特性，知识密集型服务更是如此。研究者采用多种术语描述顾客积极参与服务生产的特性，如"合作生产""服务生产""服务关系""真实一刻"和"生产消费"等。服务创新过程的顾客参与性，表明服务创新是一个较制造业技术创新复杂得多的过程。

### （三）服务创新过程的交互性

服务创新是一个交互作用过程。服务创新以顾客需求为导向，顾客不仅是创新思想的重要来源，而且作为"合作生产者"参与创新过程。服务企业只有与顾客进行持续不断的交互作用，才能更好地了解顾客需求，改善服务质量，提高顾客满意度。另外，服务企业还与知识和技术供应商、设备供应商等外部行为者发生交互作用，交互作用质量同样会影响服务创新的最终效果。此外，服务创新在企业内部也是一个交互作用过程，员工和经理人员以正式和非正式的方式参与到交互作用中，组织类型不同，交互作用的模式也有所不同。

### （四）产品创新和过程创新的一致性

服务不是一个有形实物产品，而是一个标准、一种规程、一种过程。从本质意义上讲，服务"产品"就是服务"过程"。在大多数情况下服务不能被存储，它必须在生产的同时被消费掉，这意味着在服务中产品不能完全和过程分离，并且很难在没有改变过程的情况下改变产品。因此，难以在产品创新和过程创新间明确划分界限，两者经常是同一创新。

### （五）新服务生产方式的多样性

服务企业不仅可以根据顾客需求采用"顾客化（定制化）"的生产方式提供新服务产品，还可以根据新服务产品的特性，采用"标准化"的生产方式提高效率和扩大规模。除此之外，越来越多的服务企业已开始将"标准化"和"顾客化"整合进一个模块化系统当中，采用"模块化"的方式进行新服务的开发和生产。"模块化"方式既提高了新服务开发的效率，又能较好地满足顾客需求。因此，新服务的生产较制造业大规模、标准化的单一生产方式明显呈现出多样化的特点。

### （六）服务创新组织的灵活性

服务企业很少有专门的 R&D 部门，因此较难发现相应的 R&D 活动。即使有些服务企业存在创新部门，其职能与制造业中创新部门也有很大差别，它主要是一种诱发、收集和整理创新概念的部门。服务企业的服务创新组织一般为非正式的组织，在项目成立时从各部门抽调人员，负责创新构思和蓝图绘制，在创新项目实施后组织解散。

### （七）服务创新的新颖度广

技术创新的新颖度范围较为狭窄，技术创新是一种显著、可见的有形变化，并且仅局限于可复制的变化。服务创新既包含明显的变化，也包含程度较小的、渐进性的变化。因此，服务创新的一个显著特点是创新范围较为宽广，"创新谱"较宽，从渐进性的小变化到根本性的重大变化都可以包含在服务创新的范畴里，甚至这种变化只是偶然性的、随机性的现象，而不是持久性、可重复的变化。希尼（Heany，1983）按照服务提供的结果对服务创新的新颖度进行了界定（见表8-1）。

表8-1　　　　　　　　　　　　服务创新的新颖度界定

| 类型 | 描述 |
| --- | --- |
| 重大创新 | 对市场而言的全新服务，由信息和计算机为基础的技术驱动型创新 |

续表

| 类型 | 描述 |
|------|------|
| 创新业务 | 现有服务的扩展，如增加新的服务项目 |
| 服务产品线的扩充 | 现有服务的扩展，如增加新的服务项目 |
| 服务的改进 | 提供的服务特性有了某种程度的变化 |
| 服务风格和形式的变化 | 对顾客感知、感情和态度有影响的适度形式的可见变化，不改变服务的基本特性，而仅是服务形式的变化 |

资料来源：Heany. Degrees of Product Innovation. *Journal of Business Strategy*，1983，3：3 - 14.

## 三、服务创新的类型

总结已出现的服务创新活动，可以将服务创新概括为 9 个基本类型[①]。尽管服务创新的某些形式与制造业的技术创新形式类似，比如都包含产品创新、过程创新、传递创新、市场创新、技术创新和组织创新，但是在创新内涵上存在一定差异。更重要的是，服务创新还包括一些服务业自身特有的创新形式，如重组创新、专门化创新和规范化创新，这些创新类型在知识型服务业中发挥着重要作用（见表 8 - 2）。

表 8 - 2 　　　　　　　　　　**服务创新的基本类型**

| 类型 | 描述 |
|------|------|
| 产品创新 | 全新或者改进的服务产品的引入 |
| 过程创新 | 服务的生产或传递过程的程序或规程的变化 |
| 传递创新 | 全新或改进的服务传递过程和方法 |
| 市场创新 | 服务市场中的新行为（新的市场开发、原有市场的细分） |
| 技术创新 | 已有技术或新技术在服务业中的引入 |
| 组织创新 | 组织要素的增减、组织形式和结构的变化、管理方法和手段的更新 |
| 重组创新 | 不同服务要素的组合或分解引发的创新 |

---

① 蔺雷、吴贵生：《服务创新》（第 2 版），清华大学出版社 2007 年版。

续表

| 类型 | 描述 |
|---|---|
| 专门化创新 | 针对特定客户的个别问题，提出独特的解决办法 |
| 规范化创新 | 服务要素的可视性和标准化程度的变化 |

### （一）产品创新

产品创新是指引入全新的或者改进的服务产品。它与制造业的产品创新很相似，但并不表现为一个有形物品，而是一种全新的服务概念、流程或方法。例如，银行引入许多新类型的账户，软件公司开发的新产品和升级产品。

### （二）过程创新

服务在本质上是一种无形过程，服务产品在很大程度上就是服务过程，很难在产品创新和过程创新之间进行明确的区分。因而，从广义上讲，服务的过程创新就是产品创新。从狭义上讲，针对某一服务的运作和传递而言，过程创新是服务生产和传递的程序或规程的变化。过程创新可以分为两类：一类是生产过程的创新，称为"后台创新"（back office）；另一类是传递过程的创新，称为"前台创新"（front of-fice）。一般而言，过程创新主要是指"后台"的创新活动，例如，软件工程师的应用软件程序、咨询公司的专家系统创新。

### （三）传递创新

传递创新是指服务企业的传递系统或整个服务业传递媒介的创新，包括企业与顾客交互作用界面的变化。传递创新充分反映出服务创新的顾客参与性和交互性，传递创新与过程的"前台创新"经常是同一创新，而某些技术创新也可以看作是传递界面的创新，如 ATM 的采用。电子银行则代表了另一种传递创新，它是通过一系列电话服务、可视图文，以及其他在线服务进行传递方式的管理。现在的传递创新主要是应用新的 IT 媒介。

### (四) 市 场 创 新

市场创新是指服务企业在市场中的新行为，包括开辟全新市场，在原有市场内开发新的细分市场，进入另一个行业的市场，以及在市场上与其他行为主体间关系的变化等。例如，管理咨询业进入 IT 服务业。

### (五) 技 术 创 新

技术创新是指已有技术或新技术在服务业中的引入而产生的创新，如家庭银行、ATM、虚拟设计、远距离诊断等。技术创新又细分为"信息技术创新"和"其他技术创新"。

### (六) 组 织 创 新

组织创新是指服务组织要素的增减，组织形式和结构的变化以及管理方法和手段的更新。例如，某种激励系统或柔性组织的引入，自我管理团队的出现等。组织创新是一种重要的创新形式，它可以改进服务企业的生产力和服务质量。虽然知识型服务业里的组织变革常常与技术创新有关，但是，麦肯锡全球研究所的调查结果表明[1]：对生产力具有较大积极影响的是组织创新而不是技术创新，这个结论也符合制造业的创新研究。

### (七) 重 组 创 新

重组创新又称为结构创新，指服务企业将已有的服务要素进行系统性的重新组合或重新利用而产生的创新，包括新服务要素的增加，多种已有服务要素的组合以及已有服务要素的分解。重组创新已经成

---

[1] McKinsey Global Institute. *Service Sector Productivity*. Washington DC：Eisenhower Center, Columbia University，McKinsey & Company Inc. ，1992.

为知识型服务业创新的重要形式。

## （八）专门化创新

专门化创新又称为特色创新，指在交互作用过程中，针对某一顾客的特定问题提出解决方法的创新形式。这种创新形式在知识型服务业中广泛存在，如在咨询服务业中最主要的创新形式就是专门化创新。专门化创新是在"顾客—服务提供者"界面上被生产出来，由顾客和服务提供者两者共同完成，因此，创新的实际效果不仅依赖于服务企业本身的知识和能力，还取决于交互界面中顾客的专业知识和能力。可以看出，专门化创新是一种"非计划性"创新，难以在开始之前就能进行某种计划和安排，是一种"进行"中的创新。

## （九）规范化创新

规范化创新又称为形式化创新，它不发生服务要素的定量或定性变化，而是各种服务要素的"可视性"和标准化程度发生变化，例如：将服务要素变得更加"有序"；对服务要素进行详细说明；减少服务要素的模糊性，使其更加具体有形等。

知识拓展 8-1

### 星巴克推出移动订单与支付系统
#### ——通过服务创新提升餐饮行业的效率与客户体验

近年来，随着移动技术的快速发展，餐饮行业正经历着一场服务创新的革命。作为全球知名的咖啡连锁品牌，星巴克积极拥抱这一变革，推出了移动订单与支付系统，旨在提升门店的运营效率与客户体验。

星巴克的移动订单与支付系统允许顾客通过手机应用程序提前下单并支付，然后选择到店自取或外卖配送。这一创新举措极大地简化了购物流程，减少了顾客在店内的等待时间。同时，系统还提供了个性化的订单选项，如自定义咖啡口味、添加配料等，使顾客能够更加方便地定制自己的饮品。

对于星巴克而言，移动订单与支付系统不仅提高了门店的运营效率，还增强了与顾客之间的互动与连接。通过收集顾客的购买数据和偏好，星巴克能够更好地了解顾客需求，提供更加精准的推荐和服务。此外，移动支付还降低了现金交易的风险和成本，提高了交易的安全性。

这一服务创新举措迅速受到了广大消费者的欢迎和认可。许多顾客表示，通过移动订单与支付系统，他们能够更加便捷地购买到心仪的咖啡，并享受到更加个性化的服务体验。同时，星巴克也通过这一创新举措吸引了更多新顾客，并增强了与现有顾客之间的忠诚度。

行业专家认为，星巴克推出移动订单与支付系统的举措是餐饮行业服务创新的一个成功案例。

随着移动技术的不断发展和普及，未来将有更多餐饮企业引入类似的创新系统来提升运营效率和客户体验。这一新闻故事展示了服务创新在推动餐饮行业生产率与竞争力提升方面的重要作用。

资料来源：《星巴克的数字化转型：在数字化时代提升顾客体验》，搜狐网，https：//www. sohu. com/a/725723146 - 100065989。

## 四、服务创新模式

### （一）传统的服务创新模式

许多服务企业成功地设计和推行了服务创新，这些服务创新不仅改变了整个行业的游戏规则，而且设置了新的服务标准来满足顾客不断发展变化的需求。赫斯克特（James L. Heskett，1990）通过对那些在服务行业中表现突出企业的考察提出了服务创新的一般模式：四要素服务创新模式（见图 8 - 1）。在四要素服务创新模式的基础之上，赫斯克特（James L. Heskett，1994）进一步提出了包含集成要素的服务创新模式（见图 8 - 2）。这个新的服务创新模式将几个基本要素细化，涵盖的内容也更为全面。

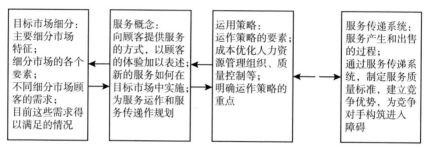

**图 8 - 1　四要素的服务创新模式**

资料来源：L Heskett，W E Sasser，C W L Hart. *Service Breakthroughs-Changing the Rules of the Game*. A Division of Macmillan. Inc，New York，1990.

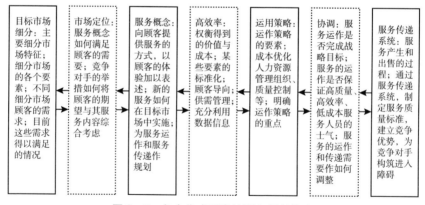

**图 8 - 2　包含集成要素的服务创新模式**

资料来源：J L. Heskett，W E Sasser，Jr，L A Schlesinger. Putting the Service-Profit Chain to Work. *Harvard Business Review*，1994，72（Mar-Apr）：164.

但是，上述的传统服务创新模式仍然采用类似制造业技术创新的流程图来考察服务创新，是一个线性模式，不符合服务创新的复杂性过程。

### （二）服务创新的四维度整合模型

服务创新很少局限在由技术引发创新的范畴内，更多的时候它与服务本身特性的变化、新的销售方式、新的"顾客—生产者"交互作用方式，以及新的服务生产方法密切相关。服务创新多种多样，例如生产一个对市场而言全新的产品，与运用新的销售渠道提供已有产品之间就有很大不同；例如有些服务创新是创新者与顾客合作的结果，而有些服务创新则明显是运用信息和通信技术（ICT）的结果，如何来归纳服务创新的一般模式？实际上，大部分创新都不是由某一要素单独导致的，而是各种要素综合作用的混合体，它们共同形成了最后的服务创新。"四维度模型"就是一个运用结构化方式对多要素发挥作用的服务创新进行描述、分析的整合模型（见图8-3）。

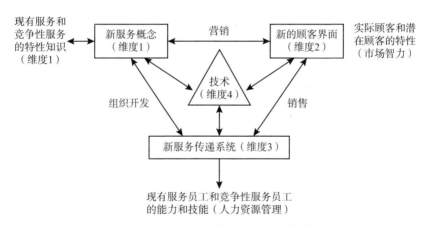

**图8-3  服务创新的四维度整合模型**

资料来源：R Bilderbeek，P den Hertog，G Marklund，I Miles. Services in Innovation：Knowledge Intensive Business Services（KIBS）as Co-producers of Innovation. SI14S Synthesis Paper，SI14S Project，STEP Group，Oslo，1998.

维度1：新服务概念

在制造业技术创新中，产品和过程是高度有形可见的。在服务创新中，有些创新有形可见（例如ATM的应用、运输方式变化），但更多服务创新具有高度无形性，并不是一个有形实物产品，而是解决某一问题的新的概念或想法，因此，服务创新在很大程度上是一种"概念化创新"。有时某个概念也许已被某些顾客所熟悉，但对另一个特定市场而言仍是一种创新。

服务提供者在进行新服务概念开发时需要注意一些基本问题：需要何种产品以保留现有客户并发展新的客户？竞争者提供的产品是什么？如何将新服务传递给实际顾客和潜在顾客？这些问题构成了新服务概念的内容。新服务概念要求服务提供者对自身提供的已有服务和新服务，以及竞争者提供的已有服务和新服务都有准确的认识，尤其要对创新特性有准确的把握。显然"概念化创新"是市场驱动型的，企业通过对市场需求的扫描和分析发掘创新来源，不断根据市场变化、顾客要求以及竞争者的行为，开发新的服务概念，形成企业的"商业智力"。

维度 2：新的顾客界面

服务创新的第二个重要维度是新的顾客界面的设计，包括将服务提供给顾客的方式，以及与顾客交流合作的方式。目前，顾客界面已成为服务创新研究的一个焦点，尤其在服务创新的顾客化生产方式中被特别强调。

服务提供者在设计顾客界面时需要注意一些基本问题：如何与顾客进行有效的交流？企业的潜在顾客是谁？企业有能力让顾客在创新中扮演"合作生产者"的角色吗？服务提供者与顾客间的交流和相互作用已成为创新的一个主要来源。在那些不具有明显有形特性或容易被竞争者产品所替代的服务中，服务提供者与顾客间的界面更为重要，服务提供者要不断创新与顾客的交互方式。

维度 3：新服务传递系统

新服务传递系统维度主要指生产和传递新服务产品的组织。该维度侧重于服务企业的内部组织安排，力图通过合适的组织安排和管理，促进企业员工开发和提供新服务产品。服务传递系统维度应密切关注的问题是：如何对企业员工授权？如何促使员工传递新的服务产品？

因此，企业现有的组织结构和员工能力必须适应新服务开发的需要，否则，就要进行新组织结构的设计和员工能力的培训以促使创新顺利进行。很明显，新服务传递系统维度和新的顾客界面维度间密切关联，产品的内部组织和传递方式（新服务传递系统维度）与员工和顾客间相互作用的方式（新顾客界面维度）不能分离，两者相互交织并相互支持。例如，在传统商业过程中引入电子商务，这不仅改变了传统商业交易方式，改变了传统商业交易过程，而且，企业的内部组织结构和员工的能力技能也都要随之发生改变。

维度4：技术

由于服务创新在没有技术参与的情况下仍可以发生，因此，技术并不是服务创新的一个必要维度，而是一个可选维度，但技术在服务创新中仍扮演了重要角色。在服务创新中有很多针对特定部门的技术，如健康服务中的医疗技术，物品运输服务中的冷藏和温度控制技术等，这些技术都会对特定的服务部门产生重要影响。当然某些技术可以在众多服务部门中被广泛采用，信息和通信技术（ICT）就是一个明显例子，它可以进行大量的信息处理工作，因此成为一种几乎所有经济活动都需要的技术。研究者经常将 ICT 看作服务创新的巨大推动力，这是典型的"供应商主导型"创新观点。事实上，服务并不总是"供应商主导型"的，很多服务企业在技术（设备）引入的过程中和引入后都在进行其他创新活动，更进一步，由顾客和市场引发的创新在服务企业中更为频繁和重要。

从某种意义上讲，任何一项服务创新都是上述四个维度的某种特定组合。一项新服务的出现通常意味着新服务概念的形成，同时需要开发一个新的服务传递系统，员工也要改变其工作方式以及与顾客接触和关联的方式，并使用 ICT 等技术。但在实际服务创新过程中，仅仅关注这四个维度是不够的，还需要把各个维度连接起来。不同维度间的"关联"相当重要，因为它是服务创新四个维度发挥作用的途径，是创新得以实现的重要保证。四维度模型中最主要的关联是市场营销、组织开发和销售。企业向已有顾客和新顾客推出某一新服务概念需要多方面的知识。具体来说，服务企业与顾客间的相互作用以及对服务传递系统的改进和适应需要服务销售方面的知识，包括服务在何处生产、如何在市场中传递和销售的知识。同样，新服务的生产和传递还需要组织开发方面的知识，即现有组织能否传递新服务、需要组织发生何种变化以适应新服务等。因此，只有通过四个维度的发展以及维度间的关联和相互作用，服务创新才能被有效实施并最终实现。

**知识拓展 8 - 2**

## 亚马逊的物流服务创新
### ——提高行业生产率与竞争力的典范

亚马逊，作为全球电商巨头，不仅在商品销售上取得了巨大的成功，其在物流服务上的创新也为整个行业树立了新的标杆。通过一系列的创新举措，亚马逊不仅提高了自身的物流效率，还带动了整个电商行业的生产率与竞争力。

随着电商的快速发展，物流服务成为了电商平台的核心竞争力之一。然而，传统的物流服务存在着效率低下、成本高昂等问题，严重制约了电商平台的发展。为了突破这一瓶颈，亚马逊开始了一系列的物流服务创新。

首先，亚马逊引入了先进的仓储管理系统，通过大数据分析、机器学习等技术，实现了对商品的智能分类、存储和调度。这不仅大大提高了仓储空间的利用率，还降低了人工操作的错误率，提高了整体的生产率。其次，亚马逊率先推出了无人机配送服务，通过无人机将商品快速送达消费者手中。这一创新举措不仅缩短了配送时间，还降低了人力成本，提高了物流效率。最后，亚马逊在其物流系统中引入了智能推荐算法，根据消费者的购买历史和浏览行为，智能推荐配送时间和方式。这不仅提高了消费者的满意度，还降低了退货率和二次配送的成本。

通过以上创新举措，亚马逊的物流服务得到了极大的提升。首先，智能仓储系统和无人机配送的引入，使得亚马逊的物流效率得到了显著提高，配送时间大大缩短。其次，智能推荐系统的应用，提高了消费者的购物体验，增加了消费者的忠诚度。最后，这些创新举措还降低了亚马逊的物流成本，提高了整体的生产率和竞争力。

亚马逊的物流服务创新不仅为自身带来了巨大的成功，还对整个电商行业产生了深远的影响。其他电商平台纷纷效仿亚马逊的做法，引入智能仓储、无人机配送等创新技术，提高了整个行业的生产率和竞争力。同时，这些创新举措也推动了物流行业的发展和变革，为未来的电商物流发展提供了新的方向。

亚马逊通过智能仓储系统、无人机配送和智能推荐系统等创新举措，成功提高了自身的物流效率和生产率，增强了竞争力。这些创新举措不仅为亚马逊带来了巨大的商业成功，还对整个电商行业和物流行业产生了深远的影响。

资料来源：《亚马逊配送提速，跨境物流供应链竞争再升级!》，搜狐网，https：//m. sohu. com/a/800272722_121291704。

## 五、服务创新活动的发展趋势

近年来，服务创新活动发生了明显变化，最显著的是服务创新从最初的随意性和非系统性过程演变为有意识和系统化组织的过程[1]，这指明了服务创新活动的发展方向，对服务企业具有重要意义。

### （一）服务创新活动的系统化、战略化趋势

服务创新活动最初是一种随意的、缺乏系统性组织的行为，企业只是根据顾客需求以及自身需要开展创新活动，创新过程更多是一种概念产生过程，由于这种创新活动不以战略为指导，也不是一种有意

---

[1] Sundbo J，Gallouj F. *Innovation in Services*. SI4S Project Synthesis. Work package 3/4，1998.

识的行为，因此，经常出现创新过程不完整、创新效率低下的现象，难以达到预期目的，甚至还会阻碍企业的正常经营。当前，服务创新活动具有一种明显的趋势，越来越多的服务企业认识到，服务创新活动同样可以进行有意识和系统性的组织开发，战略指引下的系统性服务创新已成为主导，通过有意识的、系统化的、战略化的创新活动能够给服务企业带来更大的竞争力。

### （二）服务创新活动的轨道化趋势

以前的服务创新活动更多的是以服务活动为基础的偶然创新，没有考虑创新活动的长远发展，也没有有意识地去寻找适合本企业创新发展的规律和轨道，因而创新效率不高。现在，服务企业的创新活动开始走向遵循某一轨道的有规律发展，或是技术轨道，或是服务专业轨道，或是管理轨道等。这种遵循轨道的服务创新发展趋势使企业能够确立长期发展目标，对资源进行有目的的配置和使用，提高了创新效率。

### （三）服务创新组织的灵活性趋势

服务创新过程是一个相当广泛和复杂的过程，加之服务创新活动以顾客为导向，这就要求创新组织和创新管理具有较大的灵活性。当前，服务企业在努力寻求和摸索恰当的服务创新管理方法和组织规程，服务企业创新活动的组织和管理正在变得更加灵活。服务企业的灵活性是一个优势，这更能适应灵活多变的市场需求，也更能适应在激烈竞争中对创新活动进行有效的组织和管理。创新组织的灵活性是在企业整体战略引导下的适度灵活，它可以保证创新活动在企业战略框架内的顺利实施，使创新变得更为高效和系统化。

### （四）服务创新的"模块化"趋势

生产的"模块化"是服务的发展趋势，表现为服务企业将标准化的服务要素组合起来满足顾客的个性化需求，它是"标准化"生产和"顾客化"生产的折中。在创新过程中，服务企业要有意识地将创新服务的要素标准化，以便在生产中根据顾客的不同需要将标准化要素组合起来满足其要求，"模块化"生产方式不仅可以提高生产效率，满足顾客的个性化要求，而且提高创新的效率。

**知识拓展 8 - 3**

## 医疗领域引入远程诊疗服务
### ——科技助力医疗服务创新，提升行业生产率与竞争力

在医疗服务领域，科技的快速发展正推动着一场前所未有的创新浪潮。最近，远程诊疗服务的兴起成为了行业内外关注的焦点，它极大地提升了医疗行业的生产率和竞争力，为患者带来了更加便捷和高效的医疗服务体验。

远程诊疗服务利用先进的互联网技术，使得医生和患者可以在不同的地点进行实时交流和诊疗。通过视频通话、在线问诊、电子病历等方式，医生可以远程了解患者的病情，进行准确的诊断和有效的治疗。这种创新服务模式打破了传统医疗的地域限制，使医疗资源能够更加均衡地分布，有效缓解了医疗资源紧张的问题。

对于医疗行业而言，远程诊疗服务的引入带来了诸多好处。首先，它大大提高了医疗服务的效率。医生可以在短时间内接诊更多的患者，减少了等待时间，提高了诊疗效率。其次，远程诊疗服务还降低了医疗成本。患者无须长途跋涉前往医院，节省了交通费用和时间成本，同时也减轻了医院的运营压力。此外，远程诊疗服务还促进了医疗资源的共享和优化。医生可以通过远程诊疗平台与同行进行交流和合作，共同研究疑难病例，提高医疗水平。同时，远程诊疗服务还使得优质的医疗资源能够覆盖更广泛的地区，让更多人享受到高质量的医疗服务。

远程诊疗服务这一创新举措在医疗行业内引起了广泛的关注和赞誉。许多医疗机构纷纷加入远程诊疗服务的行列，为患者提供更加便捷和高效的医疗服务。同时，政府也加大了对远程诊疗服务的支持力

度，推动其在医疗行业的广泛应用和发展。

总的来说，远程诊疗服务的引入为医疗服务领域带来了革命性的变革。通过科技助力，医疗行业成功提升了生产率和竞争力，为患者提供了更加便捷、高效的医疗服务体验。这一行业趋势充分展示了服务创新在推动医疗行业发展方面的巨大潜力。

资料来源：《院长说｜中国科学技术大学附属第一医院副院长尹大龙：满足人民群众健康需求，推动医疗卫生服务体系优质化发展》，新华网，https：//www.news.cn/health/20240207/8cf4577d34b9419eaaa31b2d2f851e3b/c.html。

## 六、中国服务业创新实践的问题

### （一）创新意识缺乏

中国正处在转型时期，在一些服务部门计划经济的色彩还较浓，行政性和指令性安排还较强，因此，许多服务企业仍然思想保守，缺乏创新意识，创新动力不足。

### （二）管制过严

目前，政府在有些服务业领域（例如金融保险、邮电通信）垄断经营还比较严重，管制较严格，市场准入门槛较高，较为严格的政策环境和管制措施对服务创新活动产生了一定的抑制作用，不能充分调动企业服务业创新的积极性，难以迅速提升服务创新能力。

### （三）创新激励机制不健全

目前，在有些服务部门仍以国有企业为主，市场化程度较低，竞争格局尚未完全形成，服务创新的激励机制不健全，导致企业内在的创新动力不足。

### （四）创新能力较弱

中国服务业的创新能力普遍较弱，主要体现在以下方面：首先，中国服务创新主要是模仿性创新，原创性、根本性服务创新较少。其次，创新管理能力较弱。中国服务企业进行创新活动的时间较短，没有足够的创新管理经验，企业的创新战略导向不明确，缺乏合格的管理人员，不能形成一套有效的管理方法和模式，因而服务创新效率较差，创新成功率也较低。最后，中国服务企业创新的设计、运作和营销能力较差，即使有好的创新概念也不一定能形成最终具有竞争力的创新服务产品，服务创新的整体质量不高。

### （五）创新分布不均衡

服务创新的开展和扩散在中国的各种类型服务行业、各地区之间的分布不均衡。有些服务行业创新活动频繁，是创新的"领先者"，如 IT 咨询和管理咨询；某些行业很少有创新活动，是创新的"落伍者"，如法律和审计服务。另外，服务创新在传统服务业和新兴服务业之间的分布也不均衡，新兴服务业创新超过传统服务业。此外，服务创新在地区分布也不均衡，发达地区（如北京、上海）比不发达地区的服务业的创新范围更广，创新程度更高。

### （六）创新形式单一

目前，中国服务创新只集中在少数几种类型上，没有形成全面和系统的服务创新体系，没有充分发掘各种形式创新的潜力。例如，中国的多数知识型服务企业只重视市场创新和技术创新，而不太关注组织创新、重组创新和专门化创新。

## 七、构建中国服务创新促进政策框架

服务创新是一个受制度、组织文化和社会环境影响很大的活动，单纯的市场激励难以使服务创新活动达到令人满意的程度，因此，国家和相应的主管机构应该制定政策，为服务创新提供良好的制度环境和发展平台。

服务创新政策不仅会影响服务创新的内容、效率和效果，而且会影响整个国家的创新能力。目前，国家制定的创新政策主要是针对制造业技术创新的，很少或者根本没有相关服务创新的政策，究其原因主要是人们还没有充分认识到服务创新政策的重要意义与必要性。

**（一）服务创新促进政策的必要性**

尽管已有的技术创新政策直接或间接地影响了服务创新活动，但仍有必要制定服务业服务创新的促进政策，因为：

（1）随着服务业在经济中发挥的作用日益重要，服务业和制造业之间相互融合、相互促进的演化趋势越来越明显，政策制定者必须重新考虑产业创新政策发挥作用的范畴和部门对象，只有把服务创新包含进当前的创新政策和技术政策中，既要考虑服务创新的国际竞争力作用，也要考虑其一般"福利政策"的角色，这样才能更加全面有效地推动经济发展。

（2）虽然服务业中包含许多性质差异较大的部门，但它们仍有许多共同之处，如服务产品的无形性、高度的顾客导向性等。这些服务特性在整个经济体系中变得越来越普遍，如越来越多的制造业部门正在以顾客为导向，同时还开展产品附加服务的竞争等。因此，应该制定服务创新政策，鼓励服务创新，这样既有利于服务业的发展，又有利于相关产业的发展。

（3）服务的重要性不仅体现在对 GDP 和就业的贡献，它在创新系统中的作用也越来越明显，其中最典型的例子就是知识型服务业。知识型服务业不仅是客户企业创新的来源，而且还能够帮助客户企业实施和完成创新，或是将其他地方的创新转移到客户企业。因此，应该制定专门针对服务业的服务创新政策，鼓励服务创新，这有利于国家创新能力的提高。

**（二）服务创新政策制定的基本原则**

与其他产业创新政策有所不同，服务创新政策必须充分反映服务创新活动的特性，同时，还要考虑创新政策的规模、范围和合理性。豪克尼斯（Haukness，1998）提出制定服务创新政策的基本原则：

（1）考虑创新政策对"社会福利"的影响，即考虑社会和文化的需要和发展；

（2）考虑创新政策对国家和产业竞争力的影响；

（3）考虑创新政策对创新绩效的直接影响，即增强经济系统中的创新活动。

以上基本原则必须考虑公共部门的和非公共部门之间的角色分工，并根据不同的角色分工制定相应的创新政策，只有这样才能有效利用两个部门间合作的潜力。

### （三）中国服务创新促进政策框架

制定和实施有效的服务创新政策，必须转变观念，要从国家战略角度重视服务创新促进政策，而不能将其作为一种辅助性和暂时性的手段。根据中国服务创新的发展现状与存在问题，应从国家、行业、企业三个层面上构建服务创新促进政策框架。

#### 1. 国家层面

（1）倡导服务创新思想，制定专门的服务创新政策，大力推动服务创新发展，服务创新政策应以提升服务企业、服务产业、国家创新能力和整体竞争力为目标。（2）确立服务业在国家创新系统中的基础性地位。欧盟国家已经把服务业纳入国家和区域创新系统的基础结构中，服务业已经成为国家创新系统中生产知识、扩散知识的创新主体。中国要充分借鉴发达国家的经验，把服务业，尤其是知识型服务业纳入重要的知识创新主体的范畴，发挥服务业对其他行业企业知识创新的加速器作用，发挥服务业的知识传播作用和知识纽带作用。（3）将服务业作为中国传统产业升级的重要途径，要不断地推进服务业与其他产业的紧密结合，鼓励服务业与制造业的结合，为制造业提供知识和信息支持，以高新技术改造传统产业，实现产业升级、管理升级和技术升级。在欧盟国家，由于服务业为制造业提供了管理支持、服务支持、市场支持，从而为制造业创造了更大的发展空间。因此，中国要充分发挥服务业在提升传统产业中的作用，要鼓励高新技术嫁接知识型服务业，提高服务业自身的技术密集度，推动传统服务业向现代服务业的转变。（4）实施相应的财政、金融和税收优惠政策，支持服务企业尤其是知识密集型服务企业的服务创新。（5）加强信息基础设施建设，为服务创新提供创新信息源，推动服务创新的扩散。

2. 行业层面

（1）制定服务业服务创新的发展规划，形成"服务创新蓝图"，指导服务业服务创新活动，提高服务行业的整体创新能力。（2）行业协会对促进服务创新的知识和管理经验的传播发挥着重要作用，要制定促进服务行业服务创新的措施。（3）为服务企业提供专业性的服务创新指导和培训。（4）采取措施，抑制不正当竞争，保护服务创新者的权益，例如，服务创新的知识产权（IPR）保护。

3. 企业层面

（1）制定企业服务创新战略，将服务创新战略作为企业战略的重要组成部分。（2）制定相应的服务创新激励机制，采取有效措施鼓励服务创新活动。（3）制定更加适合服务创新、具备专业技能和灵活性的人力资源开发政策。

# 第二节　服务业生产率与竞争力

## 一、服务业生产率测度

服务产出无形、不可储存的特质使对它的测量成为服务业计算中出现的首要问题，随之而来的定义问题至今仍是学术界争论的焦点。

富克斯（Fuchs，1965）最先提出了服务经济的生产率概念，他认为服务经济的生产率就是服务业使用资源的效率，传统的经济理论，如土地投入、完全竞争、规模报酬递减等不完全适用于服务经济的分析。因为服务业比制造业具有更少的土地投入和更大的价格与收入需求弹性，并且由于合约、道德承诺或者更高的雇佣成本，特定个人长期依附于某个特定组织而不容易自由流动，这在服务产业中更为常见，此外交易的规模和需求也会对服务业效率产生影响。

早期对于服务业生产率的研究主要集中在服务业的劳动生产率方面。所谓服务业的劳动生产率是指投入服务部门的人均服务产出。尽管这种定义有一定的局限性，但依然是测度服务业部门劳动生产率的传统指标。这种定义涉及两个指标的选取，第一是投入的劳动力指标，第二是服务产出指标。而在具体分析服务部门时，这些指标的获取存在一定问题。

服务产出的定义、指标的选取和数据获取也较为困难。大部分服务产出的无形性、复杂性和即时性使得服务产品价值增值很不容易用产品产出数量与售价的乘积统计出来。很多服务部门，尤其是那些"非售"服务，其增加值实际上等于劳动要素的使用成本。

服务业生产率中关于度量偏差争论的焦点是当期和不变价格产出的选择。许多服务活动很难把由于质量变化而导致的价格变化和由于纯粹价格变化而导致的价格变化进行区分，因此，很难用服务质量进行价格指数调整。后来，有学者用"全要素生产率"这个指标来研究服务业生产率。特里普利特和波茨沃斯（Triplett and Bosworth，2002）把服务业生产率增长分解为劳动生产率增长和全要素生产率增长，并认为全要素生产率增长是服务业劳动生产率增长的主要贡献者，全要素生产率是服务产业劳动生产率增长的主要源泉。

全要素生产率（TFP）的概念由索罗（Solow，1957）首次提出，主要指的是除资本、劳动等要素增长以外的其余所有因素对经济增长的贡献度。相关学者普遍认为，全要素生产率与科技创新、要素配置、管理制度变革等综合性因素息息相关，可用于反映非生产投入要素的关键性作用。

对于全要素生产率的测算方式，目前学术界主要有两类：一类是参数估计法，另一类是非参数估计法。参数估计方法以索罗余值为基础，即根据科布道格拉斯生产函数对生产技术进步进行合理测算。最初学者普遍采用普通最小二乘法（OLS）估计残差值的方式对全要素生产率进行测算，即根据产出增长率减去资本和劳动力投入增长率之和的差额来代表索罗余值。这类方法在提出后被广泛使用，很多早期文章都基于 OLS 估计残差值来对全要素生产率进行合理刻画（Farrell，1957）。尽管上述方法能够对社会技术进步进行刻度，但依旧存在一些问题，如不可避免的内生性难题。因此相关学者在此基础上又提出 OP 法（Olley and Pakes，1996）和 LP 法（Levinsohn and Petrin，2003）。当然这些测算方案也存在一定问题，如 OP 方法计算全要素生产率的话可能无法顾及在实际生产环节中多数企业当年并不进行投资的情形，这将造成投资情况并不能完全反映生产率的变化。但相较于 OLS 残差值而言，OP 法和 LP 法的缺点似乎可以忽视。除去索罗余值法，乔根森指数法也是测算全要素生产率的重要方式。该方式将劳动力与资本贡献度依据量和质的增长展开进一步分解，从而剥离劳动资本要素中包含的技术进步（Jorgenson and Grilches，1967）。随后艾格纳等（Aigner et al.，1977）对生产者行为进行更准确描述，即基于随机前沿模型采用极大似然估计法得出全要素生产率。非参数估计法不同于参数估计法，其回避了函数形式的设定，只需要对生产决策单元的投入产出进行统计研究。此外，非参数方法的提出解放了函数形式，使学者在应用时不必顾及既定假设。从方法类别上来讲，非参数效率分析法主要包括数据包络分析法（Data Envelopment Analysis，DEA）、Malmquist 指数法以及 DEA - Malmquist 指数法等（Chammes，1978；Caves et al.，1982）。上述方法各有利弊，学术界也均依据研究需求进行方法选择。

## 二、服务业竞争力测度

服务业竞争力是衡量一国服务业发展水平的重要标准，不断提升服务业竞争力是中国服务业发展的重要目标。本小节将在经济全球化视角下从服务出口能力、对外投资能力和对国家繁荣贡献三个方面来设计评价服务业竞争力的指标体系，从理论上分析了影响服务业竞争力的主要因素，并对中国服务业竞争力进行实证分析，最后探讨提升中国服务业竞争力的基本思路。

### （一）服务业竞争力的定义与指标体系选择

通常，竞争力按其主体的不同可以分为产品竞争力、企业竞争力、产业竞争力和国家竞争力四个层次，其定义范围逐渐从微观领域延伸到宏观领域。我们这里研究的服务业竞争力属于产业竞争力的范畴。产业竞争力是一国特定的产业通过在国际市场销售产品而反映出的生产力（金碚，1997；胡大力，2003；朱春奎，2003）。目前，中国学者对于中国服务业竞争力的评价大多与该定义相似，即以服务进出口为基础对中国服务业的竞争力进行评价。

随着国际直接投资和国际并购的发展、跨国公司的成长壮大，我们就不能单纯地从国际贸易的角度来衡量服务业的竞争力了。而且服务产品与制造业产品是不同的，制造业的产品是可流通的（在没有贸易壁垒的前提下），而服务业产品大多由于产品的无形性和消费的地域性限制，无法通过服务贸易进行国际竞争，如餐饮、零售等消费性服务。此时，企业就会通过跨国公司以国际并购、对外直接投资等形式去争夺国际市场，完成国际竞争，如家乐福、沃尔玛等大型国际零售商就是通过对外直接投资来参与国际竞争的。实际上，服务业的国际竞争包括三种形式：服务企业为旅行到服务提供国的流动购买者提供服务；服务企业利用国内基地的人力和设施向国外提供服务；服务企业在外国通过当地服务设施、本国派往的和当地雇用的员工提供服务（Michael E. Porter，1998），前两者属于国际贸易，而后者属于国际投资。因此，我们对于服务业竞争力的定义和评价就不能仅考虑服务贸易，对外投资（包括跨国并购和对外直接投资）也是服务业竞争力的重要内容。

此外，一国产业的发展必须以带动整个国家的繁荣为使命，因此，对于一个有竞争力的产业也必须对国家繁荣作出贡献。综上所述，我们把服务业竞争力定义以母国为基地、以繁荣母国经济为目标的对外扩展能力，扩展能力包括服务出口能力和对外投资能力。基于这个定义，我们应该从三个方面来衡量中国服务业竞争力：服务出口能力、对外投资能力和对国家繁荣的贡献。我们用国际市场占有率、服务贸易优势指数、显示性竞争优势指数来衡量，用服务业对外投资占世界总服务对外投资比例、服务业对外投资与利用外资差额来衡量中国服务业对外投资能力，用服务业人均产值和服务业就业效应来衡量服务业对于国家繁荣作出的贡献。由此我们可以用图8-4来概括中国服务业竞争力的评价体系。

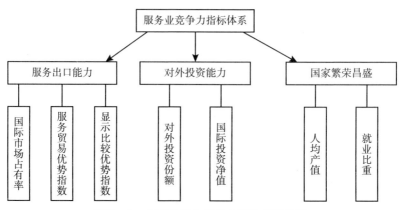

**图8-4　中国服务业竞争力评价指标体系**

## （二）服务业竞争力指标体系的分解

### 1. 服务出口竞争力指标

（1）国际市场占有率。

出口市场占有率是指一国出口总额占世界出口总额的比例，它反映一国出口的整体竞争力，比例提高说明竞争力增强，即式（8-1）：

$$出口市场占有率 = 一国出口总额/世界出口总额 \qquad (8-1)$$

（2）贸易竞争优势指数。

某一产业或产品的净出口与其进出口总额之比，称为贸易竞争力指数，用来说明该产品或产业的国际竞争力，总体上能够反映出某产业的比较优势状况，其计算公式如式（8-2）所示：

$$N_{ij} = \frac{X_{ij} - M_{ij}}{X_{ij} + M_{ij}} \qquad (8-2)$$

其中，$N_{ij}$为比较优势指数；$X_{ij}$为i国家第j种商品的出口额；$M_{ij}$为i国家第j种商品的进口额。比较优势指数取值范围为（-1，1），当其值接近0时，说明比较优势接近平均水平；大于0时，说明比较优势大，且越接近1越大，竞争力也越强。反之，比较优势小，竞争力也小。

（3）贸易显示性比较优势指数（RCA）。

贸易显示性比较优势指数指某产业在该国出口中所占的份额与世界贸易中该产品所占的份额，反映一国服务贸易出口量占世界服务贸易出口量的比重，反映了一国某产业的出口与世界平均出口水平的相对优势，其计算公式如式（8-3）所示：

$$RCA = \frac{X_{ij}/Y_i}{X_{wj}/Y_w \times 100\%} \qquad (8-3)$$

其中，$X_{ij}$表示i国j类产品出口额；$Y_i$表示i国全部产品出口额，即包括商品出口额与服务贸易出口额；$X_{wj}$表示世界j类产品出口额；$Y_w$表示全世界产品出口额。当一国的RCA指数大于100时，则该国在服务上就拥有"显性"比较优势；相反，当一国的RCA指数小于100时，则其处于比较劣势地位。更进一步，若RCA指数大于250，表明该国的服务具有极强的国际竞争力；若RCA指数大于125且小于250，表明该国的服务具有较强的国际竞争力；若RCA指数小于125，表明该国的该商品或服务的国际竞争力较弱。

（4）显示性竞争优势指数（CA）。

一个产业内可能既有出口又有进口，而显示性比较优势指数只考虑一个产业或产品的出口所占的相对比例，并没有考虑该产业或产品的进口的影响。当国与国之间存在产业之间的贸易或产业内部也存在进出口贸易的情况下，这种不考虑进口情况的比较优势计算公式，可能得出一个并不正确的结论。为了消除进口的影响，沃尔拉斯于 1988 年设计了显示性竞争优势指数，该指数的计算方式为式（8-4）：

$$CA = RCA - \frac{M_{ij}/M_{it}}{M_{wa}/M_{wt}} \qquad (8-4)$$

其中，$M_{ij}$ 是国家 i 在产品 j 上的进口额，$M_{it}$ 是国家 i 在 t 时期的总进口额，$M_{wa}$ 是 a 产品在世界市场上的总进口额，$M_{wt}$ 是世界市场在 t 时期的总进口额。式（8-4）从出口的比较优势中减去该产业进口的比较优势，从而得到 i 国 a 产业或产品的真正竞争优势。当 CA > 0 时，表示该产品或产业具有国际竞争力；当 CA < 0 时，则表示该产品或产业不具有国际竞争力；当 CA = 0 时，表明该产品或产业具有中性国际竞争力。

2. 对外投资能力

（1）产业对外投资占有率。

产业对外投资占有率是指某产业对外投资占世界产业对外投资的比例，比例提高说明竞争力增强，即式（8-5）：

对外投资占有率 = 对外投资额/世界对外投资总额　　（8-5）

（2）投资竞争优势指数。

投资竞争优势指数是指某一产业或产品的对外投资与跨国投资总额（包括产业利用外资和对外投资）之比，其计算方式和判断标准同贸易竞争优势指数。

（3）投资显示性比较优势指数（RCA）。

投资显示性比较优势是指某产业在该国对外投资中所占的份额与世界对外投资中所占的份额之比，反映了一国某产业的对外投资与世界平均对外投资水平的相对优势，其计算方式和判断标准同贸易显示性比较优势指数。

3. 国家繁荣贡献

我们用服务业人均产值以及提供的就业比重来衡量服务业发展对于国家繁荣的贡献，人均产值越高，贡献越大；提供的就业比重越高，对国家的贡献越大。

### (三) 影响服务业竞争力的因素

服务业竞争力是一个国家系统的竞争力，由于服务业类型的不同竞争力的来源也不同，影响服务业竞争力因素也不尽相同。比如，运输、旅游等服务贸易领域对自然资源和劳动力成本等比较优势的依赖性较大；在金融、通信、专利、计算机信息服务、法律、会计等专业服务的绝大多数知识与技术密集型服务贸易领域，先进的技术、高素质的人力资本、持续增长的需求、企业和相关产业的发展等综合要素是获得服务贸易竞争优势的关键。概括起来，影响产业竞争力的因素主要包括要素条件、需求条件、企业策略、竞争与结构、相关支持产业、政府、机遇以及对外开放（FDI、服务贸易），等等。

1. 要素条件[①]

要素条件，是一个广义概念，包括自然资源、资金资源、人力资源、知识资源、基础设施资源等。无论是资源密集型、劳动密集型，还是资金、技术密集型产业，要形成比竞争对手更强的竞争优势，就必须首先有明显的资源优势，或者具备较强的资源配置整合能力。

（1）知识资源与服务业竞争力。

知识是一种流动性质的综合体，其中包括结构化的经验、价值以及经过文字化的信息。此外，也包含专家独特的见解，以及为新经验的评估、整合与信息等提供的架构。世界经济已经进入知识经济时代，而知识经济以知识的拥有、配置、创造与应用作为最重要的生产投入

---

① ［美］迈克尔·波特：《国家竞争优势》，李明轩译，华夏出版社 2002 年版。

要素，知识的创造与应用成为支撑经济不断成长的主要动力，其贡献远超出自然资源、资本、劳动力等传统性生产要素。服务业可以分为消费型服务业和生产性服务业，很多生产性服务业中的行业，如咨询业、技术研发行业等，本身就是以经营知识为主，这些企业所掌握的知识资源丰富与否，直接关系到其企业服务产品的质量，其竞争力也会随之改变。而对于那些非知识经营性服务业来讲，由于知识的生产力扩大，生产要素之间的相对重要性发生改变，而这种改变会对厂商的经营策略、市场竞争的态势乃至政府的功能产生巨大的改变，而这些因素都是影响产业竞争力的重要因素。此外，虽然知识资源可以通过贸易来获得，但是知识资源的本质是不断地创新、总结，因此，创新才是维持知识资源优势的根本，是保持和提升服务业竞争力的源泉。

（2）资本资源与服务业竞争力。

无论是人力资源的开发还是知识资源的积累都离不开资本资源，甚至高层次人力资源的运用和先进知识资源的实施也离不开资本，可以说，资本是将资源转化为服务产品的载体。资本的充足与否影响到企业的资金价格，进而影响到企业的成本，服务产品的价格也会随之变化，对于资本密集型服务业来讲尤其如此。虽说每个国家的资本成本、可运用的资金总额有很大的差异，但是可以通过信用贷款、抵押贷款和风险资本运作来进行调节，这样一国的资本资源不仅是指一国可运用资金总额，还包括配置资本资源的机制，如股票市场、银行体系、风险投资市场等。虽有充足的资本资源，但是没有合理的配置机制使资本资源能够进入那些有潜在竞争力的企业，这样的资本资源也只能被浪费，如对于一些风险较大、收益较高的高科技服务业，他们获得常规的金融支持是非常困难的，这时，风险投资基金的支持就显得非常有用。而且，服务业中的金融业就是以经营资本来生存的，使得一国的资本资源及其配置机制对这些企业开展业务，从而提升其竞争力。

（3）基础设施与服务业竞争力。

基础设施建设是经济增长的重要前提，主要表现为：降低经济成本、促进产业结构升级、加速贸易发展和改善投资环境等。从产业竞争力的角度而言，基础设施的质量和完善程度对企业的生产成本与效率具有十分重要的作用。研究结果表明，在一定限度内，基础设施越落后，则企业生产活动的成本越高。在服务行业中，水、电的供应是企业运行的必备条件，若这些基础设施不能保证，则企业将无法经营。同时，运输系统这样的基础设施是发展物流、旅游业的重要条件，甚至一些文化娱乐机构之类的因素都会影响人们工作居住的意愿，从而影响服务业竞争力①。

2. 需求条件

需求条件是影响产业竞争力的第二个因素，它是指本国市场对产业提供的产品或服务的需求程度，它是产业发展的动力②。国内企业可以比国外的竞争对手更及时、更深刻地了解国内市场的需求，全球性的竞争并没有削弱国内市场的重要性，主要原因有三点：一是内行而挑剔的客户是本国企业追求高质量、完美产品造型和精致服务的动力源，也是企业提高竞争力的主动力；二是国内市场需求规模大，市场需求的成长速度快是产业竞争力的一种优势；三是市场的预期性需求，如果本地的顾客需求领先于其他国家，能带动未来国外其他地区同类型需求，也就是具有国内市场需求转换为国际市场需求的能力，这也是本国产业竞争力的一种优势③。

服务业可以分为生产性服务业和消费性服务业两种，这两种服务业的需求条件是不同的。生产性服务业的服务对象是生产者、产品、生产过程等，这主要是由制造业的发展水平、专业化程度来决定的，而且，生产性服务业还为其他服务行业（包括生产性服务业和生活性服务业）提供服务，因此，生产性服务业的需求条件与服务业本身相

① 刘伦武：《基础设施投资对经济增长推动作用研究》，中国财政经济出版社2003年版。
② ［美］迈克尔·波特：《国家竞争优势》，李明轩译，华夏出版社2002年版。
③ 胡安生：《中国汽车零部件工业国际竞争力分析》，载于《汽车工业研究》2005年第7期，第10–16页。

关。而消费性服务业的发展主要取决于居民的收入水平、消费习惯等，甚至政府购买也是生活性服务业的需求条件。中国正逐步变为全球制造业基地，国外的劳动密集型制造业，甚至知识密集型制造业大量向中国转移，中国第二产业的增长速度一直在两位数以上，而且制造业生产力水平不断提高，专业化水平不断提高，如许多企业将自己经营的储藏、运输都交给物流公司来完成。制造业的发展为生产性服务业的发展提供了大量的需求，但是跨国服务企业同样给我们带来了竞争。虽然中国 GDP 的增长速度保持较高水平，但是居民可支配收入的增长速度却不是很快，而且由于教育、医疗、住房等成本的不断攀升，使得居民的消费倾向偏低，生活性服务业的需求不会大量增长。

3. 相关和支持性产业

相关和支持性产业是影响产业国际竞争力的第三个关键要素，一个国家能提供更健全的相关和支持性产业是该产业国际竞争力的优势。在很多产业中，一个企业的潜在优势是因为它的相关产业具有竞争力。由于相关产业的优势，带动了上、下游产业的创新和国际化。由于上游产业具备国际竞争优势，使下游产业在来源上就具备反映早、快速、能提高效率和降低成本等优点。本国供应商是产业竞争力的重要因素，与国外供应商相比，本国供应商具有稳定性高，对市场的认识更真实、较容易预测、企业文化背景一致、设备和信息网络发展更相容、执行沟通成本更低等优势。供应商具有国际竞争的实力，则能为企业提供最新的技术和信息，能促进企业竞争力提升①。

影响服务业国际竞争力的相关和支持产业主要表现在两个方面：一是制造业发展对服务业的带动；二是服务业内部的良性互动。

服务业内部的良性互动又表现在以下四个方面：

（1）制造业的发展推动服务业竞争力的提升。制造业的技术创新可以为服务业所利用，从而改善服务业发展方式。技术创新的直接动

---

① ［美］迈克尔·波特：《国家竞争优势》，李明轩译，华夏出版社 2002 年版。

力一般来自制造业，而且技术创新需要大量的资金，特别是基础性的高端技术创新，服务业利用制造业的技术创新成果可以降低成本，因此，制造业的技术水平可以影响服务业的技术水平。

（2）世界商品贸易的发展，也会影响服务的国际竞争力。制造行业的运营，要购入很多相关服务设施作为中间投入，运输、港口服务、货运代理、保险、分销之类的传统服务贸易随着商品贸易的发展而发展，两者是相辅相成的，随着商品贸易的增长，与此相关的国际运输、国际金融与保险、国际商务旅行、售后服务、技术咨询、法律、会计等服务业也同时发展起来，从而带动了服务业的服务的出口。商品贸易的发展，使国际市场竞争的加剧，也刺激了对高质量的其他生产性服务投入的需求，促进了技术和知识密集型商业服务的出口。

（3）服务业内部的良性互动。发达的服务业对一国的服务贸易乃至于整个国民经济的发展，都会起到至关重要的作用。反过来，一国服务贸易尤其是整个国民经济的发展，也会对服务业的发展起到强有力的促进作用。

（4）服务贸易内部不同项目服务的出口也会产生相互带动作用。比如通信和计算机服务对专利服务的带动，旅游服务对运输服务的带动等，优势项目的相互促进也会形成"集群"效应，有利于保持和提升整体竞争优势。

4. 企业战略、结构和竞争状态

企业是知识创造的主体，企业的知识创造能力对产业竞争力的提升具有重要作用。服务业对技术创新的实体性要求比较低，而对于一些数据、方法、经验等软体性知识的要求较高，如咨询业、科技服务业等。企业的创新战略决定了整个产业知识积累的水平，影响了服务业国际竞争力。

竞争力来源于竞争。然而，大量事实告诉我们，并不是所有的"竞争"都有助于竞争力的形成。按照传统经济学理论，竞争强度越大，经济效益就越高，完全竞争的市场结构尽管在一定条件下能促进资源配置的合理化，但并不是最理想或者说最有效的方式，它存在着严重缺陷。完全竞争相对应的产业组织结构企业数量太多，且规模很小，都是价格的被动接受者，由于存在着过度竞争，企业的边际收益趋于零，甚至小于边际成本，这种结构所导致的结果往往是资源浪费严重、企业无法通过利润积累来从事技术创新等活动，因而不可能促进产业竞争力的提升，如中国的酒店、旅行社、会计师事务所等。而垄断会使企业丧失不断改进服务的进取心，这样会丧失国际竞争力。

国内市场强有力的竞争对手是创造与持续发展产业竞争优势的最大关联因素。从产业竞争优势的观点来看，国内市场竞争对手之所以重要，是它能提供企业不断改进和创新的原动力。国内企业的竞争会促使企业彼此竞相降低成本，提高产品和服务的质量，研发新产品和新工艺流程。本国竞争者会使国内竞争优势的条件淡化，没有企业能在本国市场需求条件、上游供应商关系、相关产业的优势、本国成本的优势等方面占到便宜。这种竞争激烈的本国市场，可以促使企业摆脱对低层次优势条件的依赖，促使本国企业寻求更高层次和更具持续的竞争优势，企业必须找到更适合的技术，或比竞争者更有效地运用本国的资源，才能形成规模经济。如果少了本国的竞争者，企业往往只利用现成的本国竞争资源，甚至低效率地滥用这些资源。本国市场竞争者越强，企业国际化的成功机会越大，如果没有本国市场实战的历练，企业要击败强劲的外国对手，是很困难的。企业在国内市场的成群竞争为本国所带来的好处，远超过它与外国企业的对抗。

5. 对外直接投资和对外贸易①

对外直接投资（FDI）并不是直接影响服务业竞争力的因素，它是通过改变服务业竞争力的因素来影响服务业竞争力，FDI 对服务业竞争力的影响主要表现在以下几个方面。

---

① 何映昆：《FDI 对东道国产业竞争力的影响研究》，载于《中国社会科学院研究生院》2003 年。

（1）资本效应影响机制。

服务业 FDI 的投入，能使东道国资本增加，增强东道国服务业资金的投入，产生规模经济和外部效应，从而有效配置各种资源促进服务业的发展。

（2）就业效应影响机制。

FDI 对就业的影响可以归纳为直接效应和间接效应两种。据调查，目前服务业 FDI 在我国主要是绿地投资（又称新建投资），而绿地投资具有明显的就业创造效应，这在很大程度上缓解了我国的劳动就业问题。

（3）技术效应影响机制服务业。

FDI 会通过示范效应和技术溢出效应促进一国服务业的发展，从而为提高服务贸易竞争力奠定基础。一方面，服务业跨国公司将给其在东道国的子公司和其他相关企业提供可供学习模仿的管理服务方法和经验。另一方面，人力资源的流动也可带来技术外溢效应。

（4）制度效应影响机制。

服务业 FDI 会加剧东道国服务市场的竞争，迫使东道国企业调整发展战略，学习先进的企业制度，提升服务质量。此外，FDI 在选择区位时对政策、法律环境、知识产权保护等方面有较高的要求，因此，服务业 FDI 的流入会促使相关地区和国家进一步完善市场体制、法律政策等制度环境。

6. 机会

机会来源于超出企业控制范围的突发事件，一般与本国的产业环境无关，企业无法掌控，甚至政府也无能为力，如技术的重大突破，能源危机导致生产成本的突然升高，出现金融危机、自然灾害以及发生战争等。机会的出现往往会打破原来的竞争环境、竞争次序，提供新的竞争空间。国家的"钻石体系"如果健全，往往能化危机为转机，企业会寻找新资源，产生新优势，起到产业结构重塑的效果。中国服务业发展比重还比较小，说明中国服务业市场的需求还没有饱和，政策的变动使得这些需求释放出来，这就是中国服务业发展的机会。

7. 政府

政府对产业的影响，一方面是通过政策工具，如金融市场规范、税制、产业发展政策等政策法规的制定，来影响产业的发展，如汽车的环保和安全法规、节能法规、税费政策等，对汽车产业发展有着重要的影响；另一方面政府本身也是本国市场的重要客户。政府是通过对钻石体系的四个关键要素（生产要素、内需条件、相关产业、企业结构战略）来影响产业国际竞争力的。政府与其他关键要素之间的关系既非正面，也非负面。既可能是产业发展的助力，也可能是障碍。

综上所述，创新的理念最初由熊彼特提出，但长期以来，创新研究主要集中在制造业及其技术创新上，这是由工业世界的核心驱动力所决定的。然而，进入 20 世纪 80 年代，随着服务业的崛起，服务创新的研究逐渐受到重视。尽管相较于制造业的技术创新，服务创新的研究尚显滞后，但其作为服务业持续发展的核心动力，已然成为专家学者和商界领袖共同关注的焦点。

服务创新，简言之，是企业为提升服务质量、创造新的市场价值而对服务要素进行的有目的、有组织的变革。这种变革可能涉及对服务系统的整体改造，或者是对某一特定顾客群体、特定问题的服务解决方案的迁移和应用。由于服务的本质特性，服务创新展现出了与技术创新截然不同的特点，如重组创新、专门化创新和规范化创新等。在服务创新的驱动力模型中，将单个企业视为驱动力识别的界面，并将这些驱动力分为内部和外部两大类。每一类驱动力都涵盖了多个关键要素，这些要素共同推动了服务创新的进程。

为了更全面地理解和分析服务创新，本章采用了一个四维度整合模型。这个模型通过结构化的方式，对服务创新中的多个要素进行了描述和分析。这四个维度分别是新服务概念维度、顾客界面维度、服务传递系统维度和技术选择维度。它们共同构成了服务创新的核心框架。

在中国，服务创新的发展仍然面临诸多挑战，滞后于全球服务创新的发展趋势。为了推动中国服务创新的持续发展，我们需要构建一个有效的政策框架，为服务创新提供良好的制度环境和发展平台。这样，我们才能够充分利用服务创新的潜力，推动中国服务业的转型升级。

## 思考题

1. 服务创新可以用哪些经济指标来衡量？

2. 现实生活中，因服务创新导致生产率和竞争力变动的例子有很多。请选择某一行业或某一部门进行具体论述。

# 第九章　服务业增长与开放

## 第一节　服务业增长规律

### 一、服务业增长的一般规律

发达的服务业已经成为一国经济发展的重要动力，而且已经成为一国国家经济发达程度和人民生活水平提高的标志。提高服务业在国民经济中的地位，发展现代服务业，提高服务业比重和水平一直以来是各国政府经济政策的重要取向。

考察现代服务业发展历程，我们可以发现以下几个规律①。

#### （一）比重不断上升规律

配第、克拉克、库兹涅茨等早期学者曾提出三次产业演化规律，但受所处经济发展阶段的局限，他们并没有涉及在服务业内部的进一步演化规律，而"生产性服务比重上升规律"则是这一方面的进一步拓展与深化。统计研究发现，在服务业当中，生产性服务比重呈明显上升态势，而消费性服务比重虽然呈上升趋势，但上升得非常平缓，

---

① 刘志彪、江静、刘丹鹭：《现代服务经济学》，中国人民大学出版社 2015 年版，第 14 页。

社会公共服务比重则呈逐步下降趋势。究其原因，生产性服务比重的上升：一方面，由于社会专业化分工的不断深化与泛化，引发生产性服务从制造业当中逐渐外部化（或垂直分离）出来，从而实现社会化、市场化与专业化发展；另一方面，经济服务化趋势的日益显著与知识经济的日趋增强，导致对人力资本、知识资本密集的生产性服务的市场需求越来越大。在需求导向型的市场经济条件下，需求的增长自然会引发生产性服务的发展。因此，生产性服务的比重上升，并不一定与人均 GDP 的上升直接有关，而与社会分工、技术进步有着更为密切的关系。

### （二）要素依赖和演进规律

生产性服务业发展是一个逐步深化的过程，同时也是所依赖的要素逐渐演变与升级的过程。早期的生产性服务内容比较简单，具备简单劳动能力的人便可以胜任。随着发展的逐步深入，越来越多的生产性服务则需要依靠资本投入以及劳动者的技能与技巧才能提供。而如今，大部分生产性服务都需要使用大量的人力资本、知识资本和技术资本，因此，其产出中才包含有大量的人力资本和知识资本成分。正因为生产性服务的要素依赖有劳动—资本—技术—知识的演化规律，因此，生产性服务业的成长与发展过程是一种资本深化过程，只不过这里的资本不只是物质资本，还包括人力资本、知识资本、技术资本等新型资本。

### （三）空间集中和集聚规律

在全球化中，城市是全球经济运行的指挥和控制中心，城市功能的变化要求生产性服务业在特定城市集中和集聚。一个城市中现代生产性服务业占城市 GDP 的比重，是反映该城市是不是世界性城市的主要指标。从理论上分析，生产性服务业集聚的动力不仅包括共享基础设施、节约运输成本等静态集聚效应，更多的还包括获取有利于技术和知识的创新、传播等动态集聚经济效应。具体来说，一是出于关键性投入要素（人才）的可获得性和信息、知识获取、更新与交流的便捷性考虑；二是为了更为方便地接近目标客户，降低需求双方的交易成本；三是政府适应集聚的萌芽而进行的事后调节与政策引导；四是制造业的集聚引发生产性服务业的集聚。

### （四）组织形态上外化和产业融合规律

生产性服务原本大多是内化在制造业当中实行自我服务的，由于社会专业化分工的深化与泛化，以及市场需求扩大等多方面因素，它逐渐与制造业实现垂直分离，进而实现外部化、专业化发展。由于生产性服务与制造业之间是互补互依、互动发展的关系，因此它的外部化发展并不会削弱商品生产部门的实力。恰恰相反，反而会更加强有力地支撑制造业的发展，毕竟，外部化只是一种生产组织方式的调整。所以，把生产性服务的外部化当成是产业空心化是缺乏理论依据的。与生产性服务外部化发展并行不悖的另一种趋势是，制造业与现代服务业也在不断发生融合，并进而达到改造制造业技术基础的效果。其中，传统制造业和服务业通过信息通信技术及软件产业等的信息化改造所焕发出来的生机就是最好的例证。

### （五）垄断竞争规律

生产性服务业由于兼具垄断和竞争行业的双重特质，因而是一个垄断竞争行业。一方面，生产性服务本身是一种同类但又不同质的差别化产品。虽然不同企业可以提供相同类型的生产性服务，相互间构成近似替代品，但服务本身的产业特性，如"经验性"而非"搜寻性"、供给上的"个性化""定制化"等，又决定了它们不可能是完全替代品。这就意味着，生产性服务企业具有一定的市场势力，虽然这种市场势力相对有限，但不像完全垄断厂商那么强大。另一方面，除了一些国家垄断性的服务行业，如金融、电信等之外，生产性服务业在很多方面又非常类似于完全竞争行业，但它又不像完全竞争行业那样可以完全自由地进入与退出，毕竟它还面临着一定的进入壁垒。首先，生产性服务一般都是人力资本、知识资本高度密集型的，因而，要获得生产性服务所需要的各种专业知识，通常需要较大的、专业化的初期投资。而投资一旦形成之后，便成了沉没成本，提供服务的边际成本也会因此而相对较小。因此，规模经济在该产业当中起着非常重要的作用。其次，由于生产性服务又具有极强的差异性，因此，想建立新企业也有一定的困难。最后，生产性服务的经验性商品特征，也使得新建企业有相当的难度。

应该指出的是，垄断有三种类型，即自然垄断、市场垄断和行政垄断。对于生产性服务行业，我们要坚决反对行政垄断，因为行政垄断对生产性服务业的外部化进程与专业化发展是极为不利的，它会扼杀市场竞争，阻碍企业通过市场竞争来提高产业效率。

## 二、服务业的增长要素分析

根据以往研究成果可知，现代发达国家完备的服务业经历了四个发展阶段，即服务提供阶段、学习阶段、能力出众阶段和提供世界一流服务阶段。在服务提供阶段，只是对顾客提供基本服务，技术含量较低。在学习阶段，服务内部管理严格，流程规范，从培训、教育中获取技术，服务能力提高，服务范围扩大。能力出众阶段则是应顾客需求和选择，服务分类细化，不断宣传核心服务，逐步开拓品牌市场，这个阶段的顾客群不惜成本寻找服务企业。提供世界一流服务阶段使得服务企业更有创造性、创新性，有能力提供更新、更好的服务流程，有较完备的多元化服务体系。从标准的经济学分析角度来看，服务业的增长可以从需求、供给以及其他因素来分析。

### (一) 服务业增长的需求因素

#### 1. 消费需求与服务业经济增长

消费者越来越注重个性化和高质量的服务，带动消费不断升级。

消费升级一方面是指消费总量扩张，另一方面是指消费结构升级。消费总量扩张是消费的总规模不断增长，在国民经济中的比重不断提高，国民经济发展由传统的投资驱动型主导转向需求拉动型主导。消费结构升级是指遵循马斯洛需求演化路径，不断从生存性消费支出向发展与享受型消费的演化，居民对消费品需求不断从满足基本的生存需求向发展、享受和自我实现等个性化、多样化的需求转变，在物质需求满足后，消费者对服务的需求提出了新要求，呈现出多元化、个性化的需求趋势。这种需求趋势，极大地扩展了服务业的市场，促进了服务业的发展。同时，服务需求的增加，使得分工越来越深化，原先在公司或家庭内部提供服务转变为从市场上购买服务。服务的提供量可能与以前没有什么两样，但不同的是，这些服务变得市场化了，而且专业化程度的提高还导致了服务的较高质量和较低的平均成本，进而导致对这些服务的需求和生产的增加。

2. 消费者收入增长与服务业经济增长[1]

根据恩格尔定律，随着人均收入的不断增加，消费需求也将不断升级。也就是说收入弹性高的商品在消费者支出中的比重将不断上升，而收入弹性低的商品占比会下降。通常来看，有形农业产品和工业制成品的劳动生产率增长较快，因此价格会越来越低；服务商品大多满足个性化需求，不能大规模生产，长期来看价格会持续上升。因此，服务商品的收入弹性相比于农产品和工业制成品更高，这种差别决定了随着人们收入的增长，服务商品在消费中的比重越来越大。

3. 制造业结构与服务业经济增长

制造业和服务业相互促进、相互融合。随着制造业结构的调整，产业内部分工细化，服务特别是生产性服务作为制造业中间投入要素的比重不断提高。制造业企业为寻求规模经济效应和专业化优势，往

---

① 邢丽娟、李凡：《服务经济学》，南开大学出版社 2014 年版，第 267 页。

往会考虑把原来自我提供的一些具有生产性服务性质的业务以外包的方式分离出去。制造业服务外包引致的需求可以有效地推动生产性服务业的发展。随着服务外包业务量的不断增大，生产性服务的经营将逐渐专业化，技术创新也会越来越多，从而发展出具有规模经济和专业化优势的生产性服务业，促进服务效率不断提高。这又带来制造业的成本进一步下降，生产效率不断提高，从而增大制造业企业基于研发投入的升级空间，有助于制造业向技术密集化和层次高端化的产业升级。而制造业升级反过来又能进一步促进生产性服务业的高端发展，有助于推动生产性服务业从制造业中剥离，从而服务产业化趋势日益明显。

### （二）服务业增长与供给因素

#### 1. 劳动力与服务业经济增长

一般认为，经济稳定持续增长会使得就业机会逐步增加，增强生产能力；反过来，劳动力增加也会推动经济增长，从而形成良性循环。服务业经济同样遵循该规律。劳动生产率高速增长，使得经济高速增长。同时，就业机会迅速增加。投入一定量的劳动力要素，劳动生产率增长较快，产出增长较理想。此时，政府、企业和居民收入增长较快，因而需求能力提高，消费结构产生变化，整个经济对劳动力需求容量也在扩大。这样，劳动力要素投入量又会继续增加，劳动生产率也在提高，收入又将增加，促进下一轮需求增长和就业机会扩大。如此循环反复，在这个过程中，过多的劳动力供给量可以在每个经济良性增长中得以逐步吸收。

#### 2. 技术进步与服务业经济增长

服务业的技术进步使得服务业生产率的提高，进而扩大了对服务业的需求，导致服务业比重上升。依托互联网、物联网、大数据、人工智能等一系列新的技术，共享经济、网络支付、智慧城市得以出现，从而推动了服务的转型。而新技术的产生和发展，也为各种形态的服务业的整合发展、协同发展创造了新的技术条件，成为服务业发展的新增长点。

## （三）其他因素对服务业经济增长的作用

### 1. 服务业增长与制度

制度经济学派认为，资本积累、技术进步等因素与其说是经济增长的原因，不如说是经济增长本身。经济增长的根本原因在于制度因素，制度是经济发展的决定性因素。诺思（North）与科斯（Coase）等把制度因素作为影响经济增长的一个重要内生变量，来研究制度与经济增长的相关关系。约翰·康芒斯在《制度经济学》一书中提出制度是经济发展的动力，他把制度解释为"集体行动控制个体行动"。[①] 约翰·康芒斯强调制度对经济增长的作用，认为政府必须指导国民经济，介入市场以矫正市场失灵，规范经济秩序，保证经济稳定增长。诺斯则认为科学技术的进步虽然对经济增长起重要作用，但真正起关键作用的是制度，一种能够提供个人刺激的制度是经济增长的决定性因素，在诸多制度因素中产权的作用尤为突出。

### 2. 服务业增长与城市化

首先，城镇化的过程是人口转移的过程，一方面，人口的增加直接带来服务品需求的增加；另一方面，城镇化将农业从业人员转化为工业、服务业人员，使得人员收入增加，购买力提高，加之消费观念逐步转变，又扩大了服务品的需求。其次，城镇化水平的提高能够完善公共基础设施，一方面能够为服务品供需双方降低交易成本，促进服务业的发展；另一方面，基础设施的完善能够吸引更多高素质人才，为知识密集型服务业发展提供智力支持。最后，城镇化能够通过服务业企业的地理集聚带来创新知识的共享，有利于增强服务业企业之间的知识外溢，同时还能促使分工的进一步深化和新企业从原有企

---

① ［美］约翰·康芒斯：《制度经济学》，赵睿译，华夏出版社 2009 年版。

业的分离。

3. 服务业增长与国际关系

随着全球价值链加速重构，以研发、金融、物流、营销、品牌为代表的服务环节在全球价值链中的地位愈加凸显，服务业活动呈现出国际化和高级化的发展趋势，加之服务业自身所具有的创新特征，服务业的需求规模和层次不断扩大和提高。这既有助于扩大服务业服务的内涵和手段，还能提高服务供给的质量和效率，从而推动服务业的高端化发展。

## 三、我国服务业增长情况

在新中国成立后的前30年的经济发展中，由于传统经济发展模式和计划经济体制的制约，服务业并未得到重视。1952年服务业增加值只有194.3亿元。直到改革开放初期的1980年，服务业增加值占我国国内生产总值的比重仅为21%。[①] 这个时期我国服务业产值比重和就业比重两个指标在国际排名中都列居最后几位。进入21世纪，我国服务业增长较快。

服务业产值增加。根据国家统计局数据，1978年服务业增加值占GDP的比重为24.2%；2001年比重达到40.7%；2015年服务业增加值为349744.7亿元，第三产业贡献率达到55.9%；2018年服务业增加值为489700.8亿元，第三产业对GDP贡献率为61.5%；2019年服务业增加值535371亿元，第三产业对GDP贡献率继续上升至63.5%，2020~2023年保持在45%左右。（见图9-1）。

---

① 此处的194.3亿元来自顾乃华论文，顾乃华：《服务业低效率体制的成因以及后果》，载于《社会科学研究》2006年第5期，第73~77页。但其中1980年数据有误，21%后改成22.31%，数据来源于夏杰长：《中国快速迈向服务经济时代》，人民网——经济·科技，2019年8月21日，http://finance.people.com.cn/n1/2019/0821/c1004-31307582.html。

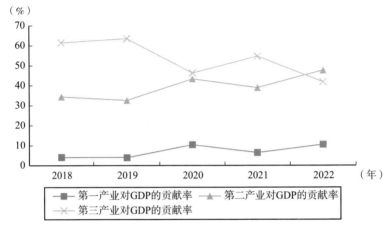

**图 9 - 1　三次产业对 GDP 的贡献率**

资料来源：国家统计局，https：//data. stats. gov. cn/easyguery. htm？ cn = Co1.

服务业从业人员不断增加。根据国家统计局数据，1952 年服务业从业人员只有 1881 万人；2002 年从业人员达 21090 万人，50 年间共吸纳劳动力 19209 万人，比 1952 年增长了 11 倍，而同期总就业人员仅增长了 3. 56 倍。服务业从业人员占全社会劳动力比重 1952 年仅为9. 1%，1978 年为 12. 2%，1994 年该比重首次超过第二产业的就业比重，2017 年提高到 45%，2020 年和 2021 年达到 48%。（见图 9 - 2）。

利用外资和国际贸易迅速增长。现代服务业逐渐成为外商投资加速进入的重点行业。近几年，我国实际利用外资增长最快的领域集中在服务业，尤其是生产性服务业领域。根据国家统计局数据，2007年，我国服务业利用外资项目数达到 16736 个，占当年利用外资项目总数的 44. 2%，实际吸收外资达 309. 8 亿美元，占实际利用外资总额的 41. 4%。根据商务部公布的数据，2022 年 1 ~ 11 月，全国实际使用外资金额 11560. 9 亿元，按可比口径同比增长 9. 9%，折合1780. 8 亿美元，同比增长 12. 2%。从行业看，服务业实际使用外资金额 8426. 1 亿元，同比增长 0. 9%，高技术服务业同比增长23. 5%。

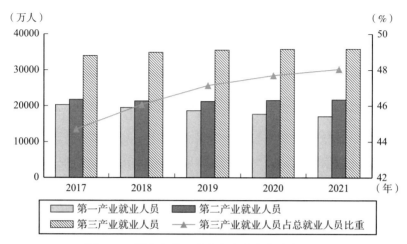

图 9 - 2　服务业就业人数占全社会劳动力比重

资料来源：国家统计局，https：//data. stats. gov. cn/easyguery. htm？cn = Co1.

进出口规模和速度不断提高。根据国家统计局数据，1985 年服务贸易出口额为 29. 25 亿美元，仅占世界服务贸易出口总额的 0. 8%。1995 年这一比重提高到 1. 6%，排在世界第 16 位。2000 年我国服务贸易出口额达 297 亿美元，占世界服务贸易出口总额的 2. 5%。根据商务部数据，2022 年，我国服务贸易保持较快增长，中国服务贸易排名居全球第 9 位，首次进入前 10 名。全年服务进出口总额 59801. 9 亿元（人民币，下同），同比增长 12. 9%；其中服务出口 28522. 4 亿元，增长 12. 1%；进口 31279. 5 亿元，增长 13. 5%。

## 第二节　服务业增长的鲍莫尔—福克斯假说

### 一、鲍莫尔"成本病"理论

鲍莫尔"成本病"，是著名经济学家威廉·鲍莫尔（Willian Baumol）提出的一个经济现象。1967 年，鲍莫尔在《美国经济评论》上发表了一篇题为《非平衡增长的宏观经济学：城市危机剖析》的论文。在这篇论文中，鲍莫尔指出：一个经济中，各部门劳动生产率的增长率通常是不一致的。当存在这种差异化时，生产率增长较快的"进步部门"的工资上涨会同时带动那些生产率增长较慢的"停滞部门"的工资上升，而这种效应会导致"停滞部门"吸引更多的劳动力、形成更大的产出。久而久之，"停滞部门"在整个经济中所占的比例将会越来越高，而整个经济的生产率增长则会因此而降低[①]。

鲍莫尔构建了一个两部门非均衡增长模型，在该模型中，经济体被分为劳动生产率增长率为零的"停滞部门"和劳动生产率增长率为正的"进步部门"，前者主要指服务业部门，后者主要指制造业部门。假定劳动为唯一的投入要素，两部门的初始名义工资水平相同，随着劳动生产率的提高，名义工资水平按相同的速度同方向增长。当"进步部门"的劳动生产率提高而"停滞部门"的劳动生产率几乎不变时，两部门的名义工资均增加，前者劳动生产率的提高所带来的产出增加抵消了名义工资的上涨，但后者因劳动生产率不变，名义工资的上涨会导致该部门的产出成本增加。因此，"进步部门"的技术进步会间接性地提高"停滞部门"的产出成本。如果"停滞部门"的产品富有需求弹性，那么价格提高会导致消费减少，进而导致产出减少；如果其产品缺乏需求弹性，那么工资的上升会导致消费需求增加，因为鲍莫尔非均衡增长模型认为两部门的实际产出比例保持不变是实现经济均衡发展的前提，进而导致劳动力从"进步部门"不断流向"停滞部门"，增加后者的就业吸纳能力和劳动力比重，拉低了整体经济的增长速度，即服务业生产率相对滞后会阻碍整体经济的发展。

此后，鲍莫尔在两部门非均衡增长模型的基础上，引入一个初始

---

① 李晞：《世界互联网大会上提的"鲍莫尔病"是啥》，载于《新华日报》，2021 年 10 月 18 日。

时生产率提高、成本下降，而后来价格和成本逐渐接近"停滞部门"的新部门，即包括进步投入和停滞投入的"渐进停滞部门"，扩展为三部门非均衡增长模型。同时，鲍莫尔也实证了经济的均衡增长导致劳动力不断流向"停滞部门"和"渐进停滞部门"中的停滞部分，这与两部门非均衡增长模型所得结论具有一致性。富克斯基于美国 1929 ~ 1965 年的数据从服务业角度表述了和鲍莫尔基本相同的观点，使服务业就业比重上升的主要原因是服务业劳动生产率的相对滞后，鲍莫尔的观点得到富克斯的实证支持，学术界将鲍莫尔和富克斯的观点称为鲍莫尔——富克斯假说①。

## 二、服务业增长悖论释疑②

### （一）对服务业占 GDP 比重上升释疑

服务业增长存在着真实增长和名义增长两种形式③。我们先来看名义增长。

#### 1. 服务相对价格上升

许多直接提供劳务的服务业，劳动生产率提升较慢，如家政行业。因此，虽然制造业和服务业的工资水平都在提高，但制造业劳动生产率的提高将其抵消，而服务业中工资上涨更多地表现为服务价格较快上涨。虽然以增加值衡量的服务产出比重上升，但服务量并没有相应地增长。由此可以看出，制造业和服务业价值比重变化并不等于"数量"比重的相应变化。制造业以产值衡量的产出比重虽然下降，但实物产出却在持续增加。服务业则相反，产值比重上升并不代表服务量

---

① 韩朝亮、韩平：《服务经济学：现代观点》，经济管理出版社 2018 年版，第 154 页。
② 邢丽娟、李凡：《服务经济学》，南开大学出版社 2014 年版，第 254 页。
③ 汪小涓：《服务业增长：真实含义、多重影响和发展趋势》，载于《经济研究》2011 年第 4 期。

的相应上升。

## 2. 服务专业化和外移

这是指原本处于制造业生产过程中或制造企业内部的服务供给独立出来，由专业化企业提供，形成生产性服务业。每个企业只能集中在有限的核心业务上，其他业务希望由更专业化的公司提供。因此，企业将部分原本内部提供的零部件和服务转为从外部购买。特别是 20 世纪 90 年代信息技术广泛应用以后，服务切割外移显著加速，成为产业分工发展的一个重要方面。切割外移的服务从信息系统维护、售后服务、后勤等"非核心业务"，逐步扩展到研发设计、供应链管理、人力资源管理等核心业务。这类中间服务增长在很大程度上是对原有制造体系中内含服务的"切割"和外移，服务从企业的内部环节转变为外部的市场关系，从内部分工转变为社会分工。此时的服务业增长并没有为国民产出提供一个增量，而只是生产方式和生产组织形式的变化。

## 3. 自我服务转为市场化服务

在社会成员流动性不强、社会分工不发达时，许多服务在家庭内部和亲朋之间无偿提供，不被计入国内生产总值。随着社会和家庭结构的变化，相当一部分家务服务社会化，成为有酬劳动，就有了 GDP 这一概念。这个变化被形象地描述为"自己洗涮变为相互洗涮"。

当然，服务业所占 GDP 比重的上升，并不都是名义增长，还有众多的真实增长，即新增服务消费。新增服务消费是指服务消费"量"的实在增长，它包括生活型服务消费和生产性服务消费。生活型服务消费需求的真实增长有四种类型：（1）收入提高产生的服务需求，如高等教育服务、文化休闲服务、体育健身服务等。（2）技术发展提供的新业态和新品种。与互联网相关的服务最有代表性，如网络游戏产业等。（3）制造业产品带动的关联服务消费，如汽车服务、通信服务等。（4）公共服务持续增加。生产型服务需求的真实增长主要来源于技术变化、产业组织变化和最终需求变化的引导。随着科技进步，新产品、新设计、新的加工工艺等不断出现，作为中间技术投入源源不断地供应给农业、制造业甚至服务自身。制造业越来越复杂的分工体系，要求有密集的服务网络如物流服务、供应链服务等将其联结成协作体系。产品复杂性的不断增加，要求有方便快捷的客户服务如培训服务、售后服务，等等。

### （二）对服务业生产率增长为零释疑

先前根据鲍莫尔"成本病"的结论，计算生产率的模型中，将服务业工资水平的增长作为价格因素予以剔除，因此，以不变价面向最终服务的劳动密集型服务业生产率始终为零。随着服务在经济体中的重要性不断增强和关于生产率停滞的争论，西方的经济统计学家在服务业的计量方法和产出方面作了许多有益的尝试。一些学者（如东北财经大学研究员金钰）提出，如果在服务产出计量中考虑到人力资本收益递增，以不变价计算的服务业增长正比于人力资本生产率增长和人力资本的产出弹性，那些人力资本密集的行业最终成为实际生产率增长最高的部门。

目前，对生产率增长为零提出质疑并对鲍莫尔—富克斯假说模型提出挑战，较为有力的论证观点是国内学者顾乃华和夏杰长于 2010 年基于中国 236 个样本城市面板数据的实证分析所得出的结论。

生产性服务业的崛起几乎无可置疑，且势头越来越强劲，它的出现改变了服务业比重与整体经济增长速度之间的线性关系。虽然目前中国服务业的平均生产率仍低于工业，但受生产性服务业发展的影响，随着服务业比重的提高，它们之间的相对劳动生产率差距会逐渐缩小，服务业比重与整体经济增长速度之间会呈非线性关系。此外，随着人均 GDP 的提高，服务业比重与整体经济增长速度之间的负相关关系会弱化。

# 第三节　服务贸易与服务外包

## 一、服务贸易及发展趋势

### （一）服务贸易的概念①

服务贸易由来已久，甚至可以说，它与商品贸易几乎是同时产生的。然而，长期以来，服务贸易处于从属的地位，且份额很低，因此，并未受到足够的重视。1972 年，OECD 在全球首次提出"服务贸易"的概念。此后在关税与贸易总协定（WTO 的前身）乌拉圭回合谈判（1986~1994 年）中，服务贸易被列入正式议题之一。自此，有关服务贸易的理论和政策研究才受到各方面的重视，与服务及服务贸易有关的议题也被纳入各种多边、区域性和双边贸易谈判日程。服务包括很多不同的活动，如货物和人的运输、金融中介、通信、配送、酒店和餐饮、教育、健康护理、建筑和会计。与商品贸易不同，服务通常是无形的、看不见的、容易消失的，并且在通常情况下服务的生产和消费是不能分割的，是同时进行的。许多情况下需要服务的消费者和生产者在空间上接近。这意味着其中一方必须到另一方所在地，才能使国际贸易成为可能。由于对贸易的传统定义（产品的跨越国境）在一系列广泛的国际贸易中失去了其含义，所以，服务贸易总协定（GATS）采用了一种更为宽泛的服务贸易定义，即通常所说的服务贸易的四种提供方式，包括跨境交付模式、境外消费模式、商业存在模式和自然人流动模式。服务贸易的这四种提供方式已经成为当下研究和分析服务

---

① 杨校美：《服务贸易进口的技术含量与中国制造业效率》，社会科学文献出版社 2018 年版，第 8 页。

贸易问题的基本出发点和主要的分类依据。

**（二）服务贸易的分类**①

随着国际文明程度的不断提高，国际服务贸易也呈现复杂化、多样化的趋势，国际服务贸易的内容也日渐庞杂，对之进行的分类也形成了不同的分类依据和标准，从而出现了不同的分类体系。

1. 非官方分类

（1）以"移动"为标准。

R. M. 期特恩在1987年所著的《国际贸易》一书中，将国际服务贸易按服务是否在提供者与使用者之间移动分为四类：①分离式服务，即服务提供者与使用者在国与国之间不需要移动而实现的服务；②需要者所在地服务，即服务的提供者转移后产生的服务，一般要求服务的提供者需要与服务使用者在地理上毗邻、接近；③提供者所在地服务，即服务的提供者在本国国内为外籍居民和法人提供的服务，一般要求服务消费者跨国界接受服务；④流动的服务，即服务的消费者和生产者相互移动以接受和提供的服务，服务的提供者进行对外直接投资，并利用分支机构向第三国的居民或企业提供服务。

（2）以行业为标准。

鉴于国民经济各部门的特点，一些经济学家以服务行业各部门的活动为中心，将国际服务贸易分为七大类：银行和金融服务；保险服务；国际旅游和旅行服务；空运和港口运输服务；建筑和工程服务；专业服务（主要包括律师、医生、会计师、艺术家等自由职业的从业人员提供的服务，以及在工程、咨询和广告业中的专业技术服务）和信息、计算机与通信服务。

（3）以生产过程为标准。

这种分类方法根据服务与生产过程之间的内在联系，可以将国际

---

① 邢丽娟、李凡：《服务经济学》，南开大学出版社2014年版，第217页。

服务贸易分为生产前服务、生产服务和生产后服务。生产前服务主要涉及市场调研和可行性研究等。这类服务在生产过程开始前完成，对生产规模及制造过程均有重要影响。生产服务主要是指在产品生产或制造过程中为生产过程的顺利进行提供的服务，如企业内部质量管理、软件开发、人力资源管理、生产过程之间的各种服务等。生产后服务是联结生产者与消费者之间的服务，如广告、营销服务、包装与运输服务等。

（4）以要素密集度为标准。

沿袭商品贸易中所密集使用的某种生产要素的特点，有的经济学家按照服务贸易中对资本、技术、劳动力投入所要求的密集程度，将服务贸易分为三类：资本密集型服务，如通信、工程建设服务等；技术与知识密集型服务，如会计、金融服务等；劳动密集型服务，如旅游、维修服务等。

（5）以商品为标准。

关税与贸易总协定乌拉圭回合服务贸易谈判期间，1988年6月谈判小组曾经提出依据服务在商品中的属性进行服务贸易分类，据此服务贸易分为：以商品形式存在的服务，如电视、书籍等；对商品实物具有补充作用的服务，如广告宣传、财务管理等；对商品实物形态具有替代功能的服务，如设备租赁、维修等；具有商品属性却与其他商品无关联的服务，如旅游、酒店服务等。

2. 官方分类

（1）联合国核心产品分类（CPC）。

《联合国核心产品分类》是国际经济活动和产品相互关联的分类系统的一个组成部分。它是作为经济活动产出，包括可运输和不可运输的货物与服务在内的所有产品的标准。对于服务，《联合国核心产品分类》是第一部针对各行业的所有产出门类作出的国际分类，它可以满足统计用户和其他用户的不同分析需求。在《服务贸易总协定》谈判期间，联合国核心产品分类的暂行版本已经被用于确定服务类型。《联合国核心产品分类》还用于说明 BPM5 建议的国际收支服务的组成部分。

（2）国际货币基金组织的分类。

1993 年 9 月，国际货币基金组织着手对沿用 6 年之久的《国际收支手册》第 4 版进行修改，并在此基础上形成了《国际收支手册》第 5 版（BPM5），并逐渐成为世界各国编制国际收支统计的范本。国际货币基金组织关于国际服务贸易的分类包括运输、旅游、通信、建筑、保险、金融、计算机与信息、专利权利使用费和特许费、其他商业服务、个人文化和娱乐服务、政府服务、职工报酬、投资收益 13 项。

（3）世界贸易组织 GATS 的分类。

服务贸易谈判小组在乌拉圭回合中期审评会议后，加快了服务贸易的谈判进程。在以商品为中心的服务贸易分类的基础上，结合服务贸易统计和服务贸易部门开放的要求，通过征求各谈判方的提案和意见，提出了以部门为中心的服务贸易分类方法，即将服务贸易划分为 12 大类，并在此基础上又进一步细分出 160 多个分部门或独立的服务活动。这 12 个大类分别是：商业服务（包括专门服务和计算机服务）、通信服务、建筑和相关工程服务、分销服务、教育服务、环境服务、金融服务（包括银行和保险服务）、与健康相关的服务和社会服务娱乐、文化和体育服务、运输服务、其他未包括的服务，但是 GATS 不包括政府为实施职能的服务。这种分类法是建立在对国际服务贸易所作的界定的基础上的一种分类，而且在分类上也比较合理，目前获得了国际普遍认同。

### （三）服务贸易的现状

1. 服务外包和可贸易性提高，服务贸易加速发展[①]

20 世纪 80 年代以来，为了应对全球市场竞争，跨国公司不断调整

---

① 殷凤：《世界服务贸易发展趋势与中国服务贸易竞争力研究》，载于《世界经济研究》2007 年第 1 期。

资源配置和公司经营战略，按照成本和收益原则剥离非核心的后勤与生产服务业务。再加上技术的飞速发展，大大增强了服务产品的可贸易性，服务贸易增长异军突起，服务产品的生产也成为国际投资的重要领域。2018～2022年，全球服务贸易总值已经从5.9万亿美元扩大到7万亿美元，其间增长了1.2倍（见图9-3）。

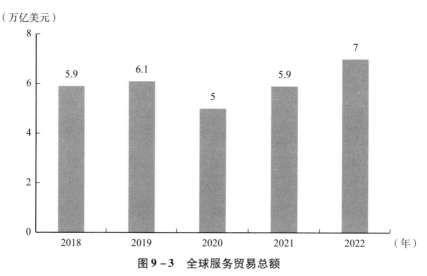

图9-3　全球服务贸易总额

资料来源：根据世界银行公开数据整理得来。

2. 国际服务贸易结构进一步优化，技术、知识密集化趋势日益明显

过去十多年中，许多新兴服务行业从制造业中分离出来，形成独立的服务行业，其中技术、信息、知识密集型服务行业发展最快，其他如金融、运输、管理咨询等服务行业借助先进的技术手段，日益突破时间与地域限制，很快在全世界范围内扩大。相应地，服务贸易在交易内容日趋扩大、服务品种不断增加的同时，其结构和竞争格局也发生了很大变化，世界服务贸易正逐渐由传统的以自然资源或劳动密集型为基础的服务贸易，转向以知识、技术密集型或资金密集型为基础的现代服务贸易。资本密集型、技术密集型或知识密集型的服务项

目，在新的科技浪潮推动下，其增长速度远远超过在服务贸易中一直比重较大的运输和旅游服务。可以预计，随着新的服务业不断涌现，服务内容、种类与形式日益呈多元化发展态势，未来国际服务贸易竞争的重点将集中于新兴服务行业和部门。

3. 发达国家在国际服务贸易中仍占有主导地位，发展中国家的地位不断上升

如表9 - 1所示，从服务贸易地区构成来看，呈现出明显的地区性不平衡性。国际服务贸易主要集中在欧洲、北美和东亚三大地区；从国别构成来看，发达国家占据国际服务贸易的绝对主导地位。根据表9 - 1和图9 - 3计算可知，其中美、英、德三国就占了全球服务贸易出口总额的26.4%。近年来，发展中国家的服务贸易也出现了较大幅度的增长。发展中国家和地区在国际服务贸易中的地位趋于上升，特别是一些新兴市场经济体。但与发达国家相比，在服务贸易整体规模方面还有相当大的差距，2022年名列国际服务贸易前十位的国家中只有中国和印度是发展中国家（见表9 - 1）。

表9 - 1　　　2022年世界服务进出口前十位出口和进口国家统计

| 出口（亿美元） | | | 进口（亿美元） | | |
| --- | --- | --- | --- | --- | --- |
| 排名 | 国家 | 金额 | 排名 | 国家 | 金额 |
| 1 | 美国 | 9261 | 1 | 美国 | 6803 |
| 2 | 英国 | 4931 | 2 | 中国 | 4613 |
| 3 | 德国 | 4287 | 3 | 德国 | 4597 |
| 4 | 中国 | 3690 | 4 | 爱尔兰 | 3707 |
| 5 | 爱尔兰 | 3545 | 5 | 英国 | 3159 |
| 6 | 法国 | 3361 | 6 | 法国 | 2847 |
| 7 | 印度 | 3094 | 7 | 新加坡 | 2586 |

| 出口（亿美元） | | | 进口（亿美元） | | |
|---|---|---|---|---|---|
| 排名 | 国家 | 金额 | 排名 | 国家 | 金额 |
| 8 | 新加坡 | 2913 | 8 | 日本 | 2107 |
| 9 | 荷兰 | 2051 | 9 | 印度 | 1768 |
| 10 | 日本 | 1695 | 10 | 荷兰 | 1728 |

资料来源：根据世界银行公开数据整理得来。

### 4. 国际服务贸易全球化、自由化与贸易壁垒并存

各国产业结构的升级必将不断推动服务贸易的发展，服务贸易的全球化、自由化是大势所趋。由于服务贸易的发展空间和盈利空间都很大，因此在服务业具有较强垄断竞争力或相对竞争力的国家和地区会通过世界贸易组织和区域性贸易组织积极推动贸易的自由化和全球化。但是与此同时，由于服务贸易不存在关税壁垒，各国纷纷采用较为隐蔽的非关税壁垒来保护本国的服务业。而且，由于各国经济发展水平与阶段的不同，在国际分工中处于不同的地位，它们从服务贸易的自由化和全球化中获取的利益是不对等的。为保护国内某些弱势服务产业，国际竞争力较弱的国家往往对本国服务市场开放施加诸多限制。预计今后发达国家和新兴国家之间在开放服务贸易领域的对立将进一步加剧，服务贸易壁垒的隐蔽化趋势也会继续体现。

### （四）服务贸易的趋势

#### 1. 全球服务贸易持续快速增长

20世纪60年代以来，全球产业结构加快调整，经济全球化迅猛发展，有力地推动了全球服务业的发展，服务业在世界经济中的地位持续攀升。1990年，全球服务业占全球GDP的比重突破60%，标志着全球服务型经济格局的形成。2007年世界高收入国家服务业增加值占GDP的比重超过70%，中等收入国家的这一比重为59.3%。伴随服务

型经济的发展，全球经济竞争的重点正从货物贸易转向服务贸易。20世纪70年代，世界服务贸易出口与货物贸易出口均保持快速增长且大体持平，年均增长17.8%。进入20世纪80年代，世界服务贸易出口平均增速开始高于货物贸易，20世纪80年代后期年均增长10%以上。到了20世纪90年代，服务贸易平均增速呈波动下降趋势，约为6%，恢复到与货物贸易基本持平的状态。期间乌拉圭回合《服务贸易总协定》于1994年最终签署，成为世界服务贸易全球化发展的标志。跨入21世纪后，世界服务贸易出口进入稳定增长期，增幅逐渐回升，2004年首次突破2万亿美元。这一期间世界服务贸易平均增速略低于货物贸易。[①] 全球2022年货物贸易总额约25万亿美元，较2021年增长大约10%；服务贸易总额7万亿美元，增长15%。[②]

　　未来几年世界服务贸易将继续保持快速增长。其主要推动因素包括：世界经济继续稳定增长；世界产业结构升级继续驱动服务贸易快速发展，国际产业转移的速度与规模也将继续扩大，转移重心加速由制造业向服务业转移，其中金融、保险、旅游和咨询等服务业和信息、电子产业等技术密集型产业则是产业国际转移的重点领域；货物贸易保持增长趋势，直接拉动与其密切相关的运输、保险等服务贸易部门贸易量的快速增长；国际投资倾向于服务业，为服务贸易的发展提供了强劲动力。另外，科技的发展、服务外包等新的贸易方式的兴起、全球及区域服务贸易壁垒的逐渐削减也将为世界服务贸易的发展作出贡献。

### 2. 服务贸易结构调整加快

　　20世纪80年代以来，世界服务贸易结构发生了很大变化。世界服务贸易结构逐渐向新兴服务贸易部门倾斜，以通信、计算机和信息服务、金融、保险、专有权利使用和特许为代表的其他服务类型占比从

---

① 易瑾超：《国际服务贸易教程》，人民邮电出版社2015年版，第206页。
② 驻瑞士联邦大使馆经济商务处：《2022年全球贸易总额创下历史新高》，载于中华人民共和国商务部官网，http://ch.mofcom.gov.cn/article/jmxw/202303/20230303398613.shtml。

1990 年的 37.5% 逐步增长到 2007 年的 50.7%。<sup>①</sup> 旅游、运输等传统服务贸易部门保持稳定增长,但所占比重下降。根据 WTO 国际贸易统计数据库（International Trade Statistics Database）和中国商务部数据显示,2001～2014 年运输服务贸易占世界服务贸易的比重从 25.2% 下降到 22.6%,旅游服务贸易占比从 30.2% 下降到 24.8%。<sup>②</sup>

近年来,全球信息技术革命的不断发展增强了服务活动及其过程的可贸易性,通信、计算机和信息服务、咨询等新兴服务行业不断扩张。同时,与近年来出现的大型呼叫中心、数据库服务、远程财务处理等一样,新的服务贸易业务逐渐衍生出来。世界服务贸易正逐渐由以自然资源或劳动密集型为基础的传统服务贸易转向以知识、技术密集型为基础的现代服务贸易。国际服务贸易竞争的重点将集中于新兴服务行业,以电子信息技术为主和以高级科技为先导的一系列新兴服务将成为未来各国国民经济发展的主要支柱和强大动力。

3. 服务贸易地区格局不平衡性继续存在

由于当代世界各国经济和服务业发展严重不平衡,各国的对外服务贸易水平及在国际服务市场上的竞争实力悬殊,与国际货物贸易领域相比,全球各国和各地区服务贸易发展的不对称性更加突出。近年来,虽然发展中国家在世界服务贸易中的地位趋于上升,但发达国家仍占主导地位。

从服务贸易出口总量看,美国、英国等发达国家在世界服务贸易中占据主导地位。2022 年,世界经济和贸易仍处于深刻调整和变革之中,在转型中延续了增长态势,服务贸易依旧保持了稳步增长。据世界贸易组织（WTO）统计,2022 年全球服务出口 71270.6 亿美元,同比增长 14.8%。美国、中国、德国、英国、爱尔兰、法国、印度、新

---

① 商务部服务贸易司:《服务贸易司胡景岩司长接受在线访谈》,载于中华人民共和国商务部官网,http://m.mofcom.gov.cn/article/zcjd/jddwmy/200704/20070404578161.shtml。

② 数据来源于 WTO 国际贸易统计数据库（International Trade Statistics Database）和中国商务部数据库。

加坡、荷兰和日本，前十大国家服务进出口合计 75697.1 亿美元，同比增长 11.9%，占全球服务进出口的 55.1%。美国、英国和印度服务进出口增长较快。美国排名居首，服务进出口总额 16252.4 亿美元，其中，服务出口 9285.3 亿美元，增长 15.9%，继续以较大优势领先；英国服务进出口 8115.1 亿美元，同比增长 13.4%。其中，服务出口 4944.4 亿美元，增长 8.7%；服务进口 3170.7 亿美元，增长 21.6%。印度服务进出口 5589.0 亿美元，同比增长 28.1%。其中，服务出口 3093.7 亿美元，增长 28.6%；服务进口 2495.2 亿美元，增长 27.3%。分区域看，欧洲和亚洲服务进出口增幅低于全球平均水平，非洲服务进出口增长最快。2022 年，非洲服务进出口 3232.0 亿美元，同比增长 23.0%，比全球增速高 8.2 个百分点，占全球服务进出口的 2.4%，比上年提高 0.2 个百分点。其中，服务出口 1325.8 亿美元，增长 31.0%，比全球增速高 16.2 个百分点[①]。目前，广大发展中国家已经充分意识到抓住新一轮国际产业转移对本国经济发展的重要性，并开始利用比较优势大力发展服务业和服务贸易。发展中国家除在劳务输出、建筑工程承包、旅游等传统服务贸易中继续保持一定优势外，在通信、计算机和信息服务方面也在加大投入，发掘区位优势、人力资源优势和政策优势，积极承接发达国家的外包业务。从世界范围来看，发展中国家的服务贸易出口竞争力正在增强。

4. 发展服务贸易越来越成为各国关注的焦点

在全球产业结构的深度调整与贸易自由化持续推进的背景下，服务业和服务贸易在全球经济中的重要性越发凸显，其发展势头日趋活跃。多国正制定和实施促进服务贸易增长的策略。欧美国家凭借其服务贸易的先发优势，正通过多边和双边谈判推动各国服务贸易市场的开放，旨在进一步扩大其服务出口。当前，世界贸易组织（WTO）及区域性经济合作的新一轮谈判中，服务贸易均成为核心议题，全球服

---

① 中华人民共和国商务部：《中国服务贸易发展报告 2022》，http：//images. mofcom. gov. cn/fms/202309/20230919162325485. pdf。

务贸易利益格局正处于重构之中。各国为适应这一全球趋势，不断调整国内经济政策。他们既致力于推动服务贸易的自由化，率先降低服务贸易壁垒；又在一定程度上提升了国际服务贸易的保护水平。如何加速服务贸易的发展、提升其竞争力，已成为各国长期关注和努力的焦点。

## 二、服务外包及发展趋势

外包（outsourcing）一词来源于美式词汇，它的出现最早可以追溯到 1981 年的《牛津词典》。正式将该词使用在企业的经济活动中则是来源于加里·哈姆和 C. K. 普拉哈拉德（Gary Hame and C. K. Prahalad）在 1990 年《哈佛商业评论》发表的《企业的核心竞争力》这一论文。外包的词面意思是指企业从外部寻找专业化资源，作为降低成本提高效率、充分发挥自身核心竞争力和增强自身对环境的应变能力的一种企业经营管理方式。

服务外包业是现代高端服务业的重要组成部分，具有信息技术承载程度高、附加值高、能源消耗低以及国际化水平高等特点。它体现的是互联网和 IT 技术对原有生产关系的新变革，是一轮新的国际大分工和产业转移的新方式。随着新一代信息技术、生物技术、地理信息技术等新生高技术与 IT 技术的融合，产生了众多的服务外包产业的新业态和新模式，尤其是近些年以大数据、物联网、云计算为代表的新一代信息技术正在加速与传统产业融合发展，推动服务外包模式创新，提高服务效率。数字化、智能化和融合化等成为服务外包产业的新特点。在技术创新推动下，服务外包开始向高端化和多元化发展，成为全球资源优化配置的重要力量，也是各国参与全球分工的新途径。

### （一）服务外包的概念

服务外包的概念可以从两个维度加以界定。

一是属性维度。《商务大辞典》中外包的定义为：服务外包指参与双方签订含有标准和条件的契约，依据契约的规定把原先由内部人员提供的服务转移给外部组织，由外部组织来承担此服务①。美国毕博咨询公司认为：服务外包就是指企业为了将有限资源专注于其核心竞争力，以信息技术为依托，利用外部专业服务商的知识劳动力，来完成原来由企业内部完成的工作，从而达到降低成本、提高效率、提升企业对市场环境的迅速应变能力并优化企业核心竞争力的一种服务模式。国内相关的研究机构给出了类似的界定，中国服务外包研究中心认为，服务外包是指企业将价值链中原本由自身提供的具有基础性的、共性的、非核心的 IT 业务和基于 IT 的业务流程剥离出来后，外包给企业外部专业服务提供商来完成的经济活动。亚太总裁协会（APCEO）在其发布的报告中指出，服务外包是企业为专注核心业务、实现经营目标，将 IT 系统开发和架构、应用管理以及业务流程优化等非核心业务剥离出来后，转移给专业服务提供商来完成的经济活动。

二是类别维度。美国高德纳咨询公司（Gartner Group），按最终用户与 IT 服务提供商所使用的主要购买方法将 IT 服务市场分为离散式服务和服务外包。服务外包又分为：IT 外包（ITO）和业务流程外包（BPO）。ITO 被进一步细分成数据中心、桌面、网络与企业应用外包等。BPO 则包括物流、采购、人力资源、财务会计、客户关系管理、其他管理或面向消费者的业务功能等。

国际数据公司（IDC）认为 IT 服务市场由三个子市场构成：IT 外包（ITO）市场、咨询及系统集成市场（C&SI）以及技术产品支持市场（TPS）。IT 外包（ITO）市场和主要业务外包（BPO）市场共同组成了服务外包市场。前者属于 IT 服务，可细分为系统操作服务、系统应用服务、基础技术服务等，而后者属于业务服务，包括企业内部管理服务、企业业务运作服务、供应链管理服务等。

美国麦肯锡管理和咨询公司（Mc Kinsey & Company）进一步将服务外包细分为四类：IT 应用服务外包、IT 基础设施服务、业务流程外

---

① 卢锋：《当代服务外包的经济学观察：产品内分工的分析视角》，载于《世界经济》2007 年第 8 期。

包、设计研发服务。IT 应用服务外包涉及应用软件的开发与维护、系统集成和咨询；IT 基础设施服务涉及 IT 基础运营的硬件、软件、服务器和大型主机等的运营和维护；业务流程外包涉及人力资源、财务、采购和客户支持；设计研发服务涉及产品的概念设计、计算机辅助设计、嵌入式软件的设计开发、产品开发、测试与本地化等活动。

### （二）服务外包的分类

服务外包的分类方法很多，按照不同的标准有不同的分类。

#### 1. 业务内容标准

根据业务内容，服务外包包括商业流程外包（business process outsourcing，BPO）、信息技术外包（information technology outsourcing，ITO）、知识流程外包（knowledge process outsourcing，KPO）。信息革命成果的商业性普及推广，使 IT 服务以及软件生产成为规模最大的外包对象（ITO）；与此同时，人事管理、财务会计、研发设计等很多企业在传统上认为是关键性的内置职能，也成为商务流程服务外包（BPO）对象。ITO 是指企业向外部寻求并获得包括全部或部分信息技术类的服务。服务内容包括：系统操作服务、系统应用服务、基础技术服务等。BPO 是指企业将自身基于信息技术的业务流程委托给专业化服务提供商，由其按照服务协议要求进行管理、运营和维护服务等。服务内容包括企业内部管理服务、企业业务运作服务、供应链管理服务等。KPO 是围绕对业务诀窍的需求而建立起来的业务，指通过广泛利用全球数据库以及监管机构等的信息资源获取的信息，经过即时、综合的分析研究，最终将报告呈现给客户，作为其决策的借鉴。KPO 的流程可以简单归纳为：获取数据—进行研究、加工—销售给咨询公司、研究公司或终端客户。

#### 2. 承接商和发包商的地理关系标准

按照服务外包承接商的地理分布状况，服务外包分为 3 种类型：境内外包、近岸外包和离岸外包。境内外包指转移方与为其提供服务的承接方来自同一个国家，外包工作在境内完成；近岸外包是指转移方和承接方来自邻近国家，近岸国家很可能会讲同样的语言、在文化方面比较类似，并且通常提供了某种程度的成本优势；离岸外包是指转移方与为其提供服务的承接方来自不同国家，外包工作跨境完成。以往离岸服务外包中被外包的业务流程仅仅是劳动密集型以及重复性的，如数据录入、采购委托、销售代理等。随着市场不断成熟及服务承接方掌握更多的流程和商业知识，开始了更为复杂的从头到尾整个流程的离岸服务外包。当前，离岸服务外包的业务主要有 3 类：一是 IT（应用开发、编程、测试及网络支持）；二是客户关系（呼叫中心、客户支持及销售）；三是运营服务（金融及会计、数据处理和管理、项目管理）。

3. 其他标准

关于服务外包的分类还有：根据服务外包动机，将服务外包分为策略性外包、战略性外包和改造性外包；根据服务外包的形式，将服务外包分为产品或组件外包和服务项目外包；根据服务外包转包层数，将服务外包分为单级外包和多级外包；根据服务外包承包商数量，将服务外包分为一对一外包和一对多外包。

**知识拓展 9–1**

### 萨瑟兰
#### ——全球规模最大的独立 BPO 公司之一

公司介绍：萨瑟兰（Sutherland）成立于 1986 年，是一家提供业务流程与技术管理服务的全球提供商，它向客户提供一体化的分析驱动型后台管理以及面向用户、支持用户整个生命周期的解决方案。萨瑟兰总部设于纽约州罗切斯特，公司在巴西、保加利亚、加拿大、中国、英国和美国等 18 个国家设有超过 60 个运营中心和业务运营部，拥有超过 60000 名员工。

成功案例：与某欧洲领先航空公司的客户联络中心无缝对接，实现人员稳定移管、流程再造和营收增长。萨瑟兰透明的方案确保服务的连续性并提供最佳的终端乘客体验，包括预订咨询、售票、退款、票务补发和其他一系列相关问题。团队提供旅行社和团体销售（B2B）的管理服务，企业客户和散客管理服务，包括 VIP 客户和日常旅客管理，还提供社交媒体服务支持。萨瑟兰在完善业务线、优化流程的同时，保留了原有员工，他们仍然在原有岗位工作，这些员工的年离职率低于 1%。优化后的客户联络中心每月处理超过 4 万通电话，超过 6000 个小时的后台运营工作，显著增强了客户体验和满意度，提升了员工效率，降低了航空公司的总体运营成本，销售额增长了 10%。

资料来源：根据萨瑟兰官网公开数据整理得来。

### （三）服务外包的现状①

#### 1. 全球服务外包发展规模

全球服务贸易增长的主要动力在于服务外包的持续快速增长。互联网的广泛应用以及大数据、物联网、移动互联、云计算等新一代信息技术的快速发展，带动全球服务外包的市场需求增长、技术创新和服务模式创新，推动服务贸易的快速增长。

据中国服务外包研究中心测算，2021 年全球离岸服务外包执行额 1.7 万亿美元，同比增长 22.5%，比全球服务出口增速高 8.2 个百分点，占全球服务出口的 28.0%，比上年提高 1.2 个百分点。过去五年，全球离岸服务外包执行额年均增长 9.8%，比同期全球服务出口增速高 6.2 个百分点。其中，信息技术外包（ITO）、业务流程外包（BPO）、知识流程外包（KPO）分别约为 7664.4 亿美元、3143.3 亿美元和 6193.9 亿美元，占比分别为 45.1%、18.5% 和 36.4，增长速度分别为 26.2%、17% 和 21%。其中，传统的离岸 ITO 增长放缓，BPO 增长较快。详见图 9-4 和图 9-5。

---

① 王晓红、王军平：《中国服务外包产业发展报告 2018》，中国经济出版社 2019 年版，第 31 页。

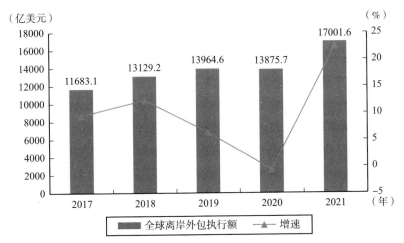

**图 9 - 4　2017 ~ 2021 年全球离岸服务外包执行额及增速**

资料来源：根据中国服务外包研究中心网站数据测算，http：//www. coi. org. cn/index. shtml.

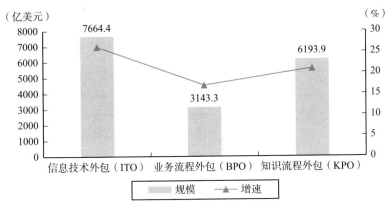

**图 9 - 5　2021 年全球离岸服务外包执行额**

资料来源：根据中国服务外包研究中心网站数据测算，http：//www. coi. org. cn/index. shtml.

**2. 中国服务外包发展规模**

（1）服务外包产业规模持续增长。

随着全球化发展，越来越多的国家抓住机遇，出台政策支持服务外包发展。中国凭借丰富的人力资源和基础设施优势，不断提高服务质量和水平，赢得了国际社会的广泛认可。如图 9 - 6 所示，根据中华人民共和国商务部发布的《中国服务外包发展报告 2021》数据，2021年中国企业承接服务外包合同额达 3224.0 亿美元，同比增长 30.9%；执行额为 2264.8 亿美元，同比增长 29.2%，执行额约为 2017 年的 1.8 倍。离岸服务外包额突破万亿人民币，同比增长 22.3%；离岸服务外包执行额为 1303.1 亿美元，占全部服务外包执行额一半以上。在岸服务外包增长强劲，2021 年在岸服务外包合同额达 1507.1 亿美元，较上年增加 3.7%；执行额为 961.7 亿美元，较上年增加 2.8%。

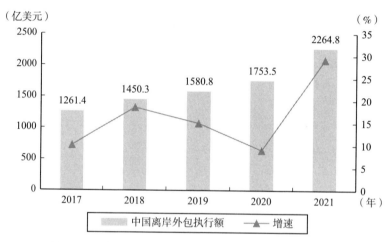

图 9 – 6    2017 ~ 2021 年中国离岸服务外包执行额及增速

资料来源：中华人民共和国商务部：《中国服务外包发展报告 2021》。

（2）服务外包结构日趋优化。

中国服务外包发展初期，国际服务外包业务主要是信息技术外包（ITO），2008 年中国国际服务外包业务中近 70% 的业务属于信息技术外包。但是如图 9 – 7 所示，从 2017 ~ 2021 年数据可以看出，信息技术外包业务所占比重已经稳定在 50% 以下。中国研发投入力度持续加大，企业创新能力不断增强，先进制造业与现代服务业融合加深，呈现出以软件研发和信息技术服务为主导的 ITO（信息技术外包）向 KPO（知识流程外包）、BPO（业务流程外包）并重发展的态势。从结构看，业务流程外包（BPO）和知识流程外包（KPO）保持较快增长，2021年离岸执行额分别为453.6亿美元和802.8亿美元，同比分别增长28.1%和34.1%；信息技术外包（ITO）离岸执行额1008.4亿美元，同比增长26.0%。

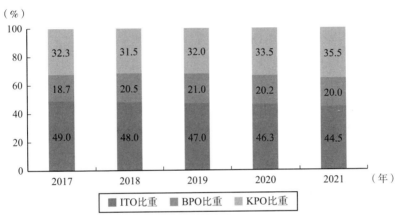

图 9 - 7　2017~2021 年中国服务外包产业结构

资料来源：中华人民共和国商务部：《中国服务外包发展报告2021》。

（3）服务外包新业态新模式不断出现。

数字技术的蓬勃发展，推动服务外包产业新业态、新模式不断涌现，制造业服务化和服务外包化已成为产业发展的大趋势。数字经济的发展促使更多"服务＋"新业态、新模式的出现，在线购物、在线教育、数字检测、数字医疗等数字化服务外包新需求不断得到满足，服务外包的内涵和外延进一步扩大。人工智能、区块链、生物科技、清洁能源、智能制造等技术领域交叉融合，有力促进了产业数字化转型，也催生出大量的服务外包业务新需求。无人工厂、工业机器人、物流无人机等服务外包新模式不断出现。同时，以3D打印和工业互联网为主导的新型数字产品也正在颠覆全球价值链的全球分布体系和全球贸易利益分配，使得服务外包不断趋向数字化、高端化、绿色化和标准化。在转向数字化业务的过程中，中国服务外包企业紧跟技术潮流，不断寻求交付方式、商业模式、服务产品和运营管理理念的创新突破。近年来，中国服务外包企业海外并购步伐也在不断加快。例如，博彦科技收购印度 ESS 公司和美国高端商业 IT 服务企业 TPG 公司；软通动力并购加拿大商业智能数据商 Abovenet 国际有限公司；文思海辉收购纽约的 Blue Fountain Media（BFM）等。服务外包头部企业的高成长性也成为拉动中国开放型经济发展的重要引擎。

（4）国际合作不断深化。

随着中国持续的对外开放和服务外包能力的不断提升，国际市场合作成绩斐然，合作伙伴覆盖五大洲。2022 年我国承接美国、中国香港、欧盟的离岸服务外包执行额分别为 1878 亿元、1712 亿元和 1232 亿元，合计占我国离岸服务外包执行额的 53.9%。总体而言，美国、欧盟、中国香港是中国国际服务外包的主要发包来源地，并且业务规模保持增长态势。2022 年我国承接区域全面经济伙伴关系协定（RCEP）成员国离岸服务外包执行额 2089 亿元，同比增长 4.2%，合计占离岸服务外包执行额的 23.3%。其中，承接新西兰和新加坡等国家离岸服务外包执行额增长较快，同比分别增长 78.8% 和 39.0%。特别是随着"一带一路"倡议落实，我国与"一带一路"国家和地区经贸交流合作不断加深，为双方开展服务外包合作创造了重要契机。2022 年，我国承接"一带一路"国家离岸服务外包执行额 1821 亿元，同比增长 12.7%。[①]

### （四）服务外包的发展趋势

#### 1. 全球服务外包发展前景广阔

目前，世界已经进入服务经济时代，服务外包市场将持续扩大，外包市场的增幅将继续上升。服务外包具有的巨大发展空间，发展服

---

① 中华人民共和国商务部：《商务部服贸司负责人谈 2022 年我国服务外包产业发展情况》，载于中华人民共和国中央人民政府网站，2023 - 02 - 02，https：//www. gov. cn/xinwen/2023 - 02/02/content_5739672. htm。

务外包将成为跨国公司企业发展的核心战略，该领域将成为国际竞争的新关键点，服务外包也将成为国际产业转移新方式、世界经济增长新动力。

### 2. 服务外包产业趋于高端化、融合化

信息技术服务外包是服务外包的主体，占据了全球服务外包市场中的主要地位，而业务流程外包和知识流程外包目前冲击不了其市场地位。但是最近几年，在互联网、云计算、物联网等技术的推动下，业务流程外包和知识流程外包逐渐成为服务外包新的发展方向。KPO属于知识密集型产业，具有技术含量高、附加值大的特点，位于价值链的高端。知识流程外包的发展使服务外包的技术复杂度显著提高，推动服务外包向高品质、高技术、高收益方向发展。此外，服务外包业务嵌入了特定行业企业的业务流程中会给企业带来更多的价值，更高的利润回报。因此，服务外包产业向融合化发展将逐渐成为主流。

### 3. 服务外包市场趋于多元化

在国际服务外包市场中，欧美及日本等经济体一直是主要发包国，占据供应链主导地位，主要从事服务外包的高端业务。随着信息通信领域科学技术的迅猛发展以及发展中国家投资环境的日益改善、劳动力素质的不断提高、技术逐步积累，越来越多具有廉价劳动力的成本优势的发展中国家加入了服务外包承接国的队伍中，使得承接国的数量增长迅猛。发展中国家在全球服务外包产业中的影响力越来越大。其中，亚太地区的服务外包发展迅速，成为离岸外包最大承接商。根据中国服务外包研究中心测算，2021年菲律宾服务外包企业承接离岸服务外包执行额213.3亿美元，同比增长12.0%。[1] 随着外包承接国数量激增，层次日趋多元化，竞争也日益激烈，各国也开始注重服务外包特色，培育自己的核心竞争优势，以顺应全球服务外包的发展。

---

[1] 中华人民共和国商务部：《中国服务外包发展报告2021》。

**知识拓展 9 - 2**

# 雷格斯（Regus）
## ——全球最大的办公室空间解决方案供应商

## 公司介绍

雷格斯是一家国际性的共享办公空间和工作场所解决方案提供商，不属于传统的业务外包公司，但其服务可以在很多方面帮助企业外包办公场所和设施管理。雷格斯成立于 1989 年，总部位于英国伦敦，是全球最大的灵活工作空间提供商之一。他们在全球范围内拥有超过 3000 个办公地点，分布在 120 多个国家和地区。雷格斯提供多种工作空间选择，包括共享办公空间、私人办公室、会议室和虚拟办公服务。他们的目标是为各种规模和类型的企业提供高度灵活的工作环境，以满足不同的商业需求。

### 雷格斯的基本服务

雷格斯提供一系列基本服务，包括但不限于：

（1）共享办公空间：雷格斯提供各种大小的共享办公区域，让个人和团队可以在专业的工作环境中工作。这些共享空间通常包括舒适的办公家具、高速互联网、打印和扫描设备以及共享会议室。

（2）私人办公室：雷格斯提供各种规模的私人办公室，适合个体工作者和中小型企业。这些办公室通常配备有必要的设施和服务，如电话、接待、邮件处理等。

（3）会议室租赁：雷格斯提供各种类型和规模的会议室，可供企业和专业人士租用，以进行会议、培训和活动。

（4）虚拟办公服务：这种服务包括邮件和电话处理，以及虚拟办公室地址的提供，帮助企业建立专业的商业形象。

### 雷格斯的特点

（1）全球覆盖：雷格斯在全球各地拥有大量办公地点，为国际性企业提供了便利的工作空间选择，有助于扩展业务。

（2）灵活性：雷格斯的服务非常灵活，企业可以根据需要随时调整工作空间的规模，避免不必要的租赁成本。

（3）专业设施：雷格斯提供高质量的工作环境和设施，包括高速互联网、会议室、前台接待和安全保障。

（4）节省成本：通过外包办公空间和设施管理，企业可以降低开支，专注于核心业务活动。

雷格斯提供的共享办公空间和工作场所解决方案为企业提供了便利的工作环境，为不同规模和类型的企业提供了更多的灵活性和成本效益。这些特点使其在全球范围内成为许多企业的首选合作伙伴。

资料来源：根据 Regus 官网整理得来，https：//www.regus.cn/.

### 4. 服务外包数字化趋势明显

随着第三平台技术的发展，移动互联、云计算等构成了服务外包的技术基础。依托互联网数字手段提供的跨境服务发展迅速，成为服务贸易的重要增长极。根据《数字贸易发展与合作报告2022》发布的数据，2021年全球可数字化服务出口3.9万亿美元，同比增长14.3%。爱尔兰积极布局数字顶层框架，多维度促进服务外包数字化发展；印度政府高度重视数字贸易，加大对 IT 和电信部门财政支持力度；越南也积极推进数字化转型，出台多项政策。我国也早就关注到数字化趋势，提前布局新兴数字化服务外包发展。未来第三平台技术将日趋成熟，助力服务外包数字化发展。

**知识拓展 9-3**

### 印孚瑟斯（Infosys）
——下一代数字服务和咨询领域的全球领导者

**公司介绍**

印孚瑟斯是一家印度总部位于班加罗尔的全球信息技术和咨询服务公司。成立于1981年，印孚瑟斯是印度最大的 IT 服务提供商之一，也是全球领先的数字化转型和咨询解决方案公司之一。该公司在全球范围内拥有广泛的客户基础，并提供广泛的技术和业务咨询服务。

**印孚瑟斯的基本服务**

（1）软件开发和应用程序维护：印孚瑟斯提供定制的软件开发、应用程序维护和支持服务，涵盖多个行业和技术领域。

（2）数字化转型：公司帮助客户进行数字化转型，包括云计算、大数据分析、物联网、人工智能和自动化等领域的解决方案。

（3）IT咨询：印孚瑟斯的咨询服务涵盖战略规划、流程改进、技术架构和业务转型等方面，协助客户实现业务目标。

（4）测试和质量保证：公司提供软件测试、质量保证和验收测试服务，以确保高质量的软件产品交付。

（5）数据分析和人工智能：印孚瑟斯提供数据分析、人工智能和机器学习解决方案，帮助客户从数据中获得信息/灵感并实现智能化。

**印孚瑟斯的优势**

（1）技术领先：公司在最新技术趋势方面具有广泛的专业知识，能够提供前沿的技术解决方案。

（2）质量和创新：印孚瑟斯强调质量和创新，努力提供高质量的软件和咨询服务，以满足客户需求。

（3）全球化交付模型：印孚瑟斯采用全球化交付模型，将项目分布在多个地理位置，以提高效率和降低成本。

**成功案例**

通过由 Infosys 构建的全渠道数字履行和高级分析平台，帮助澳大利亚最大的零售商之———聚光灯零售集团（Spotlight Retail Group）实现客户增长。通过利用印孚瑟斯的人工智能优先产品，为其客户提供了超个性化的在线购物体验。

资料来源：根据印孚瑟斯官网整理得来，https：//www.infosys.com/cn/。

# 思考题

1. 服务业增长的一般规律是什么？

2. 影响我国服务业经济发展的因素有哪些？

3. 鲍莫尔"成本病"理论是什么？

4. 服务贸易的趋势是怎么样的？

5. 服务外包的发展趋势是怎么样的？请结合实际谈谈。

# 第十章　我国服务业发展新趋势

## 第一节　我国平台经济及其发展

### 一、平台及经济

#### （一）平台定义

平台是介于市场和企业之间的第三种经济形态，也是一种资源配置方式。平台是基于互联网的市场交易空间，是通过链接不同的商业活动参与方，为双方或者多方提供相互交流，促成交易的中间产品或服务的一种经济活动形式。早在 20 世纪 90 年代，尼葛洛庞帝（Negroponte）就提到"平台"，他直接将数字化生存概念与平台联系，认为数字化就是提供信息传播和交流的平台，这个平台借助于数字化结构，是一种"真实的"虚拟空间。随着数字技术与互联网技术进步引发世界范围内的产业组织变革，"平台"又作为新的组织概念逐渐被官方应用于产业经济领域，这也就是进入 21 世纪以来平台经济兴起的直接原因。随着平台经济的影响力扩大，平台的概念与"市场"的概念结合起来，平台在实质上被认为是一种交易空间或者场所，可以存在于现实世界，也可以存在于虚拟网络空间。

## （二）平台经济内涵

平台经济是围绕平台、平台之间、平台上多方主体产生的一系列经济现象及其外部性的总和。现代平台经济是指利用互联网技术条件，结合一系列规则制度，促进产销体制变革和创新，形成衍生服务和新的生态规则并产生经济效益的经济现象。平台的外部经济性是指围绕平台交易产生的各种衍生经济行为，包括金融服务、供应链服务、物流服务以及电商服务等。以电商平台为例，平台参与者便携化信息沟通、多样化商品搜索、自由化交易选择、优质化服务提供等经济活动催生的支付、物流、信息服务，以及由此导致的全新价值创造、新型创业发展、就业岗位增加，技术创新和发展等都属于平台外部经济的范畴。

## （三）平台经济效用

### 1. 催生新产业链形态

传统产业链是直线型产业链，成本利润沿产业链单向流动。电商平台整合上下游各主体，供给方与需求方通过平台直接对接、沟通，重构供求关系，形成平台式产业链。此时，信息流、商流、物流、资金流运转更顺畅，资源配置更合理，商业运作效率提高，成本降低，典型的例子如 B2B 平台。

### 2. 形成新价值

一是创新零售商价值链。电商平台重点运营电子商务网站，为买卖双方提供信息，达成交易，而将物流、支付等外包给第三方公司，如淘宝成立第三方支付平台支付宝，将价值推向价值链两端，弯曲和缩短价值链。二是创新供需协作方式。平台经济下，产业链各环节以消费者最终关联为目标，以消费者为核心进行协同发展。

### 3. 呈现新型盈利特性

平台的盈利方式更为丰富，体现出新的特点。第一，网络效应是平台商业模式的主要基础来源之一。通过对产生需求的关键环节定价获取利益。第二，挖掘买卖双方交易数据成为重要的盈利方式。第三，盈利环节多样化。除了交易环节抽成以及流量等"租金"来源，供应链服务、金融服务、征信等增值服务也成为重要的盈利来源。

## 二、我国平台经济发展现状

### （一）我国平台企业现状

我国有着全世界范围内数量最多、最多样化的平台企业群体，这些企业已成为我国"大众创业、万众创新"的排头兵和跨产业融合的重要载体，重塑了消费者的消费习惯和体验，颠覆性地重构了商业生态，推动了生产、流通领域的重大技术创新和商业模式变革。

根据《2023 中国互联网经济发展报告》中对市值大小的区分，我国的平台企业可分为三个梯队：第一梯队是阿里巴巴和腾讯，其市值均超过两万亿元人民币；第二梯队的企业市值在 1800 亿元到 5000 亿元人民币之间；第三梯队的企业市值在 1300 亿元人民币以下。从平台企业的地区分布来看，北京、上海、杭州、深圳是我国平台企业的主要聚集区。这四个城市共有 55 家独角兽平台企业，市值总额达到 7340 亿美元。

**知识拓展 10 - 1**

### 阿 里 巴 巴

阿里巴巴网络有限公司是全球领先的 B2B 电子商务公司，也是目前全球最大的网上交易市场和商务交流社区。阿里巴巴总部设在杭州，在中国超过 30 个城市设有销售中心；另外，在中国台湾、中国香港、欧洲和美国等地均设有办事处。阿里巴巴作为典型的电子商务平台型企业，以互联网为工具与渠道建立虚拟的电子商务平台，在这个平台上，促成买家与卖家进行交易并提供相关信息、金融、物流服务。其发展现状包括：（1）依托中小企业定位和免费战略赚足人气：阿里巴巴对中小企业发展的重大潜力有所意识，将市场机会定位于中小企业，为其提供商品展示和交易平台。阿里巴巴以免费会员制吸引企业登录平台，从而汇聚人气。各类会员在浏览信息的同时也带来源源不断的信息流和巨大商机。海量企业用户资源及信息流为阿里巴巴开展更加广泛的业务提供坚实基础。（2）整合信息流以打造核心优势：阿里巴巴自发展初期，即专注信息流，由此汇聚大量的市场供求信息，为以后的资金流和物流打下坚实基础。强大的信息流使阿里巴巴掌握大部分国内企业的信息以及近 1000 万家海外商户的信息。以此为依托，向全球买家展示中国企业，并向中国企业提供国际买家。（3）打造"广告＋增值服务＋沉淀账户资金＋应用分成"盈利模式：广告是阿里巴巴收入的主要来源，包括提供的黄金展位和商家竞价排名。"中国供应商"和"诚信通会员"是阿里巴巴推出的两大主要增值服务。随着阿里巴巴面向第三方应用开发者提供 API 接口和相关开发环境的开放平台，与第三方开发者的应用分成成为收入的一大来源。此外，支付宝支付环节收费以及庞大资金沉淀，成为阿里巴巴实现盈利的又一杀手锏。（4）提供便捷高效的相关配套服务：阿里巴巴围绕买卖双方的交易需求提供网上支付，诚信安全、即时通信等一系列的相关配套服务，充分发挥第三方信用中介作用，解决买卖双方的互相信任问题，提高交流交易的效率，使各类用户更加信任并更多使用其平台。

资料来源：张希颖、徐杨莹、王欢：《中国跨境电商的现状分析——以阿里巴巴为例》，载于《中国商论》2022 年第 12 期。

平台经济涉及领域广泛。根据《中国信息通信研究院》数据，电子商务领域在平台经济发展中处于主导性地位。2020 年，我国电子商务领域市值 10 亿美元以上的平台企业有 48 家，占同类平台企业总量的 24.37%。平台经济在在线教育、金融科技、数字媒体、本地生活、物流等领域发展较为活跃，市值 10 亿美元以上的平台企业数量均达到或超过 20 家，依次为 22 家、21 家、20 家、20 家、20 家，占市值 10 亿美元以上平台企业总量的 11.17%、10.66%、10.15%、10.15% 和 10.15%。同时，平台经济在医疗健康领域发展也相对活跃，2020 年，市值 10 亿美元以上的平台中有 16 家服务于医疗领域。此外，平台经济的发展还丰富和便捷了群众生产生活，平台发展触角已延伸至社交网络、交通出行、旅游、信息咨询、企业服务和搜索引擎等诸多领域。

### （二）我国平台经济的发展水平

当前，我国平台经济发展的总体态势是好的、作用是积极的。平台经济是数字经济时代的典型代表，是以互联网平台为依托的新型经济形态，是网络经济的重要组成部分。平台经济是一种新的资源配置方式，可以广泛动员社会的供给与需求，实现供给之间的智能化匹配。

发展平台经济，有利于提高全社会资源配置效率，推动技术和产业变革朝着信息化、数字化、智能化方向加速演进，有助于贯通国民经济循环各环节，也有利于提高国家治理的智能化、全域化、个性化、精细化水平。

在各地纷纷出台政策支持平台经济发展的作用下，我国平台经济保持快速发展势头。根据《中国互联网经济研究院》数据，到 2021 年，我国市场价值 10 亿美元以上的数字平台企业约 197 家，Top5 数字平台市场价值规模已超过 20031 亿美元，总价值规模超过 3.5 万亿美元。一方面，平台经济领域创业活动活跃，新的独角兽级数字平台企业（10 亿~100 亿美元）数量在不断增长，这些独角兽级平台也在加速成长为大型数字平台企业（100 亿美元以上），并在发展过程展现巨大创新活力。另一方面，业态上平台经济在多领域发展活跃。其中，电子商务领域平台企业数量最多，是平台经济占据主导性的领域；金融科技、数字媒体、本地生活、物流等领域平台数量均超过了 20 家，发展较为活跃。从市值占比来看，电子商务和社交网络处在第一梯队，两者合计占比超过平台经济总价值的一半。其次是金融科技、本地生活和数字媒体，占比均在 10% 左右。从发展趋势来看，医疗健康、本地生活发展最为迅速，市值增长率均超过100%；电子商务、物流、社交网络、搜索引擎、金融科技等领域也保持高速发展，增长率均在40%以上。

平台经济在经济社会发展全局中的地位和作用日益凸显。一是提高全社会资源配置效率，促进价值链各环节的集约化管理。二是推动技术和产业变革，经济社会朝着信息化、数字化、智能化方向加速演进。三是提升现代化治理水平，使国家治理的智能化、全域化、个性化、精细化水平得以提升。

## 知识拓展 10 –2

## 北京的平台经济

（一）北京平台经济稳步发展，发展水平全国居首

北京加快产业转型升级步伐，在减重量的同时，提高发展质量，大力发展高精尖产业，已经初见成效，平台经济及与平台经济相关的产业健康发展。北京还率先发展云计算、大数据及物联网等互联网新兴领域，促进信息消费，互联网占北京工业增加值65%，相关制造业以11%以上的速度稳健成长，高于全市制造业平均水平。

（二）平台型企业发展势头强劲

北京依据技术、人才和首都区位优势，吸引了优秀平台企业聚集，在数量上和质量上都领先于其他省市。根据商务部公布的2015～2016年度电子商务示范企业评选结果，北京有19家企业上榜，涵盖网络零售类、电商服务、综合类、跨境电商类、生活服务和创新等诸多种类，企业数量和涵盖范围全国居首。此外，根据中国软件行业协会发布的"2014年度自主可靠企业核心软件品牌"名单，全国共有20家企业的软件产品上榜，其中北京就有10家，占得半壁江山。另据2015年福布斯中国上市潜力企业100强，北京软件和信息服务业有13家企业入选，比2014年增加4家。福布斯2018年中国非上市潜力企业100强评

选中，北京软件和信息服务业有 16 家企业入选。

（三）平台经济方便了群众生活，促进消费

平台经济广泛渗入群众生活的方方面面，改变了市民的生活消费习惯，带动内需，促进信息消费。根据腾讯发布的"互联网＋"指数报告，北京在移动互联网平台应用方面全国居首，表明北京居民日常生活已经深入融合到平台经济，对移动互联网的各种应用渗透率和黏性全国最高。

资料来源：《北京经济蓝皮书：北京平台经济发展报告》。

## 三、平台经济的发展趋势

开放共赢的商业生态系统是平台经济发展的关键要素之一。随着信息技术的进一步发展，社会需求也会出现新的变化，未来平台经济将更多地体现社交属性、智能化特征、更多地依赖移动智能终端；人人参与，人人分享将促进组织形式的演进，"平台＋个人"的组织形式将越来越普遍。

### （一）平台模式由单边、双边向多边发展

多边平台是能够使多个归属于其中的不同用户通过直接互动创造价值的组织。越来越多的平台将采用多边平台的模式，成为平台提供者，为平台上利益相关者提供平台服务从而获取一定的接入费或交易费来获利。传统的单边模式将逐渐消退，平台将不再拥有对产品的所有权和剩余索取权。相比于双边平台，多边平台更加开放，能够将多元主体融合到平台上，从而产生更多的规模经济、网络效应。

### （二）平台服务功能由资源连接转向资源配置

大数据、云计算、人工智能、物联网等新技术的发展为我国平台发展搭建了更加强大的数字基础，借助这些硬件设备和软件设施，"十四五"期间我国平台将实现更大规模、更加精准的信息匹配，因此资

源配置和价值交换将变得更加高效，平台服务的功能也将逐渐由供需方的简单连接转向更高阶的资源配置。通过与其他平台服务的资源共享越来越多的平台将能够借助海量的历史数据，利用人工智能、大数据等技术来进行数据的计算、分析与预测，精准判断用户的需求并推送相应的服务，实现供需双方的精准匹配，从而有效满足用户的个性化需求。

### （三）平台交易逐渐由线上转向线上线下融合发展

当前平台交易方式主要以线上交易为主。线上交易有很多线下交易无法实现的优势，如采用电视网络为媒介，在推广上跨越时空且受众面广等。但线上交易也存在无法让用户在购买产品之前亲身体验的弊端。例如，对于服装行业的消费者来说，场景化的体验模式对于品牌的传播、提升用户的满意度具有重要作用，但这种模式显然在线上交易中难以实现。虽然有平台推出了 VR 技术来对线下场景进行仿真，但是仍然难以实现消费者亲临现场亲身体验的真实感受。现有的企业已越来越意识到线上交易难以完全取代线下交易的现实，且表现出了越来越多线上向线下融合的趋势。未来的线下模式将不再以销售为主，销售目标将主要由线上模式负责，而线下模式将主要以展示、体验为主，通过这样的 O2O（Online-to-Offline）模式，可以使得客户真正做到"线下体验、线上购买"。可以预见，未来的新零售模式只有依赖线上线下一体化的融合发展，才能在竞争中脱颖而出。因此，线上企业必须积极融合线下，结合物流体系、大数据分析等创新技术，创造出新的零售形态①。

### （四）共享经济是平台经济发展的另一风口

平台经济崛起的另一大特征是以共享为商业模式。共享平台是指

①　韩莹、陈莹：《"十四五"时期中国平台经济发展展望与策略选择》，载于《经济研究参考》2020 年第 12 期，第 68－75 页。

提供分享资源、商品或服务的平台。共享平台吸收大量分散资源，经过有序整合，将它们提供给有需求的用户。党的十八大报告中明确指出，要"建立公共资源出让收益合理共享机制"，而平台经济的共享特征不仅局限于公共资源领域，还可以更加广泛地拓展到公共和商业资源领域。根据《中国互联网经济研究院》数据，2022 年我国共享经济市场规模持续扩大，全年共享经济市场交易规模约 38320 亿元，同比增长约 3.9%。我国共享经济发展呈现出一些新特点。一是共享出行、生活服务等领域共享经济市场格局加快重塑，竞争更加激烈。二是平台企业合规水平持续提升，合规化成为新的竞争焦点，也日益成为平台企业竞争优势的重要组成部分。三是治理规则和制度规范持续完善，执法力度加大，市场秩序不断规范。从发展趋势上看，未来我国共享经济发展的政策环境更加优化。国家层面关于平台经济和平台企业发展的定位更高、政策基调更加积极；平台经济监管走向常态化、制度化并将进一步稳定市场预期和信心。以个体工商户为代表的市场主体参与共享经济创新发展的营商环境更加完善；从国家到地方不同层面，共享经济新业态在数字经济整体发展中的作用受到进一步关注和强调，成为各地拼经济扩内需的重要抓手，层出不穷的技术创新也将为共享经济发展带来新机遇①。

## 第二节    数字服务与贸易发展

自加入 WTO 以来，我国对外贸易发展取得了显著成绩，但随着我国经济进入新常态之后，依赖于交通运输、物流等工具的传统货物贸易出现了增长乏力现象，与之相对应的线上购物、跨境直播带货等与数字技术密切相关的服务贸易新模式不断涌现，迎来了服务贸易大规模增长。习近平总书记在党的二十大报告中指出："推动货物贸易优化

---

①    芮明杰：《平台经济趋势与战略》，上海财经大学出版社 2018 年版，第 23 页。

升级，创新服务贸易发展机制，发展数字贸易，加快建设贸易强国"，①这为新时代新征程贸易强国建设指明了前进方向，提供了根本遵循。

## 一、数字服务贸易基本概念

### （一）概念

经济合作与发展组织（OECD，2018）将数字服务贸易定义为通过信息通信和网络跨境传输进行的贸易活动，具体体现在广义和狭义两个层面。从狭义上讲，是指利用现代数字技术实现数字化的传统服务贸易过程；从广义上讲，是指在传统数字贸易基础上增加新的信息和数据服务。数字服务贸易不仅包括传统服务业的数字形态，还包括技术迭代升级的发展和转型所产生的新的经济模式或商业形态。数字服务贸易具有以下特点：

（1）数字化交易。在数字经济时代，任何国家都可能通过网络对其他国家进行跨境数据传输，进行网络虚拟贸易。

（2）跨界融合。数字服务与传统服务的界限不再清晰，跨界融合成为可能。

（3）全球化趋势。数字时代下，全球价值链的重组和重构加速了传统服务贸易边界的模糊，也推动了传统服务贸易在内容、形式上的创新和发展。比如可以用裸眼 3D 技术、5G＋8K 技术观看影片、享受异地服务，体验元宇宙。

（4）消费者主权强化。用户更加凸显选择权，传统企业强势地位逐步瓦解，许多新业态、新企业开始涌现，只要有好的想法和创意都有可能通过互联网一夜爆红来实现，用户体验已成为消费者决策越来

---

①　习近平：《高举中国特色社会主义伟大旗帜　为全面建设社会主义现代化国家而团结奋斗——在中国共产党第二十次全国代表大会上的报告》，载于《人民日报》2022 年 10 月 26 日 01 版。

越关注的因素。

## （二） 范 围

关于数字服务贸易的范围界定与统计口径问题，联合国贸易与发展会议（UNCTAD，2018；USBEA，2018）依据分行业的数字化程度以及服务的交付形式，提出了"可数字化服务"的行业分类标准，具体包括：通信服务、信息服务、计算机服务（包括计算机软件）、销售和营销服务（不包括贸易与租赁服务）、管理行政和后台服务、保险和金融服务、许可服务、工程及相关科研服务、教育和培训服务。OECD（2018）关于数字贸易服务的统计框架，主要从三个维度来进行梳理和统计，即从交付方式、相关产品、相关平台构建了数字服务贸易的基本统计框架，并且不断完善其范围和内涵。欧美国家依据 UNCTAD 和OECD 等国际组织提出的统计框架，结合本国数字服务贸易产业发展状况，普遍建立了相对健全的数字服务贸易统计口径。

从国内来看，当前我国还未建立起对于数字服务贸易产业系统性的统计测度标准，数字服务贸易的统计与定义并没有明确的规定和范围。商务部服务贸易和商贸服务业司在《中国数字服务贸易发展报告2018》中对数字服务贸易的具体领域界定主要包括以下三类：一是信息技术服务贸易，如大数据、云计算、通信与信息服务等；二是数字内容服务贸易，如娱乐、传媒、教育以及出版等类型的传统服务行业的数字化；三是基于互联网交付的离岸服务外包贸易。

## 二、数字经济给中国服务贸易发展带来的机遇

### （一） 拓宽服务贸易边界和渠道

随着"开展跨境数据流动试点"相关政策的推行，数字化边界将得到进一步的扩张，从而不断拓展服务贸易边界，信息的传播不再受时空限制，这规避了信息不对称、不完全的风险，且数字技术下的国

内市场和国外市场将得到深度融通。云计算、大数据等技术的进步促进了贸易方式的革新，同时服务贸易内容不断地丰富化。不同于传统服务贸易，数字贸易以互联网为依托连接消费者和生产者，不再局限于面对面的线下交易，达到了最大限度地互联互通。数字技术正在更广阔地应用于不同的产业领域，推动服务贸易新业态的形成，成为开拓服务贸易新空间的强大动力①。

### (二) 数字经济提升了服务贸易的可贸易性

物联网、云计算和大数据等互联网技术的兴起，改变了传统服务贸易的商业模式与交易方式，也催生了服务贸易新业态与创新发展新模式。实现数字化发展不仅能够提高服务的可贸易性，还可以显著提升企业的服务外包质量。例如，目前一些企业已经将大数据、云计算、区块链、移动互联网等信息技术引入对潜在目标市场客户需求进行科学分析的领域中；互联网和数据存储技术的发展推动了国际在线教育等的发展。数字经济时代，以往无法进行离岸贸易的服务逐渐演变为可贸易化的产品，从而催生出全新的服务模式。这些新型服务贸易业态的不断涌现反映出数字经济带来服务贸易模式创新的事实。数字经济不仅能够催生出更多的可服务类型，为潜在用户提供更为多样化的产品与服务选择，而且会带动以技术密集型为主的新兴服务贸易的发展，进而显著提高中国服务贸易发展的质量。

### (三) 数字经济提高了服务贸易便利化水平

提高贸易便利化水平是实现服务贸易创新发展的重要保障。数字经济在信息技术领域表现出来的高效便捷优势是推进服务贸易通关监管模式和相关制度改革、提升服务贸易通关便利的重要捷径。实现服务贸易的数字化发展，一方面能够提高跨国移动支付的便利性；另一

---

① 刘雪梅、石荣：《中国数字服务贸易发展的 SWOT 分析》，载于《对外经贸》2022 年第 341 期，第 8 - 9 页，第 20 页。

方面能够有效提升服务贸易的监管与统计效率。例如，将大数据、物联网与云计算技术应用于重点合作企业的运行监测系统和服务贸易企业直报系统中，企业能够通过信息互换与数据共享来实时掌握竞争企业及国际市场动向①。

## 三、我国数字服务贸易现状

近年来，随着新一代信息技术的快速发展，数字贸易得以展现出强劲的发展势头。中国凭借着强大的数字市场，数字服务贸易具有极大的发展空间及潜力。

### （一）整体发展迅猛

根据联合国贸易和发展会议数据库，2005 年中国数字服务贸易进出口总额为 48859 百万美元，2021 年增长至 35969 百万美元，增长了大约 7.36 倍。在 2005～2021 年，中国数字服务贸易进出口总额仅于 2009 年、2012 年、2015 年这三个年份出现小幅下降，其余年份均保持上升态势。同时中国数字服务贸易在 2015 年取得首次顺差，并在 2018～2021 年连续四年取得贸易顺差（见图 10－1）。

### （二）数字服务进出口比重呈"高低"交错走势

如图 10－2 所示，中国数字服务进出口比重呈现出显著的"X"型走势，2005～2011 年为第一阶段，数字服务进口比重高于数字服务出口比重。2005 年，中国数字服务出口占服务出口总额的比重仅为 22.1%，而同期数字服务进口占服务进口总额的比重为 37.5%，后者比前者高出 15.4 个百分点，说明当时服务出口的数字化程度远低于服务进口的数字化程度。但自 2011 年出现交叉点之后，中国数字服务出

---

① 许唯聪、李俊久：《中国服务贸易的发展现状、问题及对策》，载于《区域经济评论》2020 年第 5 期，第 122－130 页。

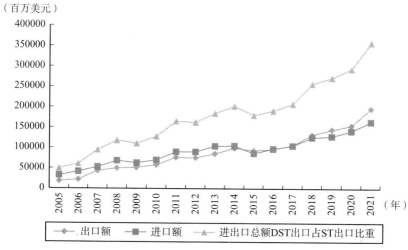

图 10 - 1 2005 ~ 2021 年中国数字服务贸易进出口总额

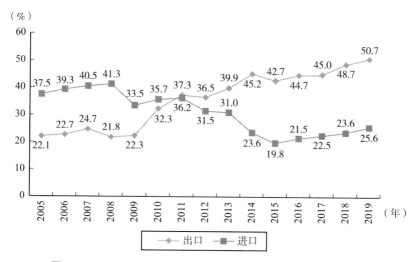

图 10 - 2 2005 ~ 2019 年中国数字化交付服务进出口比重情况

口占比总体呈上升趋势,而数字服务进口占比却呈总体下降态势。目前,中国数字服务出口比重大大高于数字服务进口比重,2019 年前者比后者高出 25.1 个百分点。值得指出的是,中国服务出口的数字化程度表现得相当出色,自 2005 年以来,中国数字服务出口占服务出口总

额的比重总体上呈稳步上升趋势，2019 年所占比重达 50.7%，比 2005
年提高了 28.6 个百分点。出现这种交错现象的原因主要为：一是在出
口方面，中国数字服务企业发展迅猛（如字节跳动、华为等），且相对
宽松的国际环境为中国数字服务企业"走出去"提供了便利条件；二
是在进口方面，国外数字服务在进入中国时面临诸多非关税壁垒，从
而大大限制了中国数字服务进口规模，影响其在服务进口总额中的
占比[①]。

### （三）数字服务贸易企业后备力量充足

根据《2022 数字中国发展报告》数据，截至 2022 年底，我国数字
科技企业共 3.2 万家，同比增长 77%。当年新设企业 1.2 万家，达到
历史最高。2022 年，出口收汇超 1 亿美元的数字服务贸易企业共 184
家，较上年增长 37.3%，收入集中度达 33.6%。领军企业变化不大，
2022 年，出口收入超 10 亿美元的 5 家公司分别为：腾讯计算机、华
为、英特尔（成都）、网易雷火、腾讯科技。其中腾讯计算机、华为通
过提供知识产权、信息与通信技术服务，数字服务贸易出口规模遥遥
领先。

### 知识拓展 10 – 3

#### 服务贸易新机遇：数智化"中国服务"正崛起

随着数字经济蓬勃发展，尤其在疫情对传统服务贸易模式造成巨
大冲击的大背景之下，近年来，服务贸易催生了大量新技术、新业
态、新场景，以数字化、智能化为特征的知识密集型、高"含智量"
的"中国服务"正在崛起，并成为我国服务贸易高质量发展的新
动能。

---

① 朱福林：《中国数字服务贸易高质量发展的制约因素和推进路径》，载于《学术论
坛》2021 年第 44 期，第 113 – 123 页。

飞象星球带来了飞象双师素质课堂、飞象智能作业系统、VR虚拟课堂、飞象智慧校园、飞象星图等多项"黑科技"。飞象星球自主研发的智能作业批改系统，在AI技术的赋能之下，它能够支持100多种题型，1分钟就能完成100份作业的智能批改。

智慧、绿色出行与老百姓的生活息息相关。特斯拉配备"随心充电"，包括特斯拉V3超级充电站、家庭充电桩和光储充一体化充电桩。尤其是特斯拉还带来了前瞻性的光储充一体化充电桩，其太阳能光伏系统、储能系统通过能量存储和配置优化实现本地能源生产与用能的基本平衡，让更多人了解到"利用、储存、再利用"太阳能的清洁能源循环生态链条。

智慧农业也大大超越了普通人的想象。比如爱普生数智农业，以六轴机器人，配合爱普生视觉系统PV1，可完成幼苗自动筛选和分栽工作，并实现对多种农作物幼苗种植全流程管理，有效提升了良品率，让种田也充满"科技感"。

一些中国企业已经在探索以互联网、5G、大数据、物联网、人工智能、机器人、VR/AR、区块链等为代表的数字技术与实体经济做深度技术和生态的融合，让传统服务贸易收获数智新动能、焕发数智新生机。阿里巴巴"全链路数字化外贸服务平台"可以为跨境商家提供售前、售中、售后全流程一站式服务，帮助商家接得到单、发得出货、收得到款，将外贸出海的不确定性大大降低。全球贸易数字化的转型趋势，为中国跨境产业链新比较优势的建立提供了土壤和契机。

资料来源：《中国经济周刊》。

### （四）我国数字服务贸易存在的问题

#### 1. 技术创新能力与美国、欧盟相比存在差距

在软件领域，中国基础软件、开发工具软件严重依赖国外，企业风险不断上升。其主要原因：一是数字经济领域中知识产权保护力度不到位；二是数字技术基础层面的原始创新相对落后。创新主要集中

于用户商业模式且采取模仿外国的跟随型方式；三是较高的数字贸易壁垒导致数字服务领域竞争不充分。中国在数据全球流动方面与发达国家相比差距明显，2016 年 2 月，根据麦肯锡全球研究院的《数字全球化：新时代的全球性流动》报告，我国数据全球性连接方面仅居于第 38 位，远远落后于美国、德国、英国、法国、日本等。

2. 数字服务贸易非关税壁垒较为严重

据欧洲国际政治经济中心（ECIPE）于 2018 年 4 月发布的《数字贸易限制指数》报告，该智库依据其提出的数字贸易限制指数（DTRI），对全球 64 个国家和地区的数字贸易开放度进行评估，认为中国的贸易限制指数最高。据 OECD 测算，2018 年中国服务业总体限制程度不仅高于 OECD 成员国，甚至高于南非、巴西，仅比俄罗斯、印度的限制程度略低。据相关研究，基于 OECD 数字服务贸易限制指数（DSTRI）数据库分析，当前中国在电信基础设施连通性、跨境电子交易监管、跨境支付体系兼容性及知识产权保护等方面仍存在瓶颈。

3. 数字服务贸易高附加值较弱

中国数字服务贸易仍处于成长期，数字服务贸易结构不够优化，导致中国数字服务贸易在全球价值链中仍处于相对低端环节，高附加值数字服务贸易占比不高，新一代数字服务贸易（如大数据、云计算、区块链等领域）规模更为有限，高附加值数字服务出口能力尤为不足。例如，在软件出口领域，全球软件产业链的上游、中游和下游链条分布明晰，形成了以美国、欧洲、印度、日本、中国等为主的国际软件产业分工体系，中国软件服务在国际产业链中处于中、下游位置，利润率较高的产业链高端则长期被美国占据，并且软件产业领域核心——操作系统、中间件和数据库几乎都为美国企业占领。中国和美国在高附加值数字服务贸易方面差距较为显著，美国在旅游、运输等传统服务进出口上的占比较低，可数字化交付的知识与技术密集型服务贸易占比较高，并且长期以来是美国服务出口的主力。尤其在专利和特许权使用费领域，美国的优势十分明显。2019 年，美国知识产权使用费出口额达 1287.5 亿美元，而中国只有 66.57 美元，该数字是中国的 19 倍。美国在金融、保险、航空运输、电信等高附加值可数字化交付服务贸易上始终保持盈余，而中国在服务贸易整体结构中，旅游、运输、建筑三大传统服务贸易占比非常高，可数字化服务贸易占比较小且大多为逆差。另外，中国在数字内容服务出口（如在数字音乐、数字文学领域）创造力不强，致使国际占有率偏低。总体来看，中国的数字贸易以跨境电子商务为代表，数字化产品贸易和数字服务贸易较为落后[①]。

### （五）我国数字服务贸易发展对策[②]

#### 1. 推进数字新型基础设施建设

高质量的数字技术基础设施是数字贸易竞争优势的主要来源，在进一步加大 5G、物联网、人工智能、数据中心等新型基础设施建设投资力度的同时，应更加注重数字基础设施质量。以建设国际一流数字基础设施为目标，增强中国新一代通信技术的比较优势。加快培育数字新基建应用场景，推动数字新基建与制造、能源、交通、农业等实体经济领域的融合发展。

#### 2. 推动实体产业与数字技术深度融合

《中共中央 国务院关于构建更加完善的要素市场化配置体制机制的意见》提出，培育数字经济新产业、新业态和新模式，支持构建农业、工业、交通、教育、安防、城市管理、公共资源交易等领域规范化数据开发利用的场景。产业数据化是数字经济的主引擎，应大力推进实体产业与数字技术的深度融合，不断提高实体产业数字能力建设

---

① 李钢、张琦：《对我国发展数字贸易的思考》，载于《国际经济合作》2020 年第 1 期，第 56–65 页。

② 陈秀英、刘胜：《数字化时代中国服务贸易开放的壁垒评估及优化路径》，载于《上海经济》2019 年第 6 期，第 5–15 页。

与开发使用能力。进一步加大第一产业数字基础设施投资力度，大幅提升第一产业数字化渗透水平。以智能化、网络化和数字化推动工业数字化转型，不断扩展工业互联网应用范围，加强工业互联网上、下游标准化建设，提升全链条数字化融合能力。加快推动大数据、云计算、物联网、移动互联网在生产性服务业领域的广泛应用，大力推动第三产业数字化规范发展，培育一批数字服务贸易的龙头企业，发挥龙头企业在全产业链数字化变革中的带动效应、品牌效应和规模优势，增强中国数字服务贸易的国际竞争力。

3. 推动数字服务贸易高水平对外开放

在很大程度上，中国数字服务企业走出去的程度取决于国外数字服务企业在中国的经营深度。数字服务贸易的高质量发展离不开国内外数字要素的快速流动与市场充分竞争，要着力扩大数字服务贸易对外开放水平。加大服务业开放力度，进一步消除相关服务行业部门管理规章条例中限制外资进入的各种"小门"，大幅降低对外资与民企的准入门槛，推动竞争性民生服务业向外资与社会资本开放。推动各类新型开放区主动承担并加快落实服务业扩大开放先行先试任务。加强数字服务贸易促进制度与规则的国际接轨，对标国际标准，不断提高政府公共治理制度的国际化水平。

4. 积极参与国际数字服务贸易规则制定，提升数字规则话语权

虽然中国数字服务贸易发展迅速，但在数字服务贸易规则制定方面处于滞后状态，中国应积极参与到国际数字贸易规则的制定中，在全球范围内对数字贸易规则制定展开布局。着力推动双边、多边合作中数字服务贸易条款谈判，在多边数字贸易谈判中输出符合中国利益的主张，如在跨境数据自由流动、知识产权保护、电子认证互认等方面构建符合各国利益的普惠国际数字贸易新规则。目前，中国数字服务贸易交易主要以线上为主，因此要推动无纸化、电子化认证等数字贸易便利化措施，提高数字服务贸易交易效率，积极对接各国关于数字贸易的法律法规，深刻剖析总结各国数字贸易发展态势，准确把握

各国数字服务贸易行业发展实际、谈判立场、利益关切及政策诉求，凝聚各国利益共识，求同存异，加强各国间的协商沟通，加快推进"中式模版"数字服务贸易规则体制构建，提升中国在全球数字服务贸易规则制定中的国际地位。

### 四、中国数字服务贸易发展趋势[①]

#### 1. 数字服务贸易规模将继续扩大

根据 IDC 发布的《数字化世界——从边缘到核心》和《2025 年中国将拥有全球最大的数据圈》白皮书，2018～2025 年中国数据总量的年平均增速为 30%，产生数据量由 2018 年 7.6ZB 增长到 2025 年的 48.6 ZB，占全球 27.8%，超过美国的 30.6 ZB 居全球首位。2020 年中国推出包括 5G 基站、大数据中心、人工智能和工业互联网在内的"新型基础设施建设"计划。技术赋能和高度联通使得服务业的发展和对外开放不断推进，将加快形成中国服务贸易的国际竞争新优势。2020 年新冠疫情凸显了网络办公、网络教育、网络医疗、网络娱乐等互联网新业态新模式的效率与优势，未来必将迎来数字经济的新一轮大发展，为数字服务贸易奠定更坚实的产业基础。同时，数字科技创新和应用推广将催生新业态新模式不断涌现，服务业内涵和形式更加丰富、分工更加细化。云外包、直播电商、微信、抖音等新模式的不断涌现为数字服务贸易注入新活力。此外，数字技术与越来越多的垂直领域深度融合，以数字技术为支撑、高端服务为先导的"服务＋"整体出口将成为中国服务贸易发展的新引擎。

#### 2. 信息技术服务出口将保持良好态势

一是软件与信息技术出口继续保持增长。中国软件出口促进政策

---

① 王晓红、朱福林、夏友仁：《"十三五"时期中国数字服务贸易发展及"十四五"展望》，载于《首都经济贸易大学学报》2020 年第 22 期，第 38－42 页。

红利不断释放，软件和信息技术服务将继续加快与制造业融合，软件"赋能、赋值、赋智"成为引领未来产业智能化的重要力量，开源软件持续引领信息技术创新。"一带一路"信息基础设施互联互通建设将促进对共建国家和地区的软件出口，进而成为新增长极。二是云服务将持续高速增长。中国公有云服务商的规模和实力在全球仅次于美国，据美国协同研究机构（Synergy Research Group）的研究，阿里巴巴、腾讯、中国电信、金山云四家服务商已占全球前十大公有云 laaS 服务商中的 4 席。根据中国信息通信研究院（CAICT）数据，中国公有云市场规模未来增速有望保持在 30% 以上。三是社交媒体与搜索引擎海外市场潜力巨大。维奥思社（We Are Social）和互随（Hootsuite）2019年共同发布的《全球数字报告》显示，在活跃用户数量排名前 8 位的社交媒体中，中国的微信、QQ 和 Qzone 已占 3 席。短视频、直播、通信等领域的海外业务突飞猛进。四是卫星导航定位服务出口有望实现跨越增长。北斗导航系统已全面建成，相关产品输出到 100 余个国家，为用户提供了多样化的选择和更好的应用体验。北斗"融技术、融网络、融终端、融数据"的全面发展，正在与新一代通信、区块链、人工智能等新技术和交通运输、农林牧渔、电力能源等传统领域加速融合，形成"北斗 +"的新业态。此外，区块链出口前景看好。中国的区块链技术逐渐"走出去"在俄罗斯、泰国、菲律宾、柬埔寨等国推介发展模式。根据《中国互联网信息中心》数据，2018～2019 年中国企业与 10 多个国家及国际组织共同推进超过 10 个区块链技术合作，在金融、环保、医疗领域引进区块链应用技术。

### 3. 数字内容出口能力继续增强

网络游戏、网络动漫、数字音乐和网络文学及其他数字内容行业贸易投资规模将保持较强增长活力。数字传媒、数字学习、数字动漫、数字出版等领域出口市场主要集中在东南亚地区。随着"一带一路"建设的推进，在东南亚和东北亚地区的市场规模将继续扩大。

## 第三节　服务业与制造业融合发展

"十四五"规划和2035年远景目标纲要提出，坚持把发展经济着力点放在实体经济上，加快推进制造强国、质量强国建设，促进先进制造业和现代服务业深度融合。先进制造业和现代服务业融合是顺应新一轮科技革命和产业变革，增强制造业核心竞争力、培育现代产业体系、实现高质量发展的重要途径。

制造业是国民经济的主体，2021年中央经济工作会议强调要提升制造业核心竞争力。在疫情冲击和全球产业链深度重构的背景下，进一步提振工业经济实力，促进实体经济健康发展已刻不容缓。从行业规律来看，受数字技术变革和商业模式创新等多重因素影响，现代产业跨界融合越来越明显，突出表现是在现代生产过程中，制造业的生产流通过程日益出现服务化元素，而借助于产业链的纵向拓展和横向延伸，服务业也与制造业深度绑定。这种制造业与服务业融合共生的现象，被称为"两业融合"。

### 一、制造业服务化和服务业制造化

#### （一）制造业服务化

范德梅尔韦（Vandermerwe，1988）和拉达（Rada，1988）首次提出了制造业服务化（Servitization）的概念，认为服务化是一种趋势，即制造业企业通过提供附加于产品之上的服务、专业技术知识和建立专门的服务部门以实现新的竞争优势。韦特等（White et al.，1999）指出服务化就是制造商在市场中角色的转变过程，由仅关注产品生产和成本控制的纯制造者转变为关注客户需求的、追求产品与消费者需求匹配的服务者。早期学者多将服务化看作制造企业的战略调整行为。

随着生产性服务业逐渐发展，制造业与服务业的投入产出关联愈加密切，学者开始从投入产出的角度定义制造业服务化：一是投入服务化，指制造业中间投入中服务要素投入占制造业全部投入的比重逐渐提升，或指制造业中间投入从实物要素向服务要素逐渐转变的过程（罗军，2018）。二是产出服务化，指服务产品在制造业全部产出中所占比重越来越大（刘继国、李江帆，2007），或是服务性收入占企业总营收的比重越来越大。面对转型升级的压力，制造业服务化不仅是服务投入和服务产出量的增加，而且应通过大数据、人工智能和产业互联网改造企业商业模式，利用高级服务要素提高企业研发创新、营销和品牌建设能力，以服务增值促进制造企业增值，实现制造业经济、社会和环境效益的改善，提高中国制造业在全球价值链中的地位。

制造业服务化又可以分为两种形式，一是制造业拓展自身的业务，由单纯的制造业务，向研发、设计和市场营销、售后服务、数据服务等领域延伸。这种产业融合实际上是在全球化、数字化条件下产业的价值链发生巨大变化，企业基于经济利益对中间业务纵向关系的一种调整，是以一体化代替市场协作的"迂回分工"。二是一些功能健全的企业主体聚焦核心业务，将制造业务外包甚至剥离出去，而自身转型成为一家为制造业全行业服务的纯服务企业。这些企业通过从制造业向制造服务业的转型，反过来为制造业全行业和用户提供系统整合的高端服务。

### （二）服务业制造化

关于服务业向制造业的渗透和融合，即服务业制造化。这个方向主要包括两种形式：一种是服务业作为制造业的中间投入，以咨询、设计、金融、物流和供应链、研发、云计算、系统整体解决方案等要素形式注入制造业，最大限度地降本增效、提升制造产品的价值。通过战略咨询、设计、研发、工业互联网、供应链管理、文化创意等方面对制造业的注入，将在很大程度上提升制造业的创新发展能力和产业竞争力，实现真实意义上的制造业高质量发展。另一种是服务业反向发展制造业，即所谓的服务衍生制造业务。服务衍生制造就是电商、研发设计、文化旅游等服务企业，充分发挥自身在大数据、技术、渠道、创意等方面的要素优势，通过委托制造、品牌授权等方式向制造环节拓展。

## 二、"制造业与服务业融合"的发展现状

随着信息技术的飞速发展和全球化的加速推进，制造业和服务业之间的界限逐渐模糊，越来越多的企业开始将服务作为一种生产要素，推动制造业与服务业的融合发展。先进制造业和现代服务业融合的程度日益加深。以信息技术为代表的新一轮科技革命和产业变革，推动了制造业向数字化、网络化、智能化方向发展，同时也促进了服务业向高端化、智能化、绿色化方向转型。许多企业开始将传统的生产和销售方式转变为服务导向型的生产方式，推动了制造业和服务业之间的融合。先进制造业和现代服务业的融合发展，已经成为经济增长的新动能。以先进制造业和现代服务业为代表的新经济产业，已经成为国家经济发展的新引擎和经济增长的重要来源。随着国家政策的实施和科技创新的加速推进，更多的新型企业涌现，成为推动先进制造业和现代服务业融合发展的新力量。随着先进制造业和现代服务业融合发展，国家制定了一系列支持政策，增强了对融合型企业的支持和培育，不断鼓励企业加强技术研发、提高产业链集成能力，加速实现制造与服务的融合。

### (一) 以制造业服务化为重点，两业融合发展水平逐步提升

制造业服务化率是反映服务业作为制造业中间投入在制造业行业中的重要程度，在产业融合的研究中历来受到关注和重视，该指数可以用制造业行业中服务业中间投入占全部中间投入的比重（制造业服务化率指数Ⅰ，见表 10-1）、制造业行业中服务业中间投入占总产出的比重（制造业服务化率指数Ⅱ，见表 10-2）两个指标来反映。总

的来看,我国制造业行业服务化水平在提升。1997～2018 年,制造业服务化率指数 I 上升了4.41 个百分点,其中,交通设备制造业、纺织服装鞋帽皮革羽绒及其制品业、食品制造及烟草加工业变化最为明显,分别增加了10.59 个、9.11 个和7.89 个百分点;制造业服务化率指数 II 上升了4.19 个百分点,其中,纺织服装鞋帽皮革羽绒及其制品业、交通设备制造业、食品制造及烟草加工业最为明显,分别增加了8.96 个、8.84 个和6.44 个百分点①。

表 10 –1　我国制造业行业服务业中间投入占全部中间投入的比重　单位:%

| 行业 | 1997 年 | 2002 年 | 2005 年 | 2007 年 | 2010 年 | 2012 年 | 2015 年 | 2017 年 | 2018 年 | 变化 |
|---|---|---|---|---|---|---|---|---|---|---|
| 食品制造及烟草加工业 | 7.11 | 11.89 | 9.80 | 8.97 | 9.71 | 11.47 | 10.26 | 12.88 | 13.54 | 6.44 |
| 纺织业 | 7.82 | 10.18 | 7.91 | 6.35 | 6.54 | 7.85 | 8.013 | 10.48 | 11.05 | 3.22 |
| 纺织服装鞋帽皮革羽绒及其制品业 | 8.27 | 14.61 | 13.10 | 8.73 | 10.02 | 12.74 | 12.59 | 16.21 | 17.24 | 8.96 |
| 木材加工及家具制造业 | 12.12 | 14.65 | 12.94 | 9.02 | 10.78 | 9.68 | 11.41 | 15.03 | 15.80 | 3.68 |
| 造纸印刷及文教体育用品制造业 | 9.94 | 13.77 | 12.89 | 8.39 | 9.80 | 11.47 | 14.31 | 13.95 | 14.41 | 4.47 |
| 石油加工、炼焦及核燃料加工业 | 8.38 | 10.48 | 10.77 | 6.21 | 4.96 | 5.23 | 10.18 | 7.04 | 6.94 | - 1.44 |
| 化学工业 | 9.04 | 11.85 | 10.35 | 8.67 | 10.09 | 11.23 | 13.75 | 13.85 | 14.31 | 5.28 |
| 非金属矿物制品业 | 12.24 | 17.85 | 14.63 | 10.98 | 12.31 | 11.68 | 16.3 | 13.70 | 13.83 | 1.59 |

①　洪群联:《中国先进制造业和现代服务业融合发展现状与“十四五”战略重点》,载于《当代经济管理》2021 年第43 期,第74 – 81 页。

续表

| 行业 | 1997 年 | 2002 年 | 2005 年 | 2007 年 | 2010 年 | 2012 年 | 2015 年 | 2017 年 | 2018 年 | 变化 |
|---|---|---|---|---|---|---|---|---|---|---|
| 金属冶炼及压延加工业 | 9.48 | 11.34 | 8.67 | 7.13 | 7.39 | 7.61 | 10.40 | 9.50 | 9.51 | 0.03 |
| 金属制品业 | 13.45 | 13.22 | 11.15 | 7.60 | 8.64 | 10.62 | 14.24 | 11.87 | 12.25 | -1.20 |
| 通用、专用设备制造业 | 8.56 | 12.71 | 11.53 | 8.86 | 10.25 | 12.46 | 15.05 | 14.06 | 14.66 | 6.10 |
| 交通运输设备制造业 | 6.96 | 10.70 | 10.37 | 8.44 | 9.64 | 13.16 | 14.34 | 14.92 | 15.81 | 8.84 |
| 电气、机械及器材制造业 | 9.60 | 13.63 | 12.31 | 9.11 | 10.90 | 11.25 | 12.70 | 13.15 | 13.89 | 4.30 |
| 通信设备、计算机及其他电子设备制造业 | 7.51 | 10.47 | 9.60 | 9.48 | 11.67 | 12.73 | 13.43 | 12.32 | 13.06 | 5.56 |
| 仪器仪表及文化办公用机械制造业 | 9.52 | 11.94 | 11.50 | 8.34 | 9.91 | 13.36 | 15.71 | 12.73 | 13.29 | 3.77 |
| 其他制造业 | 7.01 | 13.93 | 11.30 | 8.42 | 6.83 | 12.54 | 13.81 | 13.88 | 14.49 | 7.48 |
| 平均值 | 9.19 | 12.70 | 11.18 | 8.42 | 9.34 | 10.94 | 12.91 | 12.85 | 13.38 | 4.19 |

表 10-2　　　我国制造业行业服务业中间投入占总产出的比重　　单位：%

| 行业 | 1997 年 | 2002 年 | 2005 年 | 2007 年 | 2010 年 | 2012 年 | 2015 年 | 2017 年 | 2018 年 | 变化 |
|---|---|---|---|---|---|---|---|---|---|---|
| 食品制造及烟草加工业 | 9.83 | 17.24 | 13.56 | 11.86 | 12.30 | 15.00 | 13.28 | 16.86 | 17.73 | 7.89 |
| 纺织业 | 10.89 | 13.53 | 10.00 | 7.88 | 8.24 | 9.69 | 9.77 | 12.71 | 13.38 | 2.49 |

续表

| 行业 | 1997 年 | 2002 年 | 2005 年 | 2007 年 | 2010 年 | 2012 年 | 2015 年 | 2017 年 | 2018 年 | 变化 |
|---|---|---|---|---|---|---|---|---|---|---|
| 纺织服装鞋帽皮革羽绒及其制品业 | 12.02 | 19.37 | 17.46 | 11.23 | 12.40 | 16.20 | 16.84 | 20.07 | 21.14 | 9.11 |
| 木材加工及家具制造业 | 16.82 | 20.14 | 16.87 | 11.83 | 13.34 | 12.52 | 14.59 | 19.11 | 20.02 | 3.20 |
| 造纸印刷及文教体育用品制造业 | 14.50 | 20.76 | 17.11 | 11.02 | 12.34 | 15.05 | 18.05 | 18.17 | 19.01 | 4.51 |
| 石油加工、炼焦及核燃料加工业 | 10.75 | 12.66 | 13.26 | 7.56 | 6.19 | 6.42 | 12.95 | 9.43 | 9.16 | -1.59 |
| 化学工业 | 12.36 | 16.22 | 13.24 | 10.88 | 12.51 | 13.90 | 16.71 | 18.15 | 18.89 | 6.53 |
| 非金属矿物制品业 | 17.89 | 26.60 | 19.99 | 15.13 | 15.77 | 15.62 | 20.46 | 18.57 | 19.13 | 1.24 |
| 金属冶炼及压延加工业 | 11.90 | 14.99 | 10.92 | 8.86 | 8.99 | 9.28 | 12.05 | 12.26 | 12.52 | 0.62 |
| 金属制品业 | 17.55 | 17.33 | 14.30 | 9.60 | 10.63 | 13.24 | 17.63 | 15.68 | 16.23 | -1.32 |
| 通用、专用设备制造业 | 12.90 | 17.67 | 15.17 | 11.52 | 13.00 | 15.83 | 19.04 | 18.29 | 19.26 | 6.36 |
| 交通运输设备制造业 | 9.44 | 14.51 | 13.19 | 10.48 | 11.91 | 16.43 | 18.13 | 19.15 | 20.02 | 10.59 |
| 电气、机械及器材制造业 | 12.36 | 17.97 | 15.55 | 10.98 | 12.97 | 13.50 | 15.62 | 16.27 | 17.15 | 4.79 |
| 通信设备、计算机及其他电子设备制造业 | 10.06 | 13.25 | 11.38 | 11.35 | 13.79 | 15.35 | 16.43 | 14.73 | 15.47 | 5.42 |

续表

| 行业 | 1997 年 | 2002 年 | 2005 年 | 2007 年 | 2010 年 | 2012 年 | 2015 年 | 2017 年 | 2018 年 | 变化 |
|---|---|---|---|---|---|---|---|---|---|---|
| 仪器仪表及文化办公用机械制造业 | 13.85 | 16.08 | 14.67 | 10.58 | 12.53 | 17.25 | 20.70 | 17.05 | 17.79 | 3.93 |
| 其他制造业 | 12.03 | 19.38 | 15.38 | 11.23 | 12.28 | 15.82 | 18.17 | 18.13 | 18.79 | 6.76 |
| 平均值 | 12.82 | 17.36 | 14.50 | 10.75 | 11.82 | 13.82 | 16.28 | 16.54 | 17.23 | 4.41 |

## （二）创新应用下的"两业融合"正在改变传统的产业形态与竞争格局

随着价值链重心逐渐向研发设计、金融服务、市场营销等服务领域转移，加上现代技术的广泛应用，需求端对服务的深远影响和服务贸易的快速发展等因素的综合作用，我国先进制造业和现代服务业交叉融合的规模、速度、广度及深度不断提升。而"两业融合"的进一步发展也在积极改变着传统的产业形态与竞争格局，受此影响，我国传统产业的原有边界变得越发模糊①。

## （三）重点行业领域融合发展步伐加快，探索形成了各具特色的新路径新模式

装备制造领域，上海电气、陕鼓集团等通过"技术＋管理＋服务"模式加快向服务供应商转型。上海电气三菱电梯板块实现由单一制造向"制造＋服务"转型，2015 年电梯、安装维保等业务收入占主营业务收入的 23.5%，服务创造的营业利润占总利润的 40% 以上。

消费品领域，海尔集团、酷特集团等大力发展个性化定制和全生命周期服务，实现生产流程再造以及与客户的紧密互动。海尔智慧家居凭

---

① 丰晓旭、雷尚君：《先进制造业和现代服务业深度融合发展的模式与建议》，载于《全球化》2020 年第 107 期，第 106－118 页，第 136 页。

借其创新的互联网技术，以智能产品为载体，为用户提供着"5＋7＋N"全场景成套解决方案，用户可以根据自己的生活习惯自由定制智慧生活场景，在5大物流空间制定7大全屋解决方案，实现N种变化。

互联网平台领域，阿里巴巴"淘工厂"平台一头连接的是大量优质工厂，一头连接的是淘宝、天猫上大量的中小卖家，将淘宝卖家海量的碎片化、随机性的生产加工需求聚合起来，通过智能供需匹配的算法引擎将同类型需求匹配给淘工厂平台上擅长承接这种加工需求的优质工厂，实现最高效的供需匹配，推动生产企业分散产能整合共享。

服务反向制造方面，一些拥有强大品牌优势和渠道销售优势的大型服务企业，通过直接进入或贴牌制造（OEM）进入制造业环节，通过授权、特许、原始设计等方式进入家电、服饰、玩具、食品、礼品等消费品领域。例如，京东依托其强大销售渠道和国内最丰富健全的消费者家电网购大数据，推出C2M反向定制的"京品家电"，获得了消费者的认可，并帮助小能电器等企业成长壮大。

### （四）"制造业与服务业融合"问题与难点①

一是制造业对现代服务业的需求少、意识薄弱。当前，我国制造业仍以加工、装配环节的生产制造业务为主，关键技术和核心部件的对外依存度高。在工业产品的附加值构成中，中间制造环节的比重越来越小，附加值更多体现在两端的设计与销售环节。以加工贸易为主的制造业长期处于微笑曲线中间，在全球价值链分工中面临着长期处于低端的尴尬局面。

二是服务业发展水平不高、供给质量不够、市场化程度偏低。与经济发展水平相比，我国服务业特别是为制造业服务的生产性服务业发展滞后，不少服务业领域的进入门槛较高，监管过多，市场化程度不够，区域分割较为严重。同时，服务业内部专业化分工程度不高，

---

① 曹建海、王高翔：《推进我国制造业与服务业融合发展》，载于《中国发展观察》2021年第24期，第43－45页，第70页。

普遍存在规模小、技术水平低、不适应国际规则等问题。服务功能单一且同质化严重，许多制造企业选择国外服务提供商。

三是管理体系、监管方式与统计制度不适应融合需求。融合产生的新业态在企业性质、行业税率、外汇结算等方面出现了新的变化，现有的产业政策、税收政策和外汇政策无法适应融合发展的需要。现有的统计最终核算数据比较滞后，时效性存在较大不足，不利于引导先进制造业和现代服务业快速发展的政策及时推出。

四是产业融合的交易成本偏高。我国制造业与服务业的税率和税制上存在一些差异。生产性服务业发展还不够集聚，对制造业的响应能力不强。与制造业相比，我国现代服务业的行业组织不够健全，现代服务业的行业规范和相关标准不够完善，行业管理水平还不够，需进一步完善，为生产性服务业的规范有序、健康快速发展提供相应的制度保障与组织平台。

## 三、"制造业与服务业融合"发展趋势

### 1. 制造业服务化趋势明显

制造业服务化趋势表现在投产比服务化和经营服务化两方面上。第一，投产比服务化。通过《中国工程院》的研究可知，服务中间投入占据整个制造企业成本一半以上，产品生产销售过程中流通销售占据了整个周期80%以上时间，其中中间投入中服务投入占比在30%～60%。其中研发、运输物流、租赁，以及金融、技术等商务服务占比较高。制造业与服务业之间界限越来越模糊，除了生产之外，研发、销售、市场、客户支持等服务类活动也成为了制造企业主要工作内容，即便是发达国家的制造业对于服务业依赖性也呈现出不断增长趋势，就现状而言，生产性服务业占据了整体服务业近乎50%的比重，占GDP总值比重也在不断上升；生产性服务业投资、城镇就业等都呈现出了明显上升趋势，我国生产性服务业得到了较为快速发展。由此可

见，制造业服务化成为当前制造经济发展重要趋势。第二，经营服务化。结合实践来看，制造业所生产工业品附加值当中，单纯制造环节比例不断变少，设计研发、物流、金融、营销维护等服务性环节比重不断提高。单纯制造投资回报率较之围绕服务得到制造投资回报率有着较为明显差距。许多制造企业通过采用战略转型、主营业务服务增值、管理服务模式，在产业形成与发展模式上进行变革，在服务业中创造更为广阔的发展空间。同时在新经济发展时期，制造业企业想要提升产品价值以及自身竞争力就必须调整价值链重心，其主营业务不断向服务衍生、转移，甚至出现制造外包，经营主体功能以服务为主的现象，服务增值产生利润的占比也在不断提升。

2. 服务业制造化趋势逐渐显现

服务业制造化是指服务业向制造业渗透强化，及其产业链朝着后者发展。当前生产性服务业呈现出较高的增长态势，由此可见服业务渗透正日益强化，特别是金融、物流、营销等行业的服务企业不断面向制造企业拓宽市场，制造业服务比重呈现不断增加趋势。就我国制造业发展情况来说，其对服务业中间需求也在大幅增加，信息技术服务、人力资源服务、金融服务等服务开支占比也在不断提升。服务业快速发展在较大程度上得益于向制造业提供各种服务，也使得制造业市场空间进一步扩大。在服务企业产业链向制造业延伸方面，由于服务企业处于价值链主导地位，借助在技术、渠道、品牌等方面优势，采用贴牌生产、连锁经营等方法与制造业融合，从而使得二者能够给人们提供服务。例如劳务派遣企业为制造企业提供劳务咨询服务，集团企业借助先进供应链管理与诸多制造企业进行外包合作等。服务企业在价值链中具备技术、业务等方面的核心能力优势，如专利、创新设计、经营网络等，这些都为服务企业提供了价值增长以及开设生产加工基地的支撑。特别是一些以往仅仅提供设计、研究支持的服务型企业，现如今他们借助所拥有的自主知识产权建立制造厂，这种现象极为普遍。制造业服务化和服务业制造化相向发展，使产业价值链重新构建成为兼具制造价值增值与服务价值增值的融合型产业，从而大大提高了利润与发展潜力增长空间，实现了产业上的结构升级。

### 3. 服务外包成为主要方式

服务外包成为服务全球化的主要方式和增长引擎，不仅使制造业与服务业分工进一步深化，极大地提高了服务专业化水平，而且使制造业与服务业的关联性、密切性、协同性进一步提高，极大地促进了服务业的规模化、国际化和市场化；同时也极大地提高了制造业的生产率和产业竞争力，成为制造企业增强核心竞争力的重要手段。

越来越多的制造企业出于节约成本、聚焦主业、增强核心能力等因素的考虑，将原来的自我服务外包给专业服务提供商完成。服务外包成为服务业与制造业融合的主要方式，二者具有明显的共生关系。由于制造业与服务业相互融合的趋势增强，导致了企业对服务的中间投入增加，从而带动了全球各类生产性服务业的发展，而这些服务主要是通过在岸或离岸的外包方式实现的。随着跨国公司全球生产网络的布局，企业内分工、产品内分工的特征更加突出，也进一步带动了服务业的离岸发展[①]。

### 4. 集聚化、配套化成为制造业与服务业融合的产业组织形式

产业集聚不仅是制造业、服务业发展的共同特征，也是二业融合的主要产业组织形式，各类产业园区、产业集聚区往往成为二业融合的重要载体。比如，一个制药业集群，集聚了若干制药生产企业，同时也集聚了各类为之服务的研发机构、物流公司、金融、产品认证、知识产权等生产性服务机构，以及休闲娱乐等生活性服务机构，为制造业提供各类配套服务，由此构成了产业集群的服务支撑体系，推动了产业集群的健康发展。这种集聚化、配套化的产业组织形态，不仅能够使制造商和服务提供商共享基础设施、技术、人才等资源要素，

---

① 王晓红：《制造业与服务业融合发展的六大趋势》，载于《中国经济周刊》2014年第25期，第22－23页。

同时大大降低双方的信息搜寻成本、交通成本、生产成本、服务成本、交易成本等，提高双方市场机遇，促进双方合作交流，共同享受规模经济带来的收益。尤其为生产性服务业提供了市场空间，使服务经济更好地体现在实体经济体中，有利于提升全产业链的价值和产业竞争力，同时也有利于区域经济结构的改善，促进区域制造业和服务业共同发展，带动结构升级。

5. 产业融合信息化技术载体

现代经济形势下，制造业与服务业融合发展过程中，信息技术发挥着黏合剂与推进器作用。尤其是进入21世纪，如大数据技术、云技术等使得制造业与服务业融合实现了进一步加深、发展。从目前情况来看，制造业和服务业二者边界在信息技术不断深入运用背景下日益模糊，同时也改变了以往分工关系，现如今表现出了更为明显融合趋势，使得服务产品不断朝着物质化、有形化发展，形成了与实物商品具备相同特征。信息技术在各个产业发展中应用都表现出了较好渗透性、带动性，在推动制造业与服务业之间融合发展过程中发挥着较为重要作用，再加上信息技术产业、信息化产业本就是信息设备制造业与信息服务产业之间融合发展结果，在推动产业融合进程中发挥了倍增性效果①。

## 思考题

1. 如何利用平台经济更好地发展服务业？

2. 如何更好地发展数字服务贸易，谈谈你的思考？

3. 制造业服务化和服务业制造化的区别和联系？

---

① 宫照建：《制造业与服务业融合发展趋势及特点分析》，载于《财经界》2022年第11期。

# 参 考 文 献

［1］ 白仲尧：《服务经济学》，河南人民出版社 1990 年版。

［2］ 程大中、汪蕊：《服务消费偏好、人力资本积累与"服务业之谜"破解：Pugno 模型拓展及基于中国的教值模拟》，载于《世界经济》2006 年第 10 期，第 49 - 58 页，第 95 页。

［3］ 程大中：《中国经济正在趋向服务化吗？——基于服务业产出、就业、消费和贸易的统计分析》，载于《统计研究》2008 年第 9 期，第 36 - 43 页。

［4］ 程大中：《中国生产性服务业的水平、结构及影响——基于投入—产出法的国际比较研究》，载于《经济研究》2008 年第 1 期，第 76 - 88 页。

［5］ ［美］丹尼尔·贝尔：《后工业社会的来临：对社会预测的一项探索》，高铦译，商务印书馆 1984 年版。

［6］ 冯建林：《注重扩大居民服务性消费》，载于《宏观经济管理》2004 年第 12 期。

［7］ ［美］G. 格鲁伯、A. 沃克：《服务业的增长：原因与影响》，陈彪如译，上海三联书店 1993 年版。

［8］ 高涤陈、白景明：《服务经济学》，河南人民出版社 1995 年版。

［9］ 顾乃华：《城市化与服务业发展：基于省市制度互动视角的研究》，载于《世界经济》2011 年第 1 期。

［10］ 胡大力：《企业竞争力决定因素及其形成机理分析》，经济管理出版社 2005 年版。

［11］ 黄少军：《服务业与经济增长》，经济科学出版社 2000 年版。

[12] 黄少军：《商品消费、服务消费和经济结构变化——一个微观经济学的分析》，载于《华南师范大学学报（社会科学版）》2000 年第 2 期，第 25 – 31 页。

[13] 黄维兵：《论服务及其使用价值与价值》，载于《财经科学》2001 年第 6 期，第 18 – 21 页。

[14] 金碚：《中国工业国际竞争力——理论、方法与实证研究》，经济管理出版社 1997 年版。

[15] 李江帆：《第三产业经济学》，广东人民出版社 1959 年版。

[16] 刘继国、李江帆：《国外制造业服务化问题研究综述》，载于《经济学家》2007 年第 3 期，第 119 – 126 页。

[17] 刘奕、夏杰长、李垚：《生产性服务业集聚与制造业升级》，载于《中国工业经济》2017 年第 7 期，第 3 – 9 页。

[18] 刘志彪：《论现代生产性服务业发展的基本规律》，载于《中国经济问题》2006 年第 1 期。

[19] 罗军：《服务化发展与制造业全球价值链地位——影响机制与门槛效应》，载于《当代财经》2018 年第 11 期，第 100 – 110 页。

[20] ［美］迈克尔·波特：《竞争战略》，陈小悦译，华夏出版社 1998 年版。

[21] ［日］前田勇：《服务学》，杨守廉译，工人出版社 1986 年版。

[22] 陶勇宽等：《服务经济学》，上海社会科学院出版社 1999 年版。

[23] ［美］维克托·R. 富克斯：《服务经济学》，许微云、万慧芬、孙光德译，商务印书馆 1987 年版。

[24] 夏杰长、毛中根：《中国居民消费性服务业的实证分析与应对策略》，载于《黑龙江社会科学》2012 年第 1 期。

[25] 朱春奎：《产业竞争力的理论研究》，载于《生产力研究》2003 年第 6 期。

[26] Baumol W J, Blackman S A B, Wolff E N: Unbalanced growth revisited: asymptotic stagnancy and new evidence. *The American Economic Review*, 1985: 806 – 817.

［27］ Baumol W J: Macroeconomics of unbalanced growth: the anato-
my of urban crisis. *The American economic review*, 1967, 57 （3）: 415 –
426.

［28］ Bhagwati J N: Splintering and disembodiment of services and de-
veloping nations. *World Economy*, 1984, 7 （2）: 133 – 144.

［29］ Browning H L, Singelmann J: The emergence of a service socie-
ty: demographic and sociological aspects of the sectoral transformation of the
labor force in the USA, Springfield, V A: National Technical Information
Service, 1975.

［30］ Browning H, Singelman J: *The Emergence of a Service Society*:
*Demographic and Sociological Aspects of the Sectoral Transformation of the La-
bor Force in the USA*. Springfield, VA: National Technical Information Serv-
ice, 1975.

［31］ Caves D W, Christensen L R, Diewert W: The Economic Theo-
ry of Index Numbers and the Measurement of Input, Output, and Productiv-
ity. *Econometrica*, 1982, 50 （6）: 1393 – 1414.

［32］ Chames A, Cooper W W, Rhodes E: Measuring the efficiency
of decision making units. *European Journal of Operational Research*, 1978,
2 （6）: 429 – 444.

［33］ Farrell M J: The Measurement of Productive Efficiency. *Journal
of the Royal Statistical Society*, 1957, 120 （3）: 253 – 290.

［34］ Francois J F: Producer services, scale, and the division of la-
bor. *Oxford Economic Papers*, 1990, 42 （4）: 715 – 729.

［35］ Fuchs V R: Coming Problems of US Economic Development: A
review of two volumes of specially prepared essays by economists, sociolo-
gists, and other thinkers. *Science*, 1958, 128 （3329）: 879 – 882.

［36］ George J. Stigler: The Theory of Economic Regulation. *Journal of
Economics and Management Science*, 1971, 2 （1）: 3 – 4.

［37］ Griliches Z. Hybrid corn: An exploration in the economics of technological change. *Econometrica*, *Journal of the Econometric Society*, 1957: 501 – 522.

[38] Grönroos C: *Service management and marketing: A customer relationship management approach.* Chichester, UK: Wiley, 2000.

[39] Guerrieri P, Meliciani V: Technology and international competitiveness: The interdependence between manufacturing and producer services. *Structural change and economic dynamics*, 2005, 16 (4): 489 – 502.

[40] HIaukness J: *Services in Innovation-Innovation in Services.* SI4S. final report: STEP group, 1998: 60.

[41] Jansson J O: *The Economics of Services: Development and Policy*, Edward Elgar Publishing Limited, 2006.

[42] Jorgenson D, Griliches Z: The explanation of productivity change. *Review of Economics & Statistics*, 1967, 34: 249 – 283.

[43] Kahn, A. E: *The Economics of Regulation: Principles and Institutions.* New York: Wiley, 1970.

[44] Kotler P, Amstrong G: *Prnciples of marketing.* Prentice-Hall, 1983.

[45] Lovelock, C. H. , & Quelch, J. A. : Consumer promotions in service marketing. *Business Horizons*, 1983, 26 (3): 66 – 75.

[46] Nanno Mulder: *Economic Performance in the Americas.* Northampton: Edward Elgar Press, 2002.

[47] Park S H: Intersectoral Relationships between Manufacturing and Services: New Evidence from Selected Pacific Basin Countries. *ASEAN Economic Bulletin*, 1994, 10 (3): 245 – 263.

[48] Pavitt K: Sectoral patterns of technical change: towards a taxonomy and a theory. *Research policy*, 1984, 13 (6): 343 – 373.

[49] Porter M E: *Competitive Advantage: Creating and Sustaining Superior Performance.* NY: the Free Press, 1985.

[50] Porter, M E: *The Competitive Advantage of Nations.* NY: the

Free Press, 1990.

[51] Rowthorn R, Ramaswamy R: Growth, trade, and deindustrialization. *IMF Staff papers*, 1999, 46 (1): 18 – 41.

[52] Schmookler J: *Invention and economic growth*. Harvard University Press, 1966.

[53] Schultz T W: Investment in human capital. *The American economic review*, 1961, 51 (1): 1 – 17.

[54] Vandermerwe S, Rada J: Servitization of business: Adding value by adding services. *European Management Journal*, 1988, 6 (4): 314 – 324.

[55] White A L, Stoughton M, Feng L: *Servicizing: The quiet transition to extended product responsibility*. Boston: Tellus Institute, 1999.